# ナッジ・行動インサイト
## ガイドブック エビデンスを踏まえた公共政策

白岩祐子・池本忠弘・荒川歩・森祐介 編著

勁草書房

# まえがき

　ナッジには抗えない魅力がある。すぐれたナッジ[1]には，小さな力で身体の大きな相手を倒す柔道の技で例えられるように（Thaler & Sunstein, 2008），少しの働きかけでそれまで梃子でも動かなかったものを鮮やかに動かしてみせる躍動感と爽快感がある。とくに人々の弱点を逆手にとるタイプのナッジには，行動や習慣の改善策に関する従来の固定観念を覆す力すらある（那須・橋本, 2020）。そうしたナッジが政策に実装されたならば，各個人の利益に加えて公共の利益という大きな実りを与えてくれるだろう。

　すぐれたナッジ・行動インサイトには，課税や助成金，法的制限といったこれまでの政策手段と適切に組み合わせることで，それらを補完したり，それらの効果をいっそう強めたりする力もある。こうした働きかけは，人々をとりまく環境を変え，さらには決定や行動パターンを変容させることを通じて，人々の生活や社会をよりよいものにしてくれるだろう。日本の行政がナッジ・行動インサイトを取りいれる動きは，今後も加速度的に進んでいくことが見込まれる。

　しかし，ナッジ・行動インサイト，およびevidence-based policy making（EBPM）の急激な進展と普及に伴い，これらの比較的新しい考え方や手法に戸惑う現場の行政官は少なくないものと考えられる。ナッジ・行動インサイト

---

1) ナッジは非意識的に人々の決定や行動に影響を及ぼす働きかけ，と理解されることが多い。しかし，これはナッジの特徴の一部に過ぎず，必ずしも正確な理解とはいえない。また近年では，意識的であるか非意識的であるかにかかわらず，人間の心理や実態に対するより広範囲な知見・洞察を意味する「行動インサイト」という概念が登場している。本書は名称にナッジを冠してはいるが，より本質的には，上記の行動インサイトという広義かつ包括的な概念に焦点をあてている。

の政策応用や EBPM に携わる行政官の戸惑い，疑問に応答し方向性を示すこと，これが本書における第一の目的である。ナッジ・行動インサイトと EBPM をめぐる現在の潮流を一過性のものとして終わらせるのではなく，社会からの理解と支持に裏打ちされた行政手段とするためには，ナッジ・行動インサイトや EBPM の基本的な考え方や背景を，なにより行政官自身がよく理解したうえで進めていくことが不可欠である。

　ナッジ・行動インサイトや EBPM を進めるにあたっては，少し遅れて，現時点では顕在化していない各種の問題や懸念も次第に明らかになってくるだろう。すでに顕在化している諸問題に加えて，それらの論点と現時点で考えうる対応を示すことが本書の第二の目的である。ナッジが多岐にわたる利点をもつことは明らかであるが，他の政策手段とは異なる固有の特徴をもつゆえに，配慮すべき独特のポイントがあることもまた事実である。

　第一のポイントとして挙げられるのは，新しい政策手段であるために，まずは組織的な認知や支持を得ることから着手する必要があるということである。その意味では，府省庁・自治体にかかわらず，各組織からの理解と支持に裏打ちされたなんらかの体制を確立することが，はじめに推進者に課せられる任務となるかもしれない。第二に，これまでの政策手段と比べて，ナッジは人々の決定や行動に対して働きかける強度がより強いということである。他者の行動変容を目的として従来よりも練られた手段が用いられる，といってもいいかもしれない。それゆえに，本文で詳しくみていくようにナッジはしばしば「操作」だと批判され，そのことから必然的に，「介入の倫理」という新しい論点が出現することになる。第三のポイントは，予測どおりの結果を得ることの一般的な難しさに鑑みて，推進者はその理由を理解し，また周囲や社会の理解を得ることが不可欠ということである。ナッジを効果検証することへの要請，とりわけ結果を出すことへの強い期待が立ち上がる一方で，人間と環境とのダイナミクスはもとより一様ではなく，いつも期待どおりの結果が得られるとは限らない。この点について周囲や社会の理解を得ることは，ナッジ・行動インサイトの持続的な取り組みを左右するポイントのひとつになってくるだろう。

　本書の第二の目的は，以上の点について，先行する諸外国や国内の歩み，すでに交わされている議論や学術的な視点を提供することにある。今後，確実に

直面するであろう上記した諸課題や懸念をあらかじめ認識しておくことは，先んじて対策を講じて問題を回避したり，問題が生起したとき適切に対処したりすることを助けてくれるだろう。

　本書はさらに，心理学，経済学，生物学などの行動科学を専攻する学生も主たる読者として想定している。これらの学生に向けて行動科学の展開や応用可能性を伝えることが，本書における第三の目的である。筆者が所属する大学では近年，公務員をめざす学生の減少傾向がみられる。公務員は概して激務であり，未曽有の事態にはワーク・ライフバランスを投げうって最前線に立ち，なにか問題が起きればとかく批判の矢面に立つ存在である。そのような苦労をせずとも，条件的に恵まれた仕事ならばほかにいくらでもある。このような就職環境において公務員が不人気となるのは必然なのかもしれない。しかし，公務員というのは元来，政策・施策の策定や実施・運用というインフラ面から国や自治体を支える基幹人材である。これは筆者の個人的信念にすぎないが，知性や環境に恵まれた者には，自身の幸福だけでなく社会全体や次世代の幸福を追求する志と気概をもち，国や国民の生活を支える重要な役割を担ってほしいという思いが打ち消しがたくある。

　幸い日本の行政でも，学部や大学院で獲得した行動科学のリテラシーをさらに深めて実践的に活用できる環境が整いつつある。実際，本書の編著者のうち二人は大学院で行動科学を学んだ官僚である。彼らは行動インサイトやEBPMの先進国でその息吹，活力に触れ，強みと弱みを理解し，日本にもちかえって日本ならではのスタイルで府省庁や自治体に根づかせようとしている。このような人々は多数派ではないが現在確実に増えつつある。行動科学を学ぶ，意欲ある学生には，彼らに続き，彼らがいま切り拓きつつある道をひろげ，確かなものとしてもらいたい。人間の実態をふまえたより効果的な政策を推進する流れに続いてもらいたい。大学で身につけた行動科学のリテラシーはそうした局面で必ず役に立つだろう。その意味で本書は，行動科学を専攻する学生に向けたメッセージでもある。

　本書は，上記の理念を共有する研究者と官僚が協同し，すでに取り組みを進めている，あるいはこれから進めようとしている府省庁や自治体の行政官，さ

らには未来の行政官に向けて書き下ろしたガイドブックである。構成は以下のような三部制となっている。

「第一部　基本編」では，EBPM，ナッジ・行動インサイトについての基本的な知識，歴史的背景，先行する国や日本における動向がコンパクトにまとめられている。初学者はもとより，これらの知識をすでにもっている人が情報を整理するうえでも役に立つだろう。また，政策に応用できそうな心理学の知見の一端も紹介される。行動インサイトにはまだ多くのポテンシャルがあることが伝わるだろう。

「第二部　失敗編」では，EBPM やエビデンスに対するよくある誤解，ナッジに加えられてきた批判と反論・対応，倫理の問題，そして府省庁や自治体におけるプロジェクトの立ち上げ方の実例などが解説される。とくに，見落とされがちな倫理的問題に紙数の多くが割かれている。学術的なものであろうと政策的なものであろうと，人間を対象に行われる介入には一定の配慮すべきポイントがある。遠からず直面しうるこれら諸課題に対し，見通しと指針をもって備えていただきたいと思う。第二部は順不同で，気になるテーマから読み進めてもらって構わない。すべて読了する頃には，潜在的・顕在的な各種の問題や配慮すべき事柄についての知識がひととおりインプットされているだろう。

「第三部　外部との協同編」では，先行事例をどのように探すか，政策を実行に移す過程で立法者である政治家とどのように連携可能か，信頼できる研究者をどう探せばいいか，などが具体的に解説・例示される。これらはすでに，ナッジ・行動インサイトの活用や EBPM を進める中で顕在化している論点かもしれない。最後に，協力者へのフィードバックや，成果の記録と共有の必要性についても，現時点で望ましいと考えられる方向性が論じられる。これらの内容がこの先，府省庁や自治体の枠組みを超えて大きなシナジーを得るための組織横断的な議論，そのアウトラインになることを願っている。

　つまるところ本書が伝えたいのは，元警察・防衛官僚であり危機管理の実務家（佐々，1991）が遺した言葉，「悲観的に準備し，楽観的に対処せよ」の一点に尽きる。ナッジ・行動インサイトや EBPM を進めていく過程には確かに困難が横たわっているが，幸いにして我々は，先行する取り組みの成果やそれら

から導出された示唆・提言を手にしている。ここから教訓を引きだし，あらかじめ問題や懸念に備えることで，本来の豊かな実りを手にすることができるはずである。

　行動科学は実証を通した人間へのまなざしであり，人間という少し癖のある，しかし驚嘆すべき存在への洞察と敬意に満ちている。政策が行動科学の知見にもとづいて適切に策定・実施され，評価されることにより，人々の暮らしやすさは向上し，社会にはさらなる安寧がもたらされるだろう。本書が，府省庁や自治体でそのような取り組みを進める人のそばに常にあり，少し先の道行きを伝える道標として活用されたならば望外の喜びである。

　最後になるが，勁草書房の永田悠一氏には企画の段階から大変お世話になった。ここに記して感謝申し上げる。

2020 年 11 月吉日

白岩祐子・荒川　歩

**引用文献**

那須耕介・橋本努（2020）．ナッジ⁉　自由でおせっかいなリバタリアン・パターナリズム　勁草書房

佐々淳行（1991）．完本 危機管理のノウハウ　文藝春秋

Thaler, R. H. & Sunstein, C. R. (2008). *Nudge: Improving decisions about health, wealth, and happiness*. Yale University Press.（セイラー，R. & サンスティーン，C.　遠藤真美（訳）（2009）．実践行動経済学：健康，富，幸福への聡明な選択　日経 BP）

# 目　次

## 第三部　外部との協同編

# 第一部　基本編

# 1-1　EBPM とはなにか

## 1-1-1 EBPM とは

EBPM とは，Evidence-Based Policy Making の略称であり，日本語では「根拠に基づく政策立案」と訳される。ただし，「根拠に基づく政策立案」という言葉の意味するところは，大きく分けて政策選定段階を強調するものと予算配分等のための行政評価を強調するものとがあり，使用される文脈やそれを運用する国によってその捉え方は異なっている。

OECD（経済協力開発機構）は，EBPM を「政策オプションの中から政策決定し選択する際に，現在最も有益なエビデンスの誠意ある明確な活用」（OECD, 2007）と定義している。また日本政府も，「証拠に基づく政策立案（EBPM）とは，(1) 政策目的を明確化させ，(2) その目的のため本当に効果が上がる行政手段は何かなど，『政策の基本的な枠組み』を証拠に基づいて明確にするための取組」と定義しており（内閣官房行政改革推進本部事務局，2017），政策を選定するためのエビデンスの使用というひとつ目の考え方に近いと言えよう。ここでエビデンスとは政策あるいは予算使用の根拠といえるものである。

次節で詳しく論じられるように，日本に先行して国家的に EBPM を採用し推進している代表的な国にアメリカやイギリスがある。イギリスにおいて，政策目標を達成するためのエビデンスの蓄積，伝達，活用を担っているのが，What Works Network と呼ばれる組織である。この組織のネットワークは，医療や学力向上，犯罪防止など社会課題に対応するエビデンスを取り扱う 9 つの What Works centre と，複数の協働機関で構成され，以下の機能を果たし，実際に多くの政策の効果や費用，エビデンスの信頼性などについての知見を提供している。

①制度・事業の有効性について既存エビデンスを照合する。
②良質な統合レポートやシステマティック・レビューが現在存在しない領域についてそれらを創出する。
③共有された目標に対する各政策や事業の有効性を評価する。
④新しい実験や評価を依頼することで，不足しているエビデンスを補う。
⑤知見を誰もが簡単に見られるように共有する。

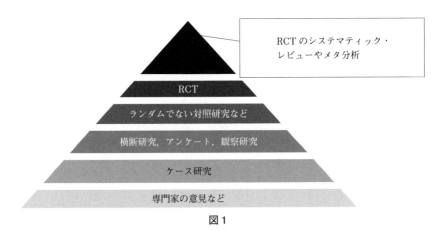

**図 1**

⑥これらの知見を意思決定の際に使用できるように，行政官やコミッショナー，国会議員を支援する。

先の OECD による EBPM の定義やこの What Works Network におけるエビデンスは，さまざまな分野にまたがる多様なレベルや階層の知識の蓄積を指し，図1のように序列化されている。

この図で，一番上位に付置されているのが「複数の RCT のシステマティック・レビューやメタ分析」（後述）であり，2 番目が RCT（ランダム化比較試験，Randomized controled trial）である。RCT とは，同質性を確保するために対象者を無作為（ランダム）に 2 群（以上）に分け，その一方に特定の政策等を実施し，他方と比較することで，その政策等の効果を検討する分析手法である。もし政策等を実施した群において，他方よりも十分に政策目標に利する効果が見られれば，その政策等に有効性があると判断することができるであろう。RCT が高く位置づけられているのは，この方法を適切に用いれば，実施する政策等の効果以外の要因の影響を最大限斥けて，政策とその影響の因果関係をより正しく推定できるからである。

しかし当然ながら，いつどこでどのような人を対象に実施するかが政策の結果に影響を与えることも確かであり，実施地域や時期，対象者の属性，実施条

件などが異なった場合には，同じ政策を実施しても，RCT の結果とは異なる
結果が得られる場合がある。多くの場所で実施されて，同じ効果が得られてい
れば，その政策は適用範囲が広く，堅固であることが推定されるし，ある属性
の人が多い地域では有効であるが，別の属性の人が多い地域ではその効果があ
まり認められないことが判明したような場合，また時と場所によって異なる結
果が得られている場合には，結果に影響する何らかの要因の存在が推察できる。
そこで，複数の結果を統合し，その効果や適用条件を整理するのが，図 1 で最
上位に位置する「複数の RCT のシステマティックレビュー」（系統的レビュ
ー）である。

　図 1 に示されているように RCT はエビデンスの中でも質の高いものとして
位置づけられているが，実際に RCT を行うのは予算的にも時間的にも公平性
の面（2-6-1 参照）からも現実的に容易ではない場合もあり，加えて後の章で
述べるように RCT の利用範囲には重大な限界もある。また，因果関係の推定
に誤りが入り込む可能性が RCT に比べて相対的に高くなるとはいえ，他の方
法によって得られた知見もそれぞれ適正な政策の決定に資することが可能であ
る。

　他方，1990 年代終盤に始まったイギリスの EBPM は，歳出見直し（Spend-
ing review）と公共サービス協定（Public service agreements，のちに廃止され，
業績評価（Business Plan）に）を中心に，各省庁から提出されたエビデンスに
基づいた業績達成目標と達成方法，そしてその進捗度合いの評価をもとに予算
配分を行うことで歳出の効率化・有効化を行うことと結びついていた（坂元・
稲澤，2013）。ロッシーら（Rossi, Lipsey, & Freeman, 2004）は，プログラム評価
階層を，ニーズ評価，制度設計と理論の評価，プロセスと実施の評価，アウト
カム／インパクトの評価，費用と効率の効果の 5 段階に分けているが，WWC
などの試みは主にこのうちの制度設計と理論の評価に用いられるものであるの
に対し，公共サービス協定等の取り組みは主に，アウトカム／インパクトの評
価，費用と効率の効果に焦点をあてたものである。後者の場合にエビデンスと
して用いられることが多いのが，国民社会の状態とその変化を示す各種統計指
標であり，政策目標を達成する上での各選択肢の社会的インパクトの社会的費
用便益分析や費用効果分析である。

　日本の総務省行政評価局が行う行政評価，具体的には，租税特別処置等における省庁から提出された政策評価の点検，公共事業における所轄省から出された事前評価，事業中の再評価，完了後の事後評価の点検，規制における意思決定過程における評価や事後評価の点検も，行政が十分効果的かつ効率的であるかについての国民への説明責任に重きをおいた後者の EBPM であるといえる。このことはこの行政評価が根拠とする 2002 年の「行政機関が行う政策の評価に関する法律（政策評価法）」で「行政機関が行う政策の評価に関する基本的事項等を定めることにより，政策の評価の客観的かつ厳格な実施を推進しその結果の政策への適切な反映を図るとともに，政策の評価に関する情報を公表し，もって効果的かつ効率的な行政の推進に資するとともに，政府の有するその諸活動について国民に説明する責務が全うされるようにすることを目的とする」（第 1 条）と定められていることからも読みとることができる。ただし，日本については「政策評価における EBPM の役割はまだ明確になっていない」という指摘がある（金本, 2020）。

## EBPM の実施の背景

　現在の行政組織に EBPM の実施が求められるようになった時代的背景としては大きく 2 つの流れがある。1 つはアカウンタビリティの観点から税金を資金として行われる政策に，公平性だけではなく，有効性や効率性の証明が求められるようになったことである。もう 1 つは，従来直感的に有用だと信じられて多額の予算が投じられてきた政策のなかには，効果が見られないものやマイナスの効果を有するものが多数存在することが明らかになったことにある。

　従来，政策は，担当者の経験や知識に基づいて提案，検討されてきた（森脇ら（2003）の調査ではある事業の有効性に明確な根拠があるのは 14.4%）。この担当者の知識は，自分が担当する地域やその住民に対する知識も含んでおり，非常に重要なものである。しかし，従来は政策を策定する上で根拠となる信頼性の高いデータは乏しく，実行中の政策の有効性についてのフィードバックも少ない。さらに，どうすれば効果的に目標を達成できるのかについての根拠ある知識もなかった。そのため，有益な政策の立案は極めて難しい作業となる。

　データやフィードバック，知識がないと政策の立案が難しいのはいくつかの

理由による。第一に，多くの場合，人の行動に影響することが政策の目標となるが，昨今行動経済学の名前で言われているように人は必ずしも合理的には行動しないため，ある政策を実施したときに，その政策が期待したような効果をもたらすかの予測は困難である。たとえば，従来，非行行動は，自尊心の低さに原因があると考えられたため，アメリカで自尊心の向上を促す教育を実施した。ところが実際にはこの方法では効果がないばかりでなく，自尊感情の高さは，差別や偏見などの一部の問題を拡張してしまう場合があることが，その後の調査研究（Baumeister et al., 2003）で分かった。これは人の行動が簡単には予測できないことを示す1つの例であろう。

　第二に，2-7-1で詳述するように，人の判断力の限界については政策立案者も例外ではない。担当者の経験や知識に基づく方法では政策の質は担当者の能力に依存し，有効な知見の蒐集・評価や，信頼性の乏しい知見の過大視などにより，最善の判断ができない可能性がある。

　第三に，現実には，これに政治の影響が加わる。様々な利害対立の圧力の中で，圧力の強さに応じて政策を策定するのではなく，目標に対して効果のある政策を客観的に選ぶことが必要になるが根拠が乏しければ政治的な強さが政策案の決定に強い影響力をもつであろう。

　そこで，制度としては，政策立案者が判断に使えるように，知見を整理・共有する制度を整え，政策立案者側も，積極的にそれを利用することで，政策の適正化・合理化を図るという狙いがこのEBPMの背景にある。

## EBPMの源流としてのEBM

　EBPMをより理解するためには，EBPMにも影響を与えた，EBM（エビデンスに基づく医療：Evidence-based Medicine）について理解することが有用である。EBMは，インターネットの普及の影響もあり，医療の質に対する意識の高まったことを背景に，McMaster大学のDavid SackettやBryan Haynesそして Gordon Guyattらによって1991-1992年ごろに提唱された概念であり（Guyatt, 1991; Evidence-Based Medicine Working Group, 1992），「個々の患者のケアに関する意思決定において，現在得られる最良のエビデンスを良心的，明示的，かつ思慮深く用いること」と定義されている（Sackett et al., 1996）。

　ただし，これは医師の直感や経験を完全に無視してエビデンスだけで診療方針を自動的に判断するというものではなく，(1) エビデンス，(2) 臨床現場の状況や環境，(3) 当該患者の意向や価値観に，(4) 医療者の専門性，の4つを踏まえて診療方針を決定することを推奨するものだと理解されている (Haynes, Devereaux, & Guyatt, 2002)。

　また，EBM は，以下の5段階で進むとされている。(1) 求められている情報の問いへの定式化，(2) その問いに答えるための最善エビデンスの収集，(3) その妥当性や影響力，実用性についての批判的吟味，(4) 臨床的経験および当該患者自身の生物学的特徴や，価値観，環境を統合した評価，(5) 1〜4を実施しての効果と効率性の評価と次回への反省 (Straus et al., 2018)。

　特に，この (1) 問題の定式化の段階では，PICO (PECO) という考え方が用いられる。PICO (PECO) とは，Patient, Intervention/Exposure, Comparison, Outcome の頭文字をとったものであり，対象者にどのような介入を加えれば，他の介入方法または無介入と比べて，どのようなアウトカムが得られるかを考えることで，問いを明確にする。こうすることで，対象者の状態を明確化するだけではなく，無介入でも実は同じ効果が得られるのか，優先されるアウトカムはどのような状態か（一日も早い完治か，QOL を保ったままの治療か）などが整理される。

　また，第二段階においては，システマティック・レビューやメタ分析およびガイドラインを中心にした2次情報が重視され，コクランライブラリーや，Mind，UpToDate などのライブラリーが整備されている。

**まとめ**

　本節では，EBPM には，政策課題の解決策の選定段階でのエビデンス使用と，エビデンスを考慮した評価に応じた予算検討という絡み合う2つの方向性があることを指摘し，ここでいうエビデンスとは何かを整理した上で，その使用方法を考えるために，EBPM の源流の1つである EBM について紹介した。EBM が示しているように，エビデンスを用いて判断する際には客観的なエビデンスを重視するが，エビデンスだけを偏重したものではなく，対象の現状を十分把握して最善の選択を選ぶ営為であることが望まれる。これは EBPM に

おいても期待されることであろう。

## 引用文献

Baumeister, R. F., Campbell, J. D., Krueger, J. I., & Vohs, K. D. (2003). Does high self-esteem cause better performance, interpersonal success, happiness, or healthier lifestyles? *Psychological Science in the Public Interest, 4*, 1-44.

Evidence-Based Medicine Working Group (1992). Evidence-based medicine: A new approach to teaching the practice of medicine. *Journal of the American Medical Association, 268*, 2420-2425.

Guyatt, G. H. (1991). Evidence-based medicine. *ACP J Club, 114*, A16.

Haynes, R. B., Devereaux, P. J., & Guyatt, G. H. (2002). Physicians' and patients' choices in evidence based practice. *BMJ, 324*, 1350.

金本良嗣 (2020)．EBPM を政策形成の現場で役立たせるために　大橋弘（編）EBPM の経済学：エビデンスを重視した政策立案　東京大学出版会

内閣官房行政改革推進本部事務局 (2017)．EBPM の推進（統計改革推進会議第 5 回幹事会・内閣官房行政改革推進本部事務局提出資料）https://www.kantei.go.jp/jp/singi/toukeikaikaku/kanjikai/dai5/siryou1.pdf

南島和久 (2009)．イギリスにおける政策評価のチェックシステム：PSA システムに対するチェックシステムを中心として　総務省行政評価局（編）諸外国における政策評価のチェックシステムに関する調査研究報告書　pp. 55-74.

森脇睦子・黒岩寿美子・林田賢史・山口扶弥・梯正之・烏帽子田彰 (2006)．全国市町村健康づくり事業において住民ニーズの把握が事業に与える影響について　日本公衆衛生雑誌, *53*(7), 516-524.

OECD (2007). Knowledge Management: Evidence in Education – Linking Research and Policy, OECD（岩崎久美子・菊澤佐江子・藤江陽子・豊浩子（訳）(2009)．教育とエビデンス—研究と政策の共同に向けて　明石書店）

Sackett, D. L., Rosenberg, W. M., Gray, J. A., Haynes, R. B., & Richardson, W. S. (1996). Evidence based medicine: what it is and what it isn't. *BMJ, 312*, 71-72.

坂元英毅・稲澤克祐 (2013)．英国中央政府における業績モニタリングとその予算編成への活用：包括的歳出見直し（Comprehensive Spending Review: CSR）と公共サービス合意（Public Service Agreements: PSAs）のフレームワークに基づく検討　ビジネス＆アカウンティングレビュー, *12*, 77-96.

Straus, S. E., Glasziou, P., Richardson, W. S., & Haynes, B. R. (2018). *Evidence-Based Medicine: How to Practice and Teach EBM* (5th Ed.). Elsevier

（荒川　歩）

## コラム1　エビデンスとしての基礎的知見の意義

　行動科学の知見（1-2-2参照）を活用した政策を実施する上でのエビデンスとは，理想的には，小規模な範囲での導入や他国・他自治体での先行事例といった形ですでに社会実装された政策の効果検証が蓄積され，それらが系統的にレビューされたり，さらにはメタ分析がなされたりすることで，政策効果の確からしさが認められることである。しかし，直接参照できる既存の応用事例が存在せず，新たに政策や改善策を考案する段階では，政策の着想やその妥当性の根拠として，行動科学において実証された基礎的知見（1-3参照）が，参照すべきエビデンスとなるだろう。

　行動科学のエビデンスに基づいた政策立案は，以下のような段階が想定される。

①人間の認知・行動に関する実証的な基礎的知見が蓄積され，それらへの理解を深める。

②行政における課題と，行動科学の基礎的知見との関連性を洞察し，基礎的知見を応用して政策・改善策を開発・考案する。

③特定の領域（国，自治体，地域，分野等）において政策・改善策を実施し，効果を測定・検証する。

④既存事例による効果検証の蓄積を分析し，これに基づき他の領域における政策の導入・展開，あるいは導入済みの領域での継続等について意思決定する。

　上記の段階を想定すると，行動科学の知見を活用したさまざまな政策を充実させていくには，まずは①から②への段階を進展させる必要がある。なお，ここでは基礎的知見として，人間の認知・行動の説明を目的とする理論的知見を想定しており，政策・実務の現場における洞察によって応用可能性をもつものである。また，行動科学では，認知から行動に至るまでのプロセスの存在が想定されており，一般的に低次のプロセスが高次のプ

ロセスの基礎となることが想定されるため，着目する認知・行動に関する現象を利用するにあたって，より低次のプロセスに関する理論的知識も，基礎的な知見として併せて理解する必要がある。知覚・注意・記憶などをはじめ，人間の認知・行動の基礎的なメカニズムに関する知識は，より幅広い場面で関与すると考えられるため，さまざまな政策や行政実務における課題解決にも役立つだろう。

　また，行政では，社会情勢や住民ニーズの変化等に応じて，目的・対象・性質がさまざまに異なる政策や業務を実施するため，日々新たに政策手段や手続きについて考える必要がある。そして災害等の緊急事態や未曾有の事態を含め，一回限りの取り組みの実施や，個別的な状況における改善も行なっていく必要がある。そのような場合は，④の段階のように，事前にすでに社会実装がなされ，複数の効果検証が蓄積された応用策を直接参照することは期待できないが，それでも可能な限りのエビデンスに基づいて効果的に取り組みを進めるためには，人間の認知・行動に関する基礎的知見を適切に活用することが有益だと考えられる。

　もちろん，事業の性質によっては，効果検証事例の蓄積を踏まえた意思決定が望ましいものはあり得るし，理論を単純に応用しても功を奏するとは限らないが（2-3-3・2-7-2参照），先行事例を導入する際にもメカニズムの理解が必要であるという意味でも（2-2-2・2-7-1参照），基礎的知見の理解と活用は重要だろう。

（池谷光司）

## 1-1-2　海外における EBPM

　本節では EBPM 先行国として取り上げられることの多いイギリスおよびアメリカにおける EBPM の歴史を概観し，取り組みを紹介することを通じて，日本における EBPM の推進に対する示唆や教訓を得る。

### イギリスにおける EBPM

　イギリスでは，ブレア政権（1997-2007 年）以降に EBPM が本格的に導入された。ブレア政権が EBPM を重視したのは，それまでの資本主義や社会主義ではない，自由主義経済と福祉政策を両立する「第三の道」を模索したからであり，機能する政策を追求した結果である。すなわち，機能するもの（what works）とそうでないもの（what does not work）の違いを明確に意識した形で政権運営がなされ，そのことが EBPM の取り組みを強力に後押しする確固たる基盤となった。

　イギリスの EBPM は，中央政府が主導する形で推進されてきた。中でも財務省は，政策評価に関するガイダンスを示したガイドブックを複数公表しており，中核的な役割を担ってきた。財務省は毎年度の予算編成の際に各省庁の政策評価を確認するが，各省庁は財務省が公表したガイドブックに基づいて政策評価を実施する。このため，ルールやガイドラインと比較して強制力の弱い響きをもつガイダンスという名称でありながら，ガイドブックに記された政策評価の考え方や実施方法が，実質的に大きな影響力をもっている。

　ガイドブックの例をいくつか紹介すると，まず，グリーンブック（Green Book）は，政策の事前評価に関するガイダンスや実施期間中のモニタリング，さらには事後評価に関するガイダンスを示している。グリーンブックは，1993 年に初版が公表され，最新版は前の第 3 版から 15 年ぶりに改訂された，2018 年公表の第 4 版（HM Treasury, 2018）である。グリーンブックの他には，事後評価の包括的なガイダンスを示したマゼンタブック（Magenta Book）（HM Treasury, 2020）や，質が高く目的に適った分析を実施するための分析の方法や精度に関するガイダンスを示したアクアブック（Aqua Book）（HM Treasury, 2015）などがある（これらのガイドブックの名称は紙面で用いられている色に由来

している)[1]。マゼンタブックには，事後評価の手法として RCT に関連した記述がある。各省庁はこれらのガイドブックを参照することで，自然と頑健な評価手法の考え方に触れることになる。

　イギリスの EBPM を支える組織として，中央政府に加え，What Works Network（WWN）の存在が欠かせない。WWN とは，公共サービスの歳出や実践が，その時点で利用可能な最良のエビデンス（Best Available Evidence）を踏まえたものになることを目的として 2013 年に開始された取り組みである（What Works Network, 2018）。WWN は，2019 年 10 月時点（What Works Network ウェブサイトの最終更新日）で，9 つの What Works Centre（WWC）と 3 つの協力メンバー機関，1 つの準メンバー機関で構成されるネットワークであり，様々な政策領域でのエビデンスの需要と供給の双方を促してきた。個々の WWC の役割は，エビデンスを創出し，そのエビデンスの内容を容易に理解できて実行可能なガイダンスの形に翻訳するとともに，意思決定者がそのガイダンスに基づいて行動できるよう支援することである。このような組織のことをエビデンス機関（Evidence Institution）と呼ぶことがある。各 WWC は，政府の独立機関として位置づけられることもあるが，政府および非政府機関の双方から支援を受けて活動を実施しており，官民連携でイギリスの EBPM を下支えしている。

　最も設立の古い WWC は国立医療技術評価機構（National Institution for Health and Care Excellence, NICE）であり，その設立は WWN 発足以前の 1999 年にまでさかのぼる（国立臨床評価機構の名称で設立された）（National Institute for Health and Care Excellence, 2019）。NICE は，医療および社会的ケアの質や持続可能性，そして生産性を向上させることを目的とした WWC である。NICE の設立の背景には，EBPM の源流の 1 つとされるエビデンスに基づく医療（EBM; Evidence Based Medicine）があり，NICE が他の WWC のモデルとなる形で EBPM の概念が WWN 内に浸透していった。そして，WWN が支援先の中央および地方政府における政策立案に影響力をもつようになったのである。

---

1) 政策の実施過程のうち，グリーンブックが事前評価と実施期間中のモニタリング，そして事後評価の一部に対応する一方で，マゼンダブックが事後評価に対応しており，両者は相互補完的である。これらのガイドブックの解説については内山ら（2018）が詳しい。

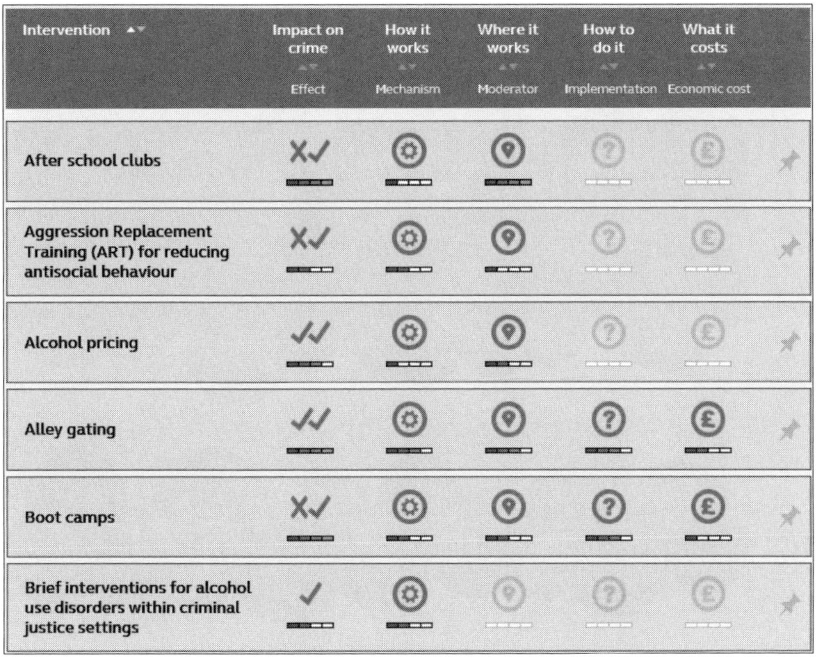

図2　College of Policing が公開するツールキット（表形式）

　WWC によるエビデンスの供給の具体例を図2と図3に示す。これらは，犯罪の減少を目的とした WWC である College of Policing が公開しているツールキット（College of Policing Crime Reduction Toolkit ウェブサイト）の一部で，犯罪の減少に関する利用可能な最良のエビデンスを整理したものである。このツールキットでは，エビデンスの示し方が2種類あり，表形式と，1つひとつの取り組みを「泡」で示したバブル形式がある。表形式（図2）では，縦にそれぞれの取り組みが並べられてあり，横には左から順に効果，機能するメカニズム，機能する文脈，実施，経済コストに関する情報がエビデンスの質の善し悪しとともに図示されている。空欄となっている情報もあり，全ての情報が完全に入手できるまで待つのではなく，その時点で利用可能な範囲でエビデンスを活用しようとする姿勢がうかがえる。バブル形式（図3）では，縦軸が各取り組みの犯罪の減少に対する効果を示しており，一番下に HARMFUL（有害），

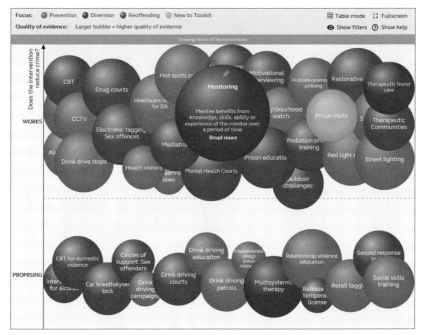

**図3**　College of Policing が公開するツールキット（バブル形式）

その上に NO IMPACT（影響なし）があり，一番上の WORKS（有効）まで効果がより確からしくなる順に並べている（図3では，紙面の都合上，上部のみを引用している）。多くの WWC が同様にエビデンスを分かりやすく工夫して公開しており，政策立案者や実務家によるエビデンスの利用を後押ししている。

　その後イギリスでは，2010 年に労働党から保守党と自由民主党の連立政権へと政権交代がなされたが，1-2 で紹介するナッジ・ユニットの取り組みに代表されるように，EBPM の取り組みは現在まで脈々と受け継がれている。

### アメリカにおける EBPM

　アメリカの EBPM の歴史は 1960 年代からの半世紀にわたる助走期間を経てオバマ政権（2009-2017 年）で大きな転換期を迎えることになる。アメリカでは 1960 年代以降，多くの社会政策で RCT が活用されるようになった。この

ように公共政策で RCT を応用する経験をもち，そして実績を積み重ねてきた
アメリカの取り組みを概観することにより，日本で EBPM を推進するにあた
っての示唆を得ることとしたい。

　アメリカの公共政策で RCT の普及に一役買ったのは，レーガン政権（1981-
1989 年）やブッシュ政権（1989-1993 年）での施策の効果検証の義務づけであ
る（津田・岡崎，2018）。そして，2002 年には教育省が，イギリスの WWC と
同様の役割を担う What Works Clearinghouse を設立し，教育施策に関する研
究成果を体系的に評価したうえで，わかりやすい形でエビデンスを公表してい
る（What Works Clearinghouse, 2020）。

　オバマ政権になると幅広い分野の社会施策で RCT が行われるようになり，
EBPM の推進が一層本格的なものとなる。オバマ政権では，以下の手順によ
り，エビデンスに基づいて社会プログラムの意思決定をすることを強調した
（Haskins & Baron, 2011）。

1. 問題の規模が縮小された場合に，個人や国家がより良い状態になるよう
　 な重要な社会課題を選択する。
2. RCT やその他の頑健な研究により問題を著しく減らすことが示された
　 モデルプログラムを特定する。
3. 実証されたモデルを踏まえて問題に取り組むようなエビデンスに基づく
　 プログラムを拡大するために連邦議会から資金を獲得する。
4. 成功したモデルプログラムを再現したり，新しいモデルプログラムを開
　 発したりするために，優れた実績のある政府や民間が資金を利用できるよ
　 うにする。
5. 忠実にモデルプログラムを実施し，良い成果を生み出すように実施され
　 ているかどうか，プロジェクトを継続的に評価する。

　そして，大統領府内にある行政管理予算局が司令塔となり，各省庁に対して
既存のエビデンスの活用と新規のエビデンスの創出を指示するとともに，省庁
横断の EBPM ワーキンググループを設置した。

　オバマ政権での EBPM 推進の特徴として，しばしば次の 3 点が取り上げら

れる（小倉，2020）。第一に，各省庁の政策評価に係る指揮官として首席評価官を特定または設置するよう推し進めた。これを受けて労働省が2010年に他省庁に先駆けて首席評価官を設置している）（Commission on Evidence-Based Policymaking, 2017）。第二に，ラーニングアジェンダの策定を推奨するとともに，第三に，エビデンスの創出を促進する予算制度を導入した。

　ラーニングアジェンダとは，組織の業務に直結する一連の幅広い問題をまとめたものであり，答えが得られたときに組織がより効果的かつ効率的に機能するような問題の一覧である（USAID Learning Lab ウェブサイト）。一連の問題を特定した後に，それらを短期的に取り組むものと長期的に取り組むものとに分けて優先順位付けし，最も優先的に取り組むべき問題の答えを得るのに必要な活動計画を策定することになる。そして RCT に代表される頑健な評価手法を採用して取り組みを評価し，得られた結果に基づいた意思決定を行うことで，政策の実効性を高めることができるようになる。オバマ政権は，ラーニングアジェンダに関して以下のようなアプローチの採用を推奨した（Office of Management and Budget, 2016）。重要な点として，ラーニングアジェンダの策定にあたり，組織の内外の多様な利害関係者との調整が必要となることが挙げられる。組織にとっての利害関係者が多様であればあるほど，ときには相反する要求に対して関係者間で妥結点を見出す必要があるなど，調整の労力は筆舌に尽くしがたいものであろう。しかしながら，そうした作業を通じて組織が抱える課題が明確になり，かつ，対外的にも透明性ある形で施策を実行できる素地が確保されるのである。

1. プログラムの実施と実績を改善するために，答えを得るべき最も重要な問題を特定する。それらの問題は，利害関係者集団の関心と要求を反映すべきである。
2. 組織が最も十分に情報を得た上で決断するに当たりどの研究や解析が役立つかなど，利用可能な資源の中で答えを得るために，問題の優先順位づけを戦略的に行う。
3. それぞれの問題の答えを得るための最適なツールや方法（評価，調査，分析または業績指標など）を特定する。

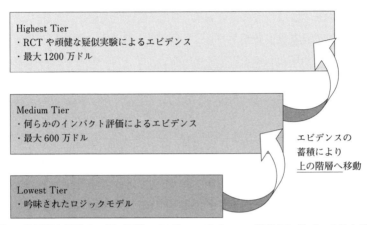

図4　階層付き補助金の例（岡崎, 2018）　エビデンスの頑健さに基づいて最も低い
　　　階層（Lowest Tier）から最も高い階層（Highest Tier）までのいずれかに応
　　　じた補助金が分配される

4. 状況に即した最も頑健な方法を用いて研究，評価および分析を実施する。
5. 明らかになったことを，公務員や政策立案者，実務家をはじめ重要な利
　害関係者にとって利用しやすくて有益な方法で広めるための計画を練る。

　なお，ラーニングアジェンダは，ピーター・センゲの「学習する組織」
(Senge, 1990) と関連づけて扱われることがある。すなわち，組織がその構成
員の学びを促し，集団としての意識と能力を高め続け，環境の変化に絶えず適
応し続けていけるよう，組織自身の変革をも促すということが重要である。

　エビデンスの創出を促進する予算制度としては，階層付き補助金が導入され
た。通常の補助金は，一定の条件を満たす事業に対して支払われるが，階層付
き補助金制度では，政策効果を裏付けるエビデンスの頑健さに応じて段階的に
階層が設けられ，そのレベルの高さに応じて高額の補助金が配分される（図4)。

この制度が新規のエビデンスを創出するためのインセンティブとなり，導入された施策分野ではエビデンスの創出や活用が進むこととなった。そして，階層付き補助金が導入されなかった分野においても，エビデンスを重視した補助金の分配が見られるようになったという（津田・岡崎，2018）。

　階層付き補助金制度で特筆すべきは，エビデンスのしっかりした事業に多くの補助金が割り当てられる一方で，十分なエビデンスが存在しない事業に対しても比較的少額ながら補助金が支給されることがあるということである。エビデンスがない場合，目標通りの成果が得られる根拠に乏しいわけであるが，この制度の下では，失敗するリスクを許容しつつ，事業を小規模で実施してみて効果を検証し，成果が認められれば次に，より大規模で実証をする，というように段階的に取り組みを広げていくということが可能となっている。

　これらの取り組みを踏まえ，EBPM の推進をより強固なものとするための立法措置がなされている。オバマ政権下では，超党派の取り組みにより，「2016 年証拠に基づく政策立案諮問委員会法」（アメリカ連邦議会ウェブサイト a）が成立した。この法律に基づき 18 か月以内の時限措置で設置された「証拠に基づく政策立案諮問委員会」（Commission on Evidence-Based Policymaking, CEP）は，連邦政府の政策立案に関するデータ関連の包括的な調査を目的とするものであり，大統領および連邦両院の指導部から指名された 15 名の委員で構成された。委員の専門性としては，経済学，統計学，プログラム評価，データセキュリティ，機密保持またはデータベース管理が考慮された。政権交代後の 2017 年 9 月，CEP は，トランプ大統領および連邦議会両院議長に対し，最終報告書（Commission on Evidence-Based Policymaking, 2017）を提出してその役割を終えた。最終報告書には，データアクセスの向上，エビデンスの構築のための個人情報保護の近代化，国家の安全なデータサービスの実施，連邦政府のエビデンス構築のための能力の強化に関する 4 つの勧告が含まれた。そしてこの勧告を受けて成立したのが「2018 年証拠に基づく政策立案基盤法」（アメリカ連邦議会ウェブサイト b）である。

## イギリスとアメリカから何を学ぶか

　以上がイギリスとアメリカで EBPM が推進されるようになった経緯の概要

である。他の国で成功したことが日本でも同様にうまくいくとは限らないものであり，イギリスやアメリカの事例を単に真似るというのは，極めて短絡的であり，危うささえある。日本で EBPM を推進するにあたっては，他国の歴史に学びつつも，日本に合った，いわば日本版の EBPM の形を模索することが重要ではないか。

　ここで改めて両国の取り組みを振り返ると，大枠での共通点として，EBPMの実施や推進の体制の整備に加え，エビデンスの創出や活用を促す仕組みが整えられたことが挙げられる。1-1-3 で日本における EBPM の動向を追うにあたり，イギリスやアメリカで EBPM の推進に貢献したと考えられるこれらの仕掛けの一部が，日本でもすでに取り入れられ始めていることについて触れることにする。

## 引用文献

アメリカ連邦議会ウェブサイト a Evidence-Based Policymaking Commission Act of 2016, Public Law No: 114-140　https://www.congress.gov/bill/114th-congress/house-bill/1831

アメリカ連邦議会ウェブサイト b Foundations for Evidence-Based Policymaking Act of 2018, Public Law No: 115-435. https://www.congress.gov/bill/115th-congress/house-bill/4174

College of Policing ウェブサイト Crime Reduction Toolkit https://whatworks.college.police.uk/toolkit/Pages/Welcome.asp

Commission on Evidence-Based Policymaking (2017). The Promise of Evidence-Based Policymaking: Report of the Commission on Evidence-Based Policymaking.　https://www.cep.gov/report/cep-final-report.pdf

HM Treasury (2015). The Aqua Book: guidance on producing quality analysis for government https://assets.publishing.service.gov.uk/government/uploads/system/uploads/attachment_data/file/416478/aqua_book_final_web.pdf

Haskins, R. & Baron, J. (2011). Building the Connection between Policy and Evidence: The Obama evidence-based initiatives

https://www.brookings.edu/wp-content/uploads/2016/06/0907_evidence_based_policy_haskins.pdf

HM Treasury (2018). The Green Book: Central Government Guidance on Appraisal and Evaluation https://assets.publishing.service.gov.uk/government/uploads/system/uploads/attachment_data/file/685903/The_Green_Book.pdf

HM Treasury (2020). Magenta Book: Central Government Guidance on Evaluation https://

assets.publishing.service.gov.uk/government/uploads/system/uploads/attachment_data/file/879438/HMT_Magenta_Book.pdf

National Institute for Health and Care Excellence (2019). Annual Report and Accounts 2018/19　https://www.nice.org.uk/Media/Default/About/Who-we-are/Corporate-publications/Annual-reports/NICE-annual-report-18-19.pdf

Office of Management and Budget (2016). Analytical Perspectives, Budget of the United States Government, Fiscal Year 2017　https://www.govinfo.gov/content/pkg/BUDGET-2017-PER/pdf/BUDGET-2017-PER-4-3.pdf

小倉將信 (2020). EBPM（エビデンス（証拠・根拠）に基づく政策立案）とは何か：令和の新たな政策形成　中央公論事業出版

岡崎康平 (2018). 第7回日本版ナッジ・ユニット連絡会議 資料5 米国 EBPM における予算の使い方

Peter M. Senge (1990). The Fifth Discipline: The Art & Practice of The Learning Organization. Doubleday Business（守部信之（訳）(1995). 最強組織の法則―新時代のチームワークとは何か 徳間書店）

津田広和・岡崎康平 (2018). 米国における Evidence-based Policymaking（EBPM）の動向 RIETI Policy Discussion Paper Series 18-P-016

内山融・小林庸平・田口壮輔・小池孝英 (2018). 英国におけるエビデンスに基づく政策形成と日本への示唆 RIETI Policy Discussion Paper Series 18-P-018　https://www.rieti.go.jp/jp/publications/pdp/18p018.pdf

USAID Learning Lab ウェブサイト Defining a Learning Agenda https://usaidlearninglab.org/sites/default/files/resource/files/defining_a_learning_agenda.pdf

What Works Clearinghouse (2020). What Works Clearinghouse Standards Handbook, Version 4.1. Washington, DC: U. S. Department of Education, Institute of Education Sciences, National Center for Education Evaluation and Regional Assistance.　https://ies.ed.gov/ncee/wwc/Docs/referenceresources/WWC-Standards-Handbook-v4-1-508.pdf

What Works Network (2018). The What Works Network: Five Years On　https://assets.publishing.service.gov.uk/government/uploads/system/uploads/attachment_data/file/677478/6.4154_What_works_report_Final.pdf

What Works Network ウェブサイト https://www.gov.uk/guidance/what-works-network

（池本忠弘）

## 1-1-3　日本における EBPM

　本節では，日本における EBPM 推進の動向について，政策評価制度や統計改革と関連づけて紹介する。

　まず，EBPM と密接な関係にある政策評価の歴史を振り返りたい。現在の政策評価の仕組みが導入されたのは，およそ 20 年前の行政改革のときである。1997 年の行政改革会議最終報告（行政改革会議, 1997）で評価機能の充実強化が挙げられ，政策は不断の見直しや改善が加えられていくことが重要とされた。これを受け，行政機関が行う政策の評価に関する法律（以下「政策評価法」）が 2001 年に制定され，翌 2002 年 4 月に施行されたことをもって，政策評価制度が法制化されたのである。

　政策評価法では，第 1 条に規定された目的の中で「政策の評価の客観的かつ厳格な実施を推進しその結果の政策への適切な反映を図る」ことが挙げられている。また，政策評価の在り方を規定した第 3 条では，行政機関は政策効果を把握し，必要性，効率性または有効性等の観点から自ら評価するとともに，評価の結果を政策に適切に反映させなければならないとされている。これらのことからわかるのは，「政策評価」という用語が意味するのは評価することだけではなく，評価の結果を反映させて政策の見直しや改善を図ることまでを合わせて考える必要があるということである。

　政策評価法が施行されたことで，今日の政策評価の枠組みができたわけであるが，次に課題として指摘されたのが，政策評価の内容であり，質であった。政策評価法では，第 3 条で，政策効果は政策の特性に応じた合理的な手法を用いてできる限り定量的に把握することや，政策の特性に応じて学識経験を有する者の知見の活用を図ることとされている。自由民主党では，その行政改革推進本部に行政事業レビューに関するプロジェクトチームが設置され，さらにその下に設置された EBPM グループにより 2016 年に提言がまとめられた（小倉, 2020）。提言では，「これまでの日本の政策過程は，統計データや社会科学の知見に準拠した議論が軽視され，KKO（勘と経験と思い込み）に左右されがちであった」との指摘がなされ，「統計データや社会科学の知見を活用した EBPM

（根拠に基づく政策立案）を一層推進すべきである」とされた。

　そして同年 12 月の経済財政諮問会議では，「統計改革の基本方針」が決定され，政府全体における EBPM の定着のため，統計改革推進会議の設置が盛り込まれた（経済財政諮問会議，2016）。この決定を受けて翌 2017 年 1 月に統計改革推進会議が設置され，中間報告を経て，同年 5 月に「最終取りまとめ」が示された（統計改革推進会議，2017）。最終取りまとめの冒頭では，「EBPM を推進するためには，その証拠となる統計等の整備・改善が重要である。また，EBPM を推進することにより，ユーザー側のニーズを反映した統計等が一層求められ，政策の改善と統計の整備・改善が有機的に進むことから，EBPM と統計の改革は車の両輪として一体として進めていく必要がある」とし，続く本編では「EBPM 推進体制の構築」が第一に掲げられた。その具体的な内容は，EBPM 推進に係る取り組みを総括する EBPM 推進統括官（仮称）を各府省に置くことであり，また，EBPM 推進統括官等から構成され，政府横断的な EBPM 推進機能を担う EBPM 推進委員会（仮称）を置くことであった。

　さらに，同年 6 月に閣議決定された「経済財政運営と改革の基本方針 2017」では，統計改革推進会議と同様，「証拠に基づく政策立案（EBPM）と統計の改革を車の両輪として，一体的に推進する」と示され（出典：経済財政運営と改革の基本方針 2017），最終取りまとめの通り，同年 8 月に EBPM 推進委員会が，翌 2018 年度からは各府省に EBPM 推進の責任者となる政策立案総括審議官等がそれぞれ設置された。

　1-1-2 で取り上げたイギリスやアメリカにおいても，EBPM の実施や推進の体制をいかに整備するかが重要な論点であった。日本において新たに設置されたこの統括責任者に求められる役割とはどのようなものであろうか。内閣官房行政改革推進本部事務局は，「統括責任者の果たす役割は非常に重要」とした上で，「司令塔」としての役割に加え，以下の 5 つの点を挙げている（内閣官房行政改革推進本部事務局，2017）。


- 課題に気づき，問題提起する。
- 組織内への EBPM の浸透を図る。
- よろず相談所として信頼を得る。

- 外の目にさらす（対外的に公表する）。
- 更なる取組を模索する。

イギリスとアメリカで見られたもう1つの共通点，すなわちエビデンスの創出や活用を促す仕組みについては，予算編成の方針の中に見つけることができる。すなわち，経済財政諮問会議では，次年度の予算の全体像について取りまとめているが，平成29年度予算については，「エビデンスベースの歳出改革の拡大」を掲げ，各府省に対し，予算編成段階からのエビデンスに基づく歳出の精査と見直しの徹底と厳格な優先順位づけを求めた（経済財政諮問会議，2016）。これを踏まえて閣議決定された予算編成の基本方針の中では，「PDCA サイクルの実効性を高めるため，点検，評価自体の質を高める取組が重要」とされた（平成29年度予算編成の基本方針）。平成30年度予算については，「エビデンスに基づく政策形成や制度の持続可能性の確保の視点を踏まえた予算編成の推進等」を掲げ，その内容として，「EBPM を進め，その成果を予算編成に反映する」と明確に示された（経済財政諮問会議，2017）。この記述が，各府省に対してどの程度，EBPM を実践しようというインセンティブになったか，さらには，予算編成が実際にこの記述をどの程度反映したものとなったかは調査や検証が必要であるが，EBPM の成果を予算編成に反映するという方針が明確に示されたことは日本の EBPM の歴史において，大きな転換点の1つであったと考えられる。そして，これを踏まえて閣議決定された予算編成の基本方針の中では，前年度と同様に「証拠に基づく政策立案の視点を踏まえ，点検，評価自体の質を高める取組が重要」とされた（平成30年度予算編成の基本方針）。平成31年度予算および令和2年度予算の基本方針においても，EBPM を推進して予算の質の向上と効果の検証に取り組む旨が示されており，政府が予算編成において EBPM を重視する姿勢が見てとれる（平成31年度予算編成の基本方針，令和2年度予算編成の基本方針）。

## まとめ

本節では，政府の動向を軸として，近年の日本の EBPM 推進の歴史を紹介した。1-1-2 で紹介した EBPM 先進国のイギリスやアメリカと同様に，推進

体制の整備やエビデンスの活用を促す仕組みが日本でも取り入れられ，実装されつつある。行政改革推進本部では，各府省の EBPM の取り組み状況についてとりまとめて，公開しており，年を経るごとに各府省で取り組みが深化している様子がうかがえる（内閣官房行政改革推進本部事務局ウェブサイト，内閣官房行政改革推進本部事務局ウェブサイト）。

**引用文献**

行政改革会議（1997）．最終報告 平成 9 年 12 月 3 日　https://www.kantei.go.jp/jp/gyokaku/report-final/

平成 29 年度予算編成の基本方針 平成 28 年 11 月 29 日閣議決定　https://www5.cao.go.jp/keizai-shimon/kaigi/cabinet/2016/29_yosanhensei.pdf

平成 30 年度予算編成の基本方針 平成 29 年 12 月 8 日閣議決定　https://www5.cao.go.jp/keizai-shimon/kaigi/cabinet/2017/30_yosanhensei.pdf

平成 31 年度予算編成の基本方針 平成 30 年 12 月 7 日閣議決定　https://www5.cao.go.jp/keizai-shimon/kaigi/cabinet/2018/31_yosanhensei.pdf

経済財政諮問会議（2016）．平成 29 年度予算の全体像 平成 28 年 7 月 26 日　https://www5.cao.go.jp/keizai-shimon/kaigi/cabinet/2016/29_yosannozentai.pdf

経済財政諮問会議（2016）．統計改革の基本方針 平成 28 年 12 月 21 日　https://www5.cao.go.jp/keizai-shimon/kaigi/minutes/2016/1221_2/shiryo_04.pdf

経済財政諮問会議（2017）．平成 30 年度予算の全体像 平成 29 年 7 月 18 日　https://www5.cao.go.jp/keizai-shimon/kaigi/cabinet/2017/30_yosannozentai.pdf

経済財政運営と改革の基本方針 2017〜人材への投資を通じた生産性向上〜平成 29 年 6 月 9 日　https://www5.cao.go.jp/keizai-shimon/kaigi/cabinet/2017/2017_basicpolicies_ja.pdf

内閣官房行政改革推進本部事務局（2017）．EBPM 推進の「次の一手」に向けたヒント集〜「EBPM 夏の宿題」ヒアリングから〜 平成 29 年 11 月 29 日　https://www.kantei.go.jp/jp/singi/toukeikaikaku/kanjikai/dai5/sankou1-1.pdf

内閣官房行政改革推進本部事務局ウェブサイト EBPM 推進委員会　http://www.gyoukaku.go.jp/ebpm/index.html

小倉將信（2020）．EBPM（エビデンス（証拠・根拠）に基づく政策立案）とは何か：令和の新たな政策形成　中央公論事業出版

令和 2 年度予算編成の基本方針　令和元年 12 月 5 日閣議決定　https://www5.cao.go.jp/keizai-shimon/kaigi/cabinet/2019/r2_yosanhensei.pdf

統計改革推進会議（2017）．最終取りまとめ 平成 29 年 5 月　https://www.kantei.go.jp/jp/singi/toukeikaikaku/pdf/saishu_honbun.pdf

（池本忠弘）

# 1-2　ナッジ・行動インサイトとはなにか

## 1-2-1　ナッジとは

　本節では，はじめにナッジの学問的バックグラウンドとみなされている行動経済学を概説したうえで，ナッジの定義と特徴，政策的展開，心理学の果たしてきた役割，そしてナッジに対する人々の態度について概観する。

### 行動経済学とは

　行動経済学とは経済学の一分野であり，経済分析のうち，とくに人々が示す最適な行動からの逸脱を考慮する学問のことをいう（依田，2011）。行動経済学の始まりをどの時代に見いだすかということについては異論があり，アダム・スミスやケインズにまで遡る向きもあるが（Ruggeri et al., 2019），一般的にはサイモン（Simon, 1997）が 1940 年代に著した『*Administrative behavior*（邦訳：経営行動）』を萌芽とする見方が優勢だろう。サイモンは同書の中で，人間は必ずしも合理的に行動する存在ではないこと，人間には予測可能な一定の癖がみられることを指摘した。人間の合理性には限界があるというサイモンの主張は，今でこそひろく受け入れられているが，当時は必ずしも支持されていたわけではなかった（依田，2019）。

　その後，トヴァスキーとカーネマン（Tversky & Kahneman, 1974）が不確実な状況下での人間の意思決定に関する論文を発表したことをきっかけに，限定合理性の概念が注目されることとなった。*Science* 誌に掲載されたこの論文が明らかにしたのは，1）我々がヒューリスティックという，より少ない認知的努力で正答に辿りつくための経験則，思考のショートカットを多用していること，2）そのパターンとして「代表性」「利用可能性」「係留と調整」の 3 つが挙げられること，3）これらの使用は省力的であり多くの場合効果的でもあるが，予測可能で体系的な逸脱，つまりバイアスをもたらしうることの 3 点であった。サイモンが提唱した限定合理性とトヴァスキーたちのバイアス研究は，人間の限りある認知資源を説明する新しいモデルを生みだすこととなった（Ruggeri et al., 2019）。

　伝統的な経済学が仮定してきたのが合理的な人間像だとすれば，行動経済学が仮定するのは無謬とはほど遠い人間像である。前者が規範的（べき論的）な

アプローチをとるのに対し，後者は記述的（である論的）な特徴を有している。このように行動経済学は，人間の実態をふまえて経済分析する点に大きな特徴がある。1978年にサイモン，2002年にカーネマン[1]がノーベル経済学賞を受賞するなど，行動経済学は次第に学術的な地歩を固めていくが，後述する「ナッジ」によって社会的にもひろく知られるようになった。

### ナッジの定義と特徴

　ナッジ（nudge）はもともと，「そっと後押しする」という意味の動詞である。提唱者であるセイラーとサンスティーン（Thaler & Sunstein, 2008）によれば，ナッジとは「選択を禁じることも，経済的なインセンティブを大きく変えることもなく，人々の行動を予測可能な形で変える選択アーキテクチャーのあらゆる要素」を意味している。したがって，禁止や命令，また税金や助成金などの手段はナッジには該当しない。

　具体的に挙げられている原則は，インセンティブ（iNcentive），マッピング[2]を理解する（Understand mappings），デフォルト（Defaults），フィードバックを与える（Give feedback），エラーを予期する（Expect error），複雑な選択肢を体系化する（Structure complex choices）の6原則（NUDGES）である（Thaler & Sunstein, 2008）。我々は，十分な情報や経験，動機をもち，ただちにフィードバックが得られるような状況では多くの場合，適切な意思決定を下すことができる。しかし，そうした条件を欠く状況下では必ずしも適切な決定を下せないことがある。限りある認知資源ゆえ最適な決定や行動をし損ねることのある我々を，そっと後押しして状況に気づかせ，ふさわしい決定や行動に導くための方策がナッジというわけである。

　6原則のなかではとくにデフォルト，つまり現状維持に陥りがちな人間の傾向を活用した社会問題解決の試みが多く行われている。もっともよく知られた社会実装は，セイラーとベナルチ（Thaler & Benartzi, 2004）が考案したSMarTプログラム（Save More Tomorrow）であろう。誰もが経済的に余裕の

---

1) トヴァスキーは1996年に逝去している。
2) マッピングとは，それぞれの選択肢と本人の満足度（セイラーとサンスティーンによれば「幸福度」）との対応関係をさす。

ある老後を過ごしたいと願い，そのためには計画的な貯蓄が重要であることを頭では理解している。しかし同時に我々には現在バイアス，すなわち直近のコストや利益に比べて将来のコストや利益を過小評価する傾向があるため，何十年も先の暮らしを見据えて現在の楽しみを断念するのは容易なことではない。

アメリカでは実際に多くの人が，豊かな老後を送るには低すぎる年金拠出率に甘んじている。ある企業では，拠出率が低すぎるという事実を伝えられても，従業員の75％近くは手取りが減ることを嫌って推奨された拠出率の引き上げを拒否した（Thaler & Benartzi, 2004）。そこで，昇給のタイミングと連動して拠出率が自動的に引き上げられる SMarT プログラムを提案したところ，78％の従業員が加入することに同意した。3年後の彼らの平均拠出率は上限15％に対して13.6％に達し，これは推奨されたとおりに拠出率を引き上げた従業員と比べても高い値となっていた。また加入後の離脱者は少数であった（Thaler & Benartzi, 2004）。多くの人は，長期的にみて何が望ましい行動なのかを理解しているが，そのために現在の楽しみを我慢するとなると，理想を実行に移すことは難しくなる。そこで有効になるのが，昇給のタイミングと連動した拠出率の引き上げである。これを手動で行おうとすれば，その手間は大きな障壁となる。昇給の都度，多くの人は「拠出率を引き上げねば」と思いながら手続きをズルズルと先延ばしし，結局のところ何もせずに終わるだろう。SMarT プログラムは，ひとたび加入すればこの面倒な手間を省いてくれるという点で画期的な方法であった。その効果は，入社時点での自動加入（Madrian & Shea, 2001），すなわち加入することをデフォルトとし，そこから抜けるには手続きを必須とするオプト・アウトの導入によってさらに強化することができる（Thaler & Benartzi, 2004）。

ナッジは，覚えやすさの点から6原則に集約されているが，その内容は実際にはさらに多岐にわたっている。たとえば社会規範，つまり，他者のふるまいが個人の行動の準拠枠になるとする理論（Cialdini et al., 2006; Goldstein et al., 2008）を，セイラーとサンスティーン（Thaler & Sunstein, 2008）は「ナッジ」として紹介している。社会規範はもともと社会心理学の理論であるが，今や世界でもっとも多用されるナッジ，あるいは後述する行動インサイトのツールとなっている。このように広義のナッジは必ずしも6原則にとどまらない。広義

のナッジを定義するならば，強制や禁止，税金や助成金などの伝統的な手段に
極力頼ることなく，人々を望ましい決定や行動に導く手段の総称，ということ
になるだろう（Benartzi, et al., 2017）。セイラーとサンスティーン（Thaler &
Sunstein, 2008）はとくに，介入が低コストであることと，選択の余地を残した
ソフトな形式のパターナリズムであることがナッジの特徴だと述べている。

　セイラー（Thaler, 2018）によれば，ナッジには良いナッジと悪いナッジがあ
る。本人がより望ましい選択をできるように手助けするナッジは良いナッジで
あり，望ましい選択や向社会的行動を阻害するようなナッジは悪いナッジ，ス
ラッジ（sludge,「ヘドロ」の意）である。スラッジには，望ましい行動を抑制
するものと，不適切な行動を促進するものとがある。これらのスラッジを一掃
し，良いナッジを普及することが社会的に求められている。

## ナッジの政策展開

　イギリスの Behavioural Insights Team（BIT, 別名「ナッジ・ユニット」）の
初代チーフエグゼクティブであり，現在 CEO であるハルパーン（Halpern,
2015）は，ナッジの政策適用の一例として，プロイセンにおけるジャガイモ普
及の例を挙げている。フリードリヒ 2 世は寒冷地でも育つジャガイモの栽培を
国策として奨励していた。国王は当初，強制と命令を活用し，「作農しない者
の鼻や耳を削ぎ落とす」などと人々を脅したが，はじめて目にする作物を敬遠
して人々は命令に従おうとしない。国王は一計を講じ，ジャガイモ畑の周囲に
目立つ柵と「royal crop」の看板を立て，軍隊を警備にあたらせたところ，次
第に畑からジャガイモが持ちだされるようになり，やがて国中に普及するに至
った。人間の癖や傾向に照らして環境の側に働きかけたという点で，国王のと
った手段はたしかにナッジの一種といえるだろう。

　ハルパーン（Halpern, 2015）によれば，セイラーとサンスティーン（Thaler
& Sunstein, 2008）が行った新しい工夫とは，異分野にも関わらず心理学の知見
をひろく参照し[3]，選択肢の構築など他分野で生まれたアイデアとブレンドし
たうえで現実の社会問題に適用したことにある。当時のオバマ大統領とサンス

---

　3）セイラーは経済学者，サンスティーンは法学者である。

ティーンがシカゴ大学の元同僚であったこと，そして何よりも，ナッジが前掲した年金制度をはじめとする多くの成果を挙げていたことが影響しただろう。2009年，大きな権限を付与されるホワイトハウスの情報・規制問題局長に就任したサンスティーンはその後，医療，財政改革，エネルギーなど複数のテーマにナッジを活用していくことになる。また2014年には，米国版ナッジ・ユニットと呼称されるSBST（p. 49）が発足している。

　イギリスでは2010年，キャメロン首相によって前掲のナッジ・ユニットが設立され，チーフエグゼクティブにはケンブリッジ大学で「心理学と政策」を教えていたハルパーン（Halpern, 2015）が就任した。この組織の設立にはセイラーが協力している。次節以降で詳しく紹介するように，イギリスではそれ以前から脳科学や心理学などの成果[4]を政策に反映させる試みが行われてきた。そうした中で，2008年に世界的な財政金融危機が起こり，政府による従来の規制には限界のあることが指摘されるようになった。さらに同年，セイラーとサンスティーン（Thaler & Sunstein, 2008）の書籍『*Nudge*（邦訳：実践 行動経済学）』が刊行され，ナッジや行動経済学がひろく知られるようになったことも，ナッジ・ユニット設立を後押しした（Halpern, 2015）。

　ナッジの政策展開に関する学術論文としては，ナッジのコスト効率性を検討したベナルチら（Benartzi et al., 2017）を挙げることができるだろう。彼らは英米のナッジ・ユニットが刊行したレポートのうち，年金，教育，エネルギーなどテーマを7つに絞り，それぞれ実施コストに対するインパクトの比率を算出した。この比率を，税制などの経済的なインセンティブに代表される従来の政策・施策とナッジとで比較したところ，ナッジのコスト効率性は多くのテーマにおいて相対的に優れていることが確認された。ナッジの優位性は，人々が日々行っている望ましくない決定や行動を変えることに政策・施策上の目的がある場合，とくに顕著となっていた。

　ナッジの政策展開は主としてイギリスとアメリカで始まったが，現在では日本を含む世界中の国や組織で同様の取り組みが進められている。

---

4）「behavio(u)ral insights」と総称される。

## 心理学の果たしてきた役割

　前記のとおり，行動経済学やナッジが前提としているのは無謬とはほど遠い
人間の実態であるが，こうした人間観の成立に心理学が果たしてきた役割は非
常に大きい。この事実は，行動経済学がある時期までは「経済心理学」と呼ば
れていたこととも無関係ではない（依田，2011）。しかしながら，自身も心理学
者であるハルパーン（Halpern, 2015）が述べているように，心理学の知見が行
動経済学やナッジの理論的基盤となっていることは一般的にはほとんど知られ
ていない。そこで本項では，行動経済学やナッジの成立過程で心理学という学
問分野が果たしてきた役割の一端を紹介したい。

　人間がもつ合理性の限界を指摘し，行動経済学に黎明期をもたらした先駆者
としてサイモン（Simon, 1997）の名を挙げた。また認知倹約的な人間の実像を
明らかにし，今日の行動経済学が前提とする人間観を確立させた，トヴァスキ
ーとカーネマン（Tversky & Kahneman, 1974）の役割もすでに述べた。上記の
サイモン，トヴァスキー，カーネマンはいずれも心理学者である。今では行動
経済学者と呼ばれることの多いカーネマンは，名称は研究者や学生にとってア
イデンティティに関わる問題だとして，行動経済学の代わりに「応用行動科
学」というより包括的な呼称を用いることを提唱している（Kahneman, 2013）。

　セイラーとサンスティーン（Thaler & Sunstein, 2008）は著作の中で，同調実
験（Asch, 1955），二重過程理論（Chaiken & Trope, 1999），社会規範（Cialdini et
al., 2006; Goldstein et al., 2008）など古典的・代表的な社会心理学の知見を多数
紹介し，人間がいかに不完全な存在であるか，そして固有の癖をもつ存在であ
るかを詳述している。こうした癖や傾向を活用して，望ましい決定や行動を導
こうとするのがナッジの特徴のひとつであるが，その基本的な考え方の原型は，
80年代に提唱された人間（行為者）中心主義の中にみてとることができる。こ
の点を少し詳しくみていこう。

　ノーマン（Norman, 2013）は，アップル社などでヒューマン・インターフェ
ースの設計にも携わった心理学者である。彼が問題提起したのは，デザインが
人々に伝えているメッセージと，実際の機能との間に乖離のあるモノが多く存
在している実態であった。よく知られた例はドアの把手である。たとえば，縦
についた棒状のハンドルは「これを摑んで引く」という直観的なメッセージを

伝えるものだが，実際には押しだすタイプのドアであることがしばしばある。この場合，把手のデザインが，スムーズな動作を促進するのではなく，むしろ妨げる要因になっている。モノをうまく使いこなせないとき，我々はそれを自分の過失と考えがちである。しかしノーマンの意見は異なる。彼にいわせれば，多くのモノが，人間の癖や傾向を考慮するのではなく，作り手の規範や願望に沿って作られており，したがって我々がモノを使いこなせないとすれば，それはヒューマン・エラーではなくデザイン・エラーとみなすべき，ということになる[5]。

　ノーマン（Norman, 2013）が主張した人間中心主義は，「フィードバック」や「マッピング」など，人とモノがスムーズに相互作用するための基本原則として具体化されている。たとえばエレベーターで階数ボタンを押したとき，ランプが点灯するなどの適切なシグナルがなければ我々は階数ボタンを連打することになるだろう（フィードバック）。大きなオフィスや教室の入り口にある多数のスイッチは，電灯の空間的配置と一致させることによって，意図しない電灯を点けて（消して）しまうことを防いでくれる（マッピング）。

　ノーマンの主張が革新的であったのは，ひとつには，人の癖や傾向を「いかに修正するか」に比重を置いてきたそれまでの心理学の考え方に対し，修正するのではなく，それらを所与としたうえでモノのデザイン，すなわち環境の側に働きかけ，人とモノとのスムーズな相互作用を引きだそうとした点にある。ナッジという，人間の癖や特徴をひとまず不変とみなし，選択肢や空間配置など環境の側を変化させることで望ましい帰結をもたらそうとする諸原則は，人間中心主義，つまり，モノとの相互作用という視点から人々を相対化するノーマンの発想を発展させたものと位置づけることが可能であろう。

　以上のように考えると，ナッジは主として心理学の知見や枠組みを政策問題に適用する試みとして理解することができる。

## ナッジをめぐる世論

　2-5-1で詳しくみていくが，ナッジにはたびたび批判や懸念が寄せられる。

---

5）そうした使いにくいモノは「ノーマン・ドア」と総称される。

それらの中には，「ナッジは操作に当たるのではないか」といった重要な論点も含まれる。サンスティーンとライシュ（Sunstein & Reisch, 2019）もこの懸念を重視し，国際的な大規模調査を行って人々がナッジをどう認識しているかを検討した。以下ではその方法と結果を概説する。

　調査の対象は，日本を含む東アジア，欧州，北米・南米，ロシア，南アフリカなど広範囲にわたる17か国の人々であった。各標本サイズは500強から2,000の範囲であり，検討されたのはリマインダーやアラート，デフォルト，重要情報の開示などに分類される具体的なナッジであった（各定義は2-5-1の表5を参照）。

　各国の結果を総合して明らかになったのは以下の5点である（Sunstein & Reisch, 2019）。第一に，いずれの国の人々も概してナッジを受容する傾向にあった。これはとくに，遺伝子組み換え食品の表示など，各国がすでに採用しているナッジ，採用を検討しているナッジについてあてはまる。第二に，多数派の利益や価値観に即している，と人々が考えるナッジは支持される傾向にあった。たとえば，食品のカロリー表示や年金の自動加入など，望ましくない判断や行動から大多数の人々を守るためのナッジは，高い支持を受けていた。第三に，ナッジがもたらす結果が不当なものとみなされる場合，人々はこれを支持しない。たとえば，国勢調査における信仰についての回答欄で，キリスト教をデフォルト設定にすることがこれにあてはまる。この場合，該当する人数の多寡にかかわらず，そうした設定そのものが不当とみなされているわけである。第四に，人々は過度に操作的なナッジを支持しない。具体的には，映画館で喫煙や過食を防ぐためのサブリミナル広告を流す，というナッジは概して不人気であった。第五に，人々の政治的信念，つまり，どの政党を支持しているかということは，ナッジに対する態度にさほど大きな影響を与えていなかった。

　サンスティーンとライシュ（Sunstein & Reisch, 2019）はさらに，市民からの支持率や特徴にもとづいて，各国を次の3群に区分した。まず，支持率がもっとも高かったのは，中国や韓国から構成される「圧倒的な肯ナッジ・グループ」であった。次いで支持率が高かったのは，アメリカや欧州各国から成る「原則的な肯ナッジ・グループ」であった。上記した5つの特徴はこのグループに顕著であった。この群に，デンマーク，ハンガリー，そして日本から構成

される「慎重な肯ナッジ・グループ」が続く。この群においても多くの人々は支持的であったが，他の2グループと比較すると支持率は統計的に有意に低くなっていた。

　15項目中13のナッジにおいて，日本における支持率は他国より統計的に有意に低い結果を示していた。たとえば，健康的な食品の配置6)では，韓国の支持率が72%，アメリカの支持率が56%であったのに対し，日本では47%と各国中最低の支持率となっていた。サンスティーンとライシュ（Sunstein & Reisch, 2019）は，日本を含む「慎重な肯ナッジ・グループ」の支持率が控えめであった要因を特定するにはさらなる検証が必要としつつ，ハンガリーと日本については，政府に対する国民の信頼水準が低く，「もし政府がそれを計画するのなら悪いことなのだろう」というヒューリスティックが働いたのではないかと推測している。日本における支持率を相対的に低くしている要因については，人々のニーズや親和性なども考慮した包括的な検討が必要だろう。

　ナッジへの批判と以上の結果を総合して，サンスティーンとライシュ（Sunstein & Reisch, 2019）は「ナッジの権利章典」を提起している。それらを要約すると，「公的機関は正当な結果を促進しなければならない」「ナッジは個人の権利を尊重しなければならない」「ナッジは人々の価値観や利益と一致していなければならない」「ナッジは人々を操作してはならない」「一般に，ナッジは明確な同意なしで人々から何かを奪い，他者に渡すべきではない」「ナッジは隠すよりも透明であるべき」の6原則に集約される。

## まとめ

　不完全な存在というべきリアルな人間の実態をふまえ，できる限り強制や命令，経済的インセンティブに頼らずに，本人や社会にとって望ましい決定や行動に導くための手段をナッジという。ナッジが日本を含むさまざまな国や組織でどのように展開されつつあるかについては，1-2-3，1-2-4で詳しく紹介される。ナッジは近年さらに behavio(u)ral insights（行動インサイト）として発展し，より多岐にわたる学問領域や経験的な知見をふまえた総合的な分野に脱

---

6) 店先でヘルシーな食品をより目立たせること。

皮しつつある。

## 引用文献

Asch, S. (1955). Opinions and Social Pressure. *Scientific American, 193,* 31-35.

Benartzi, S., Beshears, J., Milkman, K. L., Sunstein, C. R., Thaler, R. H., Shankar, M., Tucker-Ray, W., Congdon, W. J., & Galing, S. (2017). Should governments invest more in nudging? *Psychological Science, 28,* 1041-1055.

Chaiken, S., & Trope, Y. (1999). *Dual-process theories in social psychology.* The Guilford Press.

Cialdini, R. B., Demaine, L. J., Sagarin B. J., Barrett, D. W., Rhoads, K., & Winer, P. L. (2006). Managing social norms for persuasive impact. *Social Influence, 1,* 3-15.

Goldstein, N. J., Cialdini, R. B., & Griskevicius, V. (2008). A Room with a Viewpoint: Using Social Norms to Motivate Environmental Conservation in Hotels. *Journal of Consumer Research, 35,* 472-482.

Halpern, D. with Owain Service and the Behavioural Insight Team (2015). *Inside the Nudge Unit: how small changes can make a big difference.* WH Allen.

依田高典 (2011). 行動経済学：感情に揺れる経済心理　中央公論新社

依田高典 (2019). 経済学×現代：ノーベル賞① 讀賣新聞 2019 年 10 月 4 日朝刊 10 面

Kahneman, D. (2013). Preface. In E. Shafir (Ed.). *The Behavioral Foundations of Public Policy.* New Jersey: Princeton University Press. pp. VII-IX.（シャフィール, E. 白岩祐子・荒川歩（監訳）(2019). 行動政策学ハンドブック：応用行動科学による公共政策のデザイン　福村書店 pp. VII-X）

Madrian, B. C., & Shea, D. F. (2001). The Power of Suggestion: Inertia in 401 (k) Participation and Savings Behavior. *Quarterly Journal of Economics, 116,* 1149-1187.

Norman, D. A. (2013). *The design of everyday things: revised and expanded edition.* Basic Books.（ノーマン, D. A. 岡本明・安村通晃・伊賀総一郎・野島久雄（訳）(2018). 増補・改訂版　誰のためのデザイン？：認知科学者のデザイン原論　新曜社）

Ruggeri, K., Kunz, M., Berkessel, J., Kácha, O., Steinnes, K. K., Petrova, D., Cavassini, F., Naru, F., & Hardy, E. (2019). Chapter4: The science of behavior and decision-making. In Ruggeri, K. (Ed.). *Behavioral Insights for public policy: concepts and cases.* Routledge. pp. 59-79.

Simon, H. A. (1997). *Administrative behavior: a study of decision-making process in administrative organizations 4th edition.* Free Press.（サイモン, H. A. 二村敏子・桑田耕太郎・高尾義明・西脇暢子・高柳美香（訳）(2014). 新版 経営行動：経営組織における意思決定過程の研究 ダイヤモンド社）

Sunstein, C. R. & Reisch, L. A. (2019). *Trusting NUDGES: Toward a bill of rights for nudging.* Routledge.

Thaler, R. H. & Benartzi, S. (2004). Save More Tomorrow: Using Behavioral Economics to Increase Employees Saving. *Journal of Political Economy, 112,* S164-S187.

Thaler, R. H. & Sunstein, C. R.（2008）. *Nudge: Improving decisions about health, wealth, and happiness.* Yale University Press.（セイラー，R. & サンスティーン，C.　遠藤真美（訳）（2009）. 実践行動経済学：健康，富，幸福への聡明な選択 日経BP）

Thaler, R. H.（2018）. Nudge, not sludge. *Science, 361,* 431.

Tversky, A. & Kahneman, D.（1974）. Judgment under uncertainty: Heuristics and biases. *Science, 185,* 1124-1131.

（白岩祐子）

## 1-2-2　行動インサイトとは

### 行動インサイトの実例と定義

　人々の決定や行動を個人や社会にとってより望ましい方向に導く公的な方策として，もっともよく利用されているのは社会規範だろう。イギリスでは，住民に納税を求めるリマインダー文書に「10人中9人は期限どおり納税しています」という一文を加えるだけで，納税率が約1.5%改善することが確認されている[7]（Halpern, 2015）。

　社会規範とは，他者のふるまいが一種の規範となって個人の行動に影響することを示す社会心理学の理論である（Cialdini, 2009）。よく知られているフィールド実験では，駐車場に止めていた車のワイパーにチラシが挟んであったときの車の持ち主の行動が検証された（Cialdini et al., 1990）。ここでは他者のふるまいについての手がかり（無・有）が設定され，車の近くにチラシが散乱している環境下にあった人々は，そうでないクリーンな環境下にあった人々の8倍近くチラシをポイ捨てする結果となった。

　チャルディーニら（Cialdini et al., 1990）によれば，社会規範には，「他者はどうふるまっているか」にもとづく記述的規範と，「他者から受容されるためにどうふるまうべきか」にもとづく命令的規範の二種類がある。後者が曖昧であったり，あるいは匿名性が高い状況で後者が意識されにくかったりする状況では，記述的規範，つまり他者のふるまいについての手がかりが個人の行動に影響することがある。ゴミのポイ捨てはそのネガティブな発露（反社会的行動の生起）であり，冒頭に示したイギリスの納税率向上の試みはポジティブな活用（向社会的行動の生起）をめざしたものといえるだろう。

　1-2-1では，我々が必ずしも最適な行動をとるわけではないことを前提としたうえで，そうしたリアルな人間像への実証的な理解にもとづく主に環境側への働きかけをナッジと呼ぶことを確認した。前掲した納税率向上の試みを例にとれば，多くの人は，期限どおりに納税するべきだと分かってはいるものの，

---

7）一見すると大きなインパクトをもたないが，母集団の大きさと，コストが実質ゼロであることをふまえると効率のよい施策といえる。

忙しさや事務負担，その他の障壁のせいでなかなか実行に移せないことがある。その状況で，何が望ましい行為であるかを改めて示したところで大きな効果は見込めないだろう。そこで，人は他者のふるまいに影響される，という現実的な人間理解にもとづいて望ましい行為を促したわけである。

このような，行動科学[8]から得られた人間についての洞察全般を行動インサイト（behavio(u)ral insights）という。その中にはナッジも当然含まれるが，行動インサイトの場合，依拠する学問領域は心理学や経済学にとどまらず，文化人類学，生物学，精神医学，社会学などより幅広い。現時点ではもっぱら心理学と経済学の知見が活用されているのが実情だが，今後はより多様な分野の知見を活用していくことが期待される。

## 行動インサイトの潮流

行動インサイトを活用する政府は 150 か国以上にのぼると推計されている（Sunstein et al., 2017）。その中で，行動インサイトをもっともはやい時期から政策活用してきたのはイギリスとアメリカの両国である（Lunn, 2014）。両国における行動インサイトの政策的展開は次節で詳しく紹介される。

イギリス，アメリカ両国の他にも，国際連合，ヨーロッパ連合，世界銀行，OECD などの国際機関において行動インサイトの政策活用が推進されている（John et al., 2019；OECD, 2017）。また日本でも 2017 年，日本版ナッジ・ユニット（Behavioral Sciences Team：BEST）が環境省内に設置された。とくに深刻化する環境問題に焦点をあて，産学政官民が連携するオールジャパンの取り組みをさまざまな形で推進している（1-2-4 参照）。

---

8) 行動科学とは，人間の行動を検討対象とする学問領域のうち，心理学，文化人類学，社会学，生物学，経済学，地理学，法学，精神医学，政治学などの行動学的側面をさす。「社会科学」の同義語として使われることもあれば，両者は区別されることもあるが，概して行動科学のほうが実験的なアプローチを含意するとされている（ブリタニカ百科事典 https://www.britannica.com/ より）。行動インサイトへの言及でも社会科学と行動科学の扱いは混在しており，OECD（Lunn, 2014：OECD, 2015, 2017）は両者を併記し，ルゲッリら（Ruggeri et al, 2019）は両者を同義としている。

## まとめ

　行動インサイトとは，心理学，文化人類学，社会学，生物学，経済学，地理学，精神医学，政治学など人間の行動を扱う領域において，主として実験的な手法から得られた知見を意味しており，政策や施策での活用が期待されている。イギリスやアメリカでは 2010 年前後から専門の公共部門が設置され，伝統的な政策・施策をより効率的にするための各種試みや，そうした成果の発信を推進している。同様の動きは日本を含む世界各国に広がっている。

## 引用文献

Cialdini, R. B. (2009). *Influence: Science and practice*, 5th ed. Pearson Education, Inc. (チャルディーニ，R. B.　社会行動研究会 (訳) (2019). 影響力の武器：なぜ，人は動かされるのか　第三版　誠信書房)

Cialdini, R. B., Reno, R. R., & Kallgren, C. A. (1990). A focus theory of normative conduct: Recycling the concept of norms to reduce littering in public places. *Journal of personality and Social Psychology, 58*, 1015-1026.

Halpern, D. with Owain Service and the Behavioural Insight Team. (2015). *Inside the nudge unit: how small changes can make a big difference*. WH Allen: UK.

John, P., Cotterill, S., Moseley, A., Richardson, L., Smith, G., Stoker, G., & Wales, C. (2019). *Nudge, nudge, think, think: Experimenting with ways to change citizen behavior*, 2nd edition. Manchester University Press.

Lunn, P. (2014). *Regulatory Policy and Behavioural Economics*. OECD Publishing. (経済協力開発機構 (OECD)　齋藤長行 (訳) (2016). 行動公共政策：行動経済学の洞察を活用した新たな政策設計　明石書店)

OECD (2015). *Behavioural insights and new approaches to policy design: The views from the field*. Summary of an international seminar. Paris, 23 January 2015 https://www.oecd.org/gov/regulatory-policy/behavioural-insights-summary-report-2015.pdf (2020 年 5 月 10 日参照)

OECD (2017). *Behavioural Insights and Public Policy: Lessons from Around the World*. OECD Publishing. (経済協力開発機構 (OECD)　齋藤長行 (監訳) 濱田久美子 (訳) (2018). 世界の行動インサイト：公共ナッジが導く政策実践　明石書店)

Ruggeri, K. (Ed.) (2019). *Behavioral Insights for public policy: Concepts and cases*. Routledge: London and New York.

Sunstein, C. R., Reisch, L. A., & Rauber, J. (2017). A worldwide consensus on nudging? Not quite, but almost. *Regulation & Governance, 12*, 3-22.

（白岩祐子）

## コラム 2 「これってナッジ？」

　このような問い掛けをネットで見かけることや実際に受けることが多くなってきた。どうやら，従来なかったようなユニークで面白く，なるほどと思わせるような（そしてときには奇抜な）アイデアに対して「これってナッジ？」と疑問に思うようである。1-2-1で紹介したように，「ナッジ」と呼ばれるものの範疇は多岐にわたっている。何がナッジであり，何がナッジではないのか，また，どこまでがナッジであり，どこからがナッジではないのかについては，研究者ごとに考え方が異なっていることがある。たとえば，統計リテラシーを高めるなどして自分で選択する能力を高めようとするナッジのことをサンスティーンは「教育的ナッジ」と呼ぶのに対し，あえてナッジとは一線を画して「ブースト」（boost：ぐっと後押しする）と別の呼称を用いる研究者もいる（Sunstein & Reisch, 2019）。

　話を戻そう。「これってナッジ？」と問われると，実は返答に窮することがある。それはなぜか。理由（言い訳）を述べる前に，まずはナッジの提唱者であるセイラーとサンスティーンの定義に立ち返ってみたい。回り道のようで，そうすることが近道であり，正攻法である。

　ナッジの元来の定義は「選択を禁じることも，経済的なインセンティブを大きく変えることもなく，人々の行動を予測可能な形で変える選択アーキテクチャーのあらゆる要素」である（Thaler & Sunstein, 2008）。この定義の中で理解や判断の難しいところ，曖昧なところがあるとすれば，経済的なインセンティブを大きく変えないという点と選択アーキテクチャーについてだろう（選択を禁じないというのは，まさに選択の自由があるということであるし，行動を予測可能な形で変えるというのは，ナッジが行動に関する科学の知見に基づいている，エビデンス・ベーストであるということを端的に表したものである）。

　まず，経済的なインセンティブを大きく変えないということは，裏を返せば経済的なインセンティブを小さく変えることはナッジとして許容されていることになる。しかしながら，特定の行動が促されるのに必要なイン

センティブの大小は個人によって異なり得るものであり，あるインセンティブを大きいと捉えるか小さいと受け止めるかはその人次第である。補助金や税制のような伝統的な経済政策はナッジではないが，そうでないもののうち，どのくらいの大きさの経済インセンティブの変化までがナッジに該当するのだろうか。この件についても提唱者らの考え方を参考にするのが確かであろう。省エネルギーを例に取ると，「省エネ対策をしないと，年間 350 ドル損をする」という呼び掛け（Thaler & Sunstein, 2008）や，電気やガスのエネルギー代金を他の世帯と比較したレポートにおいて平均よりも年間で数十ドルから数百ドル多く使っていると伝えること（Sunstein, 2013）をナッジとして取り上げている。これらは日本円にして年間で数千円から数万円に相当する。必ずしも小さくはない金額であるように思えるが（読者はどう感じられるだろうか？），節約をする動機づけとして，この程度の金額であればナッジの範囲に入り得るということが読み取れる。なお，後者のナッジによる実際の省エネルギー効果は国際的にも，環境省で実施している国内の実証事業においても，平均で 2-3% 程度となっており，電気代に換算すると毎月 200 円から 300 円，年間でも数千円の節約になる。ナッジで提示する金額からするとだいぶ目減りすることがわかるが，実際の効果で得られる金銭的なメリットがこの範疇に収まるかどうかということも，ナッジであるか否かの判定の参考にすることができる。

　次に，選択アーキテクチャーであるが，これは 1-2-4 で後述するように「人々が選択し，意思決定する際の環境」のことである。すなわち，ナッジをする相手の置かれている環境をどうデザインするかということがナッジの真髄であると言える。ここで，良くある誤解を例に取りたい。何かをしましょうと要請する（義務づけではない）ことについて，「特定の行動のみを示しており，そうしないことについて言及していないから特定の行動を強いているに等しく，選択の自由を保証していない。だからナッジではない」というものである。この意見に対する反証として先ほどに続いて省エネルギーで考えてみると，「節電しましょう」という要請を受けて全て

の人は節電するであろうか。節電しなければならない特殊な状況があれば話は別であるが，日常生活においては節電する人もいれば節電しない人もいるということは容易に想像がつく（節電要請をする側は，節電しなくてもかまわないとは思っていないであろうが）。前出の省エネルギーのレポートでも，受け取っても節電しない人が一定数存在する。ナッジの提唱者らも，貯蓄に関する SMarT（Save More Tomorrow）プログラムや寄付に関する GMT（Give More Tommorow）プログラムをナッジの代表的な事例として扱っており（Thaler & Sunstein, 2008），貯蓄をしましょう，寄付をしましょうと特定の行動をするよう呼び掛けることをもってただちにナッジには該当しないとはしていない。そして，これらのプログラムでも，貯蓄や寄付を選択する人もいれば，そうでない人もいる。1-2-1 でも取り上げたが，ナッジの特徴の一つとしてセイラーとサンスティーンは，選択の余地を残したソフトな形式のパターナリズムであることを挙げており（Thaler & Sunstein, 2008），特定の行動を勧奨するタイプのナッジはまさにこれに整合的である（余談であるが，ナッジは無意識的なものという別の誤解があるが，こうした要請・勧奨型のナッジのように意識的なものもあるため，意識的か否かという基準ではナッジであるか否かを判定できない）。

　このように，呼び掛ける表現の字面だけに表面的に着目してしまうと，ナッジの該当性の判断を見誤りかねない。一歩引いて，呼び掛ける相手が置かれている環境全体を俯瞰してみることが重要である。有り体に言ってしまうと，ケースバイケースであり，このことが，本コラムの冒頭でナッジかどうかの質問への返答に窮することがあるとした理由の最たるものである（このため質問を受けた場合には，周辺環境も確認した上で回答するよう努めている）。

　本コラムでは改めてナッジとは何かと考えてみたが，ナッジに対する理解の醸成に繋がれば幸甚である。

**引用文献**

Sunstein, C. R. (2013). *Simpler: The Future of Government.* Simon & Schuster.（サン

スティーン，C.　田総恵子（訳）（2017）．シンプルな政府：“規制”をいかにデザインするか　NTT 出版）

Sunstein, C. R., & Reisch, L. A. (2019). *Trusting NUDGES: Toward a bill of rights for nudging. Routledge.*（サンスティーン，C. & ライシュ，L.　大竹文雄（監修・解説）遠藤真美（訳）（2020）．データで見る行動経済学 全世界大規模調査で見えてきた「ナッジ（NUDGES）の真実」 日経 BP）

Thaler, R. H., & Sunstein, C. R.（2008）．*Nudge: Improving decisions about health, wealth, and happiness.* Yale University Press.（セイラー，R. & サンスティーン，C.　遠藤真美（訳）（2009）．実践行動経済学：健康，富，幸福への聡明な選択　日経 BP）

（池本忠弘）

## 1-2-3　海外におけるナッジ・行動インサイト

**イギリスにおけるナッジの政策活用**

　専門チームを作ってナッジを公共政策に初めて本格的に取り入れたのはイギリスである。2010 年 7 月，キャメロン政権時の内閣府に「行動インサイトチーム（Behavioural Insights Team，BIT）」が設置された。その目的は以下の 3 点である（The Behavioural Insights Team, 2015）。

- 公共サービスをコスト効率的かつ市民が利用しやすいものにする。
- 人間の行動に関するより現実的なモデルを政策に導入して成果を改善する。
- 人々が自分たちにとってより良い選択ができるようにする。

　BIT は，設立後ほどなくして「ナッジ・ユニット」の通称でも呼ばれるようになった。以降，政府・非政府を問わず，世界中でナッジを活用した同様の組織が設立されているが，それらの組織についても正式名称とは別に，総じてナッジ・ユニットと呼ばれることが多い。それほどまでにナッジの政策活用においてBIT の果たした貢献は大きいのである。

　BIT は，徹底した実証主義を掲げ，2019 年 1 月に公表された最新の年次報告書では，これまで780 以上のプロジェクトを実施し，その中で400 ものRCT を実施しているとしている（The Behavioural Insights Team, 2019）。それは，1-1-2 で紹介したようにイギリスがBIT の設立時にはすでに EBPM を推進する体制が構築されていたということに加え，設立の際に課せられたある条件も影響している。すなわち，キャメロン政権が緊縮財政政策を進める中，BIT は 2012 年の夏にサンセット評価（存続についての評価がなされない限り自動的に制度や事業が終了する）を受けることになり，設立から 2 年間で次の 3 つの条件を満たすことが求められた（Cabinet Office Behavioural Insights Team, 2011）。

- 2つの主要な政策領域を変える。
- 政府中に行動インサイトの理解を広める。
- かけた費用の少なくとも 10 倍のリターンを獲得する。

このうち，第三の条件の費用対効果を明らかにする上で，頑健な分析方法により施策の効果を正確に検証する必要があったのである。また，首相の後ろ盾があったとはいえ，BIT に懐疑的，批判的な政治家や官僚も少なくなかった (Halpern, 2015)。そして BIT の組織としての使命の中にも，市民と社会に結果を伝えることが掲げられている。

BIT は設立からの2年間，公衆衛生，消費者，省エネルギー・気候変動の3つのテーマを優先領域と設定し，そのほかの政策領域を含め様々なプロジェクトを実施した (Cabinet Office Behavioural Insights Team, 2011)。そして，サンセット評価の結果，これらの条件を満たすことが首相と内閣官房長官により認められ，BIT の存続が決定された。特に，かけた費用のおよそ 22 倍のコスト削減につながったことが評価された (Cabinet Office Behavioural Insights Team, 2012)。

しかしながら，設立当時の BIT は必ずしも高く評価されていたわけではなく，懐疑的に見られることも多かった。そうした中で理解を得ることに繋がったプロジェクトの1つに滞納者に対する税の徴収がある。歳入徴税局が送る督促状に2種類のナッジが組み込まれた (Halper, 2015)。1つめは，封筒の開封率を上げるためのナッジで，従来の茶色の封筒を白い封筒に変え，さらに手書きで相手の名前と「あなたは本当に開封する必要があります」というメッセージを表面に書いて特別感を出した。すると納税率は 21.8% から 26.0% に上昇した。この効果は，取り組みにかかる費用の 200 倍もの税収を生み出すと評価された。

2つめは，督促状を読んで納税を促すためのナッジで，従来の督促状に1文を追加するというものである。追加した文章は，「大多数の人が期限通りに納付しています」といった，税は期限までに納めるべきものという社会規範を伝えるとともに，その社会規範やルールを大多数の人が守っているということを伝え，同調性に訴えかけるものになっている。督促状を送付してから約1か月

後までの納付率は，変更をしない場合（33.6%）と比較して「イギリスでは大多数の人が期限通りに納付しています」では1.5%高い35.1%となり，より身近な人たちと比較した「あなたのお住まいの地域では大多数の人が期限通りに納付しています」では2.3%高い35.8%となった。また，「あなたのように滞納による負債を抱えている人の大多数はすでに支払っています」と負債を強調すると37.2%となり，住んでいる地域の身近な人たちと比較するよりも効果が高かった。さらに，負債を強調しつつ，身近な人たちと比較すると39.0%となり，最も効果が高くなった。

　筆者が日本版ナッジ・ユニットを設立した後の2017年6月に，ナッジの政策活用に関してガス・オドネル卿と貴族院での対談の機会を得た。オドネル卿はBITの設立当時，イギリスの官僚のトップである内閣官房長官を務めており，また，BITの理事会の議長でもある。オドネル卿によれば，議会や省庁，マスコミ，そして市民の一部からあった，ナッジに対する批判や懐疑的な見方を，税の滞納を改善したこれらのナッジが払拭したとのことであった。税の滞納が改善され，税収がアップするという非難のされにくい取り組みで確かな成果を示したことが大きかったという。

　BITはその後も実績を積み重ね，2014年2月には，イギリス政府とイノベーション関連の慈善団体であるNestaとのパートナーシップにより政府から半分独立した運営に移行し，社会目的会社となる。官民出資の法人組織として，政策支援のために海外にも積極的に進出するようになり，アメリカやカナダ，オーストラリア，ニュージーランド，シンガポールにもオフィスを構えている。そして，国外からも助言を求められることが多くなり，オーストラリアやシンガポール政府などのナッジ・ユニットの設立に貢献している。

　7人のメンバーで始まったBITは，2014年2月には14人に増え，2015年には60人以上と年々規模を拡大している（Behavioural Insights Team, 2015）。BITの設立にあたっては，『Nudge』の著者の1人であるリチャード・セイラーが関わっている。セイラーは，国会議員へのナッジの説明に始まり，設立後もしばしば会合に参加している（Thaler, 2015）。そしてもう1人の著者であるキャス・サンスティーンは，次に紹介するアメリカでのナッジの活用に深く貢献している。

## アメリカにおけるナッジの政策活用

アメリカでは，2014年のオバマ政権時に，科学技術政策局が「社会・行動科学チーム（Social and Behavioral Sciences Team, SBST）」を発足した。省庁横断的な応用行動科学の専門家集団で構成され，社会科学や行動科学の知見を連邦政府の政策やプログラムの改善に活用することが目的とされた。ナッジ・ユニットの発足の時期だけを見ると，イギリスの後塵を拝しているように思えるかもしれないが，ナッジの政策活用自体は，オバマ政権で2009年から2012年まで行政管理予算局情報規制問題室の室長を務めたキャス・サンスティーンの主張によりイギリスと同時期に進められていた（Sunstein, 2013）。サンスティーンはこの間，健康的な食事を推進するため，どのような行動をとればよいのかが分かりにくかった従来のピラミッド方式から，果物や野菜，穀物，たんぱく質のバランスがわかりやすく記載されたプレート方式に切り替えるなどの改革を行っている（Sunstein, 2013）。

シカゴ大学ロースクールで教鞭を執っていたサンスティーンは，同大学院でバラク・オバマと同僚になり，以来，親交を深めていくが，セイラーについてもまた，後に首相となるデヴィッド・キャメロンがもともと『Nudge』に関心を持っていたとされ，その後キャメロン政権発足とともに政府から声がかかったという（Thaler, 2015）。『Nudge』の共著者がいずれも国のリーダーと関わることで，結果としてイギリスとアメリカでの政策アプローチに影響を与えたという共通点が見て取れる。

SBST発足の翌2015年には，「よりアメリカ国民の役に立つために行動科学の洞察を用いること」との大統領令（大統領令13707号）が公布され，各省庁に対して助言をするとのSBSTの役割が明示された（Executive Order 13707）。この大統領令では，「行動科学の知見は，行政の効果と効率の改善を通じて，雇用，健康，教育，低炭素経済への移行の加速化等，多岐にわたる国家の優先事項を支援し得る」と示されたのが特徴的である。たとえば，退職後の経済的安定のため，国防総省に勤務する軍関係者に対して確定拠出年金への加入を促すにあたり，積極的選択と呼ばれる手法を検証した。積極的選択では，「はい，私は加入して貯蓄することを選択します」，「いいえ，私は加入も貯蓄もしないことを選択します」，「私はすでに加入しています」の3つの選択肢のいずれか

を選ばせた。すると，加入に当たり積極的選択を採用した基地での加入率は10.7% であったのに対し，そうでない基地では最大で1.9% であった。この積極的選択により加入率が8.3% 上昇したと推定されている。このほか，気候変動に関する市民の理解を向上させるために年間の温室効果ガスの濃度の変化を分かりやすくグラフで示したり，食中毒を防ぐために作業手順を分かりやすくまとめたラベルを作成したりするなど，教育的なナッジも実施した。SBST はこうした取り組みをまとめた年次報告書を 2015 年と 2016 年に公表している（Executive Office of the President, National Science and Technology Council, 2015, 2016）。

　2017 年 1 月にトランプ政権に交代した後，SBST のウェブサイト（https://sbst.gov/）の冒頭には，「もはや更新されないだろう」との但し書きが書かれ，政権交代時点の情報が保存されたままとなっている。しかしながら，そこでナッジの政策活用が止まったというわけではなく，連邦調達庁内の評価科学室が引き続き，行動科学等の科学的根拠に基づく施策の実施や効率改善のために行政機関を支援している。評価科学室は，その役割として，政府に対し，機能する施策・しない施策，最も費用対効果が高く機能する施策を学ぶのを手助けするとしている（Office of Evaluation Sciences ウェブサイト）。

## ナッジは地球規模に

　その後，イギリスやアメリカに続いて，ナッジをはじめとして行動インサイトを政府内で活用しようとする国が増えていっている。また，世界銀行やハーバード大学のように国際機関や非政府組織でも，行動インサイトが採用されるようになっている。OECD によれば，ヨーロッパや北米，オーストラリアを中心に，世界で 200 を超える組織が公共政策に行動インサイトを活用している（図 5，OECD ウェブサイト）。

## 引用文献

Behavioural Insights Team（2015）. The Behavioural Insights Team Update Report 2013-15　https://www.bi.team/wp-content/uploads/2015/08/BIT_Update-Report-Final-2013-2015.pdf

Behavioural Insights Team（2019）. The Behavioural Insights Team Annual Report 2017-

**図5** 行動インサイトを公共政策に適用している世界の組織[9]

2018　https://www.bi.team/wp-content/uploads/2019/01/Annual-update-report-BIT-2017-2018.pdf

Cabinet Office Behavioural Insights Team (2011). Behavioural Insights Team Annual update 2010–11　https://assets.publishing.service.gov.uk/government/uploads/system/uploads/attachment_data/file/60537/Behaviour-Change-Insight-Team-Annual-Update_acc.pdf

Cabinet Office Behavioural Insights Team (2012). Behavioural Insights Team Annual update 2011–12　https://assets.publishing.service.gov.uk/government/uploads/system/uploads/attachment_data/file/83719/Behavioural-Insights-Team-Annual-Update-2011-12_0.pdf

Executive Order 13707 of September 15, 2015: Using Behavioral Science Insights To Better Serve the American People　https://www.federalregister.gov/documents/2015/09/18/2015-23630/using-behavioral-science-insights-to-better-serve-the-american-people

---

9) 2018年8月時点で202。日本はBEST（地図ではNudge Unit Japanと表示）が示されている。この後，筆者からOECDの担当者に対し，環境省ナッジPT「プラチナ」と横浜市行動デザインチームYBiT（p. 64）の登録を依頼し，了承されている。

Executive Office of the President, National Science and Technology Council (2016). Social and Behavioral Sciences Team 2016 Annual Report　https://www.whitehouse.gov/ sites/whitehouse.gov/files/images/2016%20Social%20and%20Behavioral%20Sciences %20Team%20Annual%20Report.pdf

Executive Office of the President, National Science and Technology Council (2015). Social and Behavioral Sciences Team Annual Report　http://www.ideas42.org/wp-content/ uploads/2015/09/sbst_2015_annual_report_final_9_14_15.pdf

Halpern, D. (2015). *Inside the Nudge Unit: How Small Changes Can Make A Big Difference*. WH Allen.

Office of Evaluation Sciences ウェブサイト　https://oes.gsa.gov/

OECD ウェブサイト　http://www.oecd.org/gov/regulatory-policy/behavioural-insights.htm

Thaler, R. H. (2016). *Misbehaving: The Making of Behavioral Economics*. W. W. Norton & Co Inc.（セイラー，R. H.　遠藤真美（訳）（2016）．行動経済学の逆襲　早川書房）

Sunstein, C. R. (2013). *Simpler: The Future of Government*. Simon & Schuster.（サンスティーン，C.　田総恵子（訳）（2017）．シンプルな政府："規制" をいかにデザインするか　NTT 出版）

（池本忠弘）

## 1-2-4　日本におけるナッジ・行動インサイト

### 日本でのナッジの議論はいつから？

　1-2-3ではイギリスとアメリカを中心に海外におけるナッジの政策活用の歴史を追ったが，日本でナッジについて議論され始めたのはいつからであろうか。オンラインで国会や地方議会の会議録を検索してみると，まず国会で「ナッジ」が初登場するのは2013年3月29日であり（京都大学依田高典教授がナッジについて説明），地方議会ではそれに先立つ2011年2月28日に宮城県議会で「消費行動と地域経済のあり方を県民に投げかけることでナッジしていく」との発言がなされていることがわかる（須田善明議員）。

　ナッジに関連する用語として「行動経済学」を検索すると，国会では2006年5月15日，地方議会では2009年9月17日（岡山県議会）と，ナッジよりも登場が早い。「行動科学」となるとさらに早く，国会では昭和の時代までさかのぼる。「行動科学」の意味するところの範囲が広いため，それぞれの文脈の中でどのような意味で用いられているかに留意が必要であるが，1974年には法務省の研修内容が従来の法律中心から行動科学重視となっていることが説明され（衆議院法務委員会），1980年には教育の場に行動科学を取り入れることの提案がなされ（参議院文教委員会），そして1986年には慢性疾患に対して行動科学的なアプローチにより個人が自ら将来の疾病の発生を予防する方向に変えていかなければならない旨の説明がなされている（衆議院社会労働委員会）。

　視点を変え，ナッジとセットで用いられることの多い用語として，「行動変容」（「行動の変容」，「行動が変容」，「行動を変容」を含む）を調べると，国会でも地方議会でも，2000年代から安全運転や教育，健康・医療といった分野の議論で用いられていることがわかる。「行動変化」はより古く，国会では1978年にはすでに，税制に関連した企業の行動変化について議論されている。

　一般に，国会や地方議会で取り上げられるような政策は，審議会や委員会，検討会といった会議体ですでに検討が重ねられていることが多い。このため，上記の年代よりも前に政策の現場でナッジや行動インサイトに関連した議論がなされていた可能性は否定できないが，少なくとも40年以上前から，様々な

政策領域での課題解決にあたり，人間の行動に着目して科学的なアプローチを採用することが重要視されていたことがうかがえる。

## 定着した行動変容策としてのクールビズ

　ではその40年以上の歴史の中で実際にはどのような取り組みが行われてきたのであろうか。一例として，環境省が旗振り役となって進めているクールビズが挙げられる。クールビズは，地球温暖化対策のため，夏の暑い日でも過度な冷房に頼らず快適に過ごせる軽装や取り組みをするよう促すもので，2005年の夏から実施されている。2005年というと，セイラーとサンスティーンがナッジの概念を提唱した2008年よりも前のことであるので，当然のことながらナッジを意識して始められた取り組みではないが，セイラーとサンスティーンによるナッジの定義に鑑みれば，ナッジ的な取り組みと言って差し支えないと考えられる（服装を例に取ると，どのような服装にするかの最終的な意思決定は個々人に委ねられており，また，経済的なインセンティブを大きく変えるような働きかけでもない）。特筆すべきは，小池百合子環境大臣（当時）がクールビズの開始にあたり，「さまざまな皆様方の注意を引くような形で，なおかつ費用対効果がいい形で」（2005年5月10日，第162回国会衆議院環境委員会）と発言した点であり，効果的なナッジに共通して見られる要素が取り入れられていたのである。

　ナッジをはじめ行動インサイトについては効果を持続させるのが困難であるとの指摘がなされることがあるが，国内でのクールビズの認知率と実施率は，近年，それぞれ約8割と7割で横ばい傾向にあり，高い水準を維持している（環境省，2018）。クールビズについては，持続する行動変容の代表例として海外の研究者が講演の中で紹介するほどであり（Meier, 2017），行動変容の促進策として一定の評価がなされている。また，クールビズのコンセプトが日本以外で受け入れられるかどうか，マレーシアの民族間で比較する調査が行われるなど（Aliagha & Cin, 2013），学術的にも関心がもたれている。

　クールビズの取り組みを通じて新しい社会規範が形作られたと考えることができる。服装について言えば，TPOに合った服装を選ぶという大枠の社会規範自体に変更はないが，TPOに合った服装の選択肢として，（TPO次第ではあ

るが）ネクタイやジャケットを外すことが認められ，そして多くの人が実施するようになった。換言すれば，命令的規範（他者により承認されていると認識することに基づく規範。ここでは，ネクタイやジャケットを外しても良いということ）と記述的規範（良し悪しは別として他の人がどのように振る舞っているかに基づく規範。ここでは，実際に多くの人がネクタイやジャケットを外すということ）の2種類の社会規範が新規に形成されたと考えられる。こうした新しい社会規範の形成には，15年に及ぶ毎年の地道な取り組みはもとより，取り組みの初期に首相や閣僚の他，各国の大使，そして各界のリーダーや著名人といった影響力のある人たちが率先して思い思いのクールビズをわかりやすい形で披露（COOL ASIA 2006）（内閣府だより）したことが影響したものと推察される。クールビズがどういうものであるかの理解を促し，それが社会的に許容されるものであるということ，そして，よく見かけるあの人が実践していると強く意識づけたのである。

## ナッジに関する実証実験

　環境省ではクールビズの取り組みを継続するかたわら，2015年にはナッジに関する3年間の実証事業を開始している（北海道ガス株式会社，2018）。この事業では，暖房需要の多い寒冷地の戸建住宅において，温熱環境とエネルギー利用状況に関する膨大なデータを収集し，分析した。そしてその結果に基づいて，住宅内の温熱環境やエネルギー利用の状況を世帯ごとにフィードバックするとともに，室温や電気・ガスの使用量を他の世帯と比較したり，各世帯に合った省エネアドバイスを提示したりすることにより，省エネ行動を促すことを目的とした。そして，寒さがピークとなる12月には，6.5%の省エネ効果が確認された。

　時を同じくして経済産業省においても2015年度に，一般家庭に対してエネルギーの使用状況等を情報提供することで省エネを促す実証実験が実施された（株式会社住環境計画研究所，2016）。情報提供の媒体としては，アメリカ等の諸外国で1.5%から3%の省エネルギー効果が認められているホームエネルギーレポート（Allcott, 2011）が用いられた。これは，社会的比較に損失回避，社会的承認やドア・イン・ザ・フェイスなどのナッジの要素がちりばめられた1枚

の紙のレポートである。レポートを送付した世帯では，送付しなかった世帯と比較して，レポート送付の1か月後には0.9%，2か月後には1.2%の省エネルギー効果が確認された。仮にその後もレポートが送付され続けたと仮定すると，1.5%から2%の省エネルギー効果が得られたのではないかと推測されている。各世帯で毎月の電気料金が2%削減されるとすると，毎月100円，200円の節約に相当する。微々たるものではないかと思われるかもしれないが，政策効果としてはこれを小さいと見るか，大きいと見るかが重大な分かれ目であり，仮に2%の省エネルギー効果が日本全体で得られるとすると，これと同等のエネルギー削減効果を最新の省エネ家電や太陽光パネルの設備導入で代替するには，数兆円もの投資金額が必要となる。たった一枚の紙を毎月送るだけでこれだけの効果が得られるということが，ナッジが得てして費用対効果の高い取り組みであると言われる所以の1つである（実際には，各世帯向けにレポートを作成するために，いわゆるビッグデータを収集して解析するための費用がかかることに注意を要する）。

### 環境省ナッジ事業と日本版ナッジ・ユニット

　こうした事例のように，ナッジに関する実証事業が中央省庁で散発的に行われるようになり，ナッジの有効性に関するエビデンスが蓄積され始めていた。そこで環境省では，ナッジをはじめとする行動インサイト全般を活用し，日本に適用可能で地球温暖化対策として効果的な行動変容のモデルを確立すべく，2017年4月に比較的大型の予算事業「低炭素型の行動変容を促す情報発信（ナッジ）等による家庭等の自発的対策推進事業」（環境省ナッジ事業）を開始するとともに，ナッジ等の行動インサイトに基づく取り組みが政策として，また，民間に早期に社会実装され，自立的に普及することを目的として日本版ナッジ・ユニット（Behavioral Sciences Team, BEST）を設立した（環境省，2017）。

　環境省ナッジ事業は，2017年度から2022年度までの6年間の計画で実施されており，初年度の予算は20億円であった。そして，1-1-3で説明したように，「EBPMを進め，その成果を予算編成に反映する」との予算編成の基本方針を受けて2年度目以降は30億円に増額された。事業の具体例を図6および図7に示す。これらの他にも，宅配便の1回受け取りを促進するナッジ，レジ

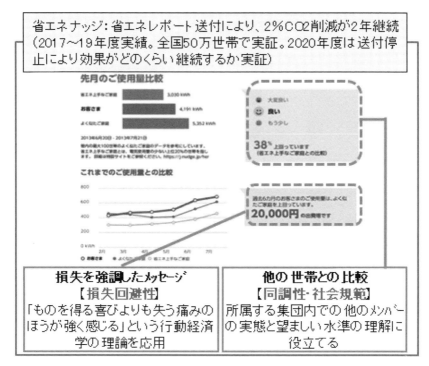

**図6** 環境省ナッジ事業の具体例：省エネナッジ（第311回消費者委員会本会議資料1を基に筆者作成）

袋を辞退してマイバッグの利用を促進するナッジ，LED等の環境配慮型製品の購入を促進するナッジ等様々なプロジェクトが進行中である。

BESTは，環境省を事務局として関係府省庁や地方公共団体，産業界や有識者等から成る産学政官民連携の取り組みとしている。環境省が事務局となっているのは，環境省が他省庁と調整や相談をした上でナッジ・ユニットを設立したこともあるが，ナッジの定義（Thaler & Sunstein, 2008）にある「選択アーキテクチャー」が「人々が選択し，意思決定する際の環境」のことであり，それをデザインすることを通じて行動をもデザインするのがナッジであって，こうした概念が，所掌事務として「良好な環境の創出」を含む環境省と親和性が高いからである（環境省設置法）。

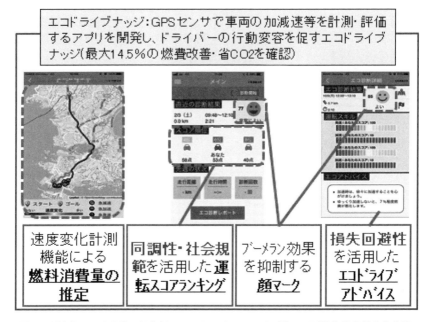

**図7**　環境省ナッジ事業の具体例：エコドライブナッジ（第311回消費者委員会本会議
　　　資料1を基に筆者作成）

　どのような取り組みも，地域に根付くものとするためには，関係するあらゆるステークホルダーを巻き込んでいくことが必要不可欠である。このため，行政内に限った取り組みにするのではなく，また，open space for open discussionを掲げ，参加者が同じ立場で自由に議論のできるオールジャパンの実施体制としている。この体制について，イギリスやアメリカでのナッジの政策活用の立役者であるセイラーとサンスティーンからそれぞれ次の指摘がなされている（日本版ナッジ・ユニット，2018b）。まずセイラーは，「ナッジ・ユニットは様々な主体を巻き込んだ包摂的な組織とすることが重要。行政内部に組織を作って行政だけに閉じないこと」としている。そしてサンスティーンは，「行政にとどめた活動にするのではなく，政党によらず政治家を巻き込んだ組織とすることが重要。その点，BESTが産学政官民連携の組織体制としていることは高く評価」としている。

BEST では，連絡会議を設置し，各回のテーマに合ったメンバー構成で，議論を重ねている（日本版ナッジ・ユニットウェブサイト a）。参加者が食べ物を持ち寄って楽しむポットラックパーティーをもじってポットラック型討議と名付けている。たとえば，「どのようなナッジをどのようにデザインすべきか」。この問い掛けに対しては，「私たち一人ひとりが自らの判断により良い選択ができるよう，自身の行動・習慣を見つめるきっかけや気づきを与え，リテラシーを高められるようなナッジにすべき」，「効果をきちんと評価し，EBPM と EBP（Evidence-based practice：エビデンスに基づく実践）により透明性を高め，説明責任を果たすことが重要」というように様々な検討を進めている。そして議論のイロハとして，for a better choice（より良い選択のために），to help autonomous behavior changes（自発的な行動変容の支援）の 2 つの ABC をモットーにしている。

2017 年 11 月 15 日に開催された初回の連絡会議では，ノーベル経済学賞の受賞前から筆者とやりとりのあったセイラーより以下の祝辞が寄せられた（筆者訳）。

　　日本版ナッジ・ユニットが発足したと聞き，嬉しく思います。私が立ち上げを支援したイギリスやアメリカのナッジ・ユニットをはじめ，世界中の他のユニットの経験を踏まえれば，日本版ナッジ・ユニットの取り組みが長期的に成功すると明るい見通しをもつことができます。世界中の国々がこうした新しい動きに加わってきており，国民の生活を改善しながら，政府の支出の削減に成功しています。また，世界のナッジ・ユニットは皆，新たに誕生しているユニットと喜んで知見を共有するでしょう。幸運を祈ります。

2017 年のノーベル経済学賞の受賞分野がナッジや行動経済学となったことが大きく影響しているものと推察されるが，環境省ナッジ事業や BEST の活動が進展するにつれ，2018 年には，政府方針の中でも中核を成す成長戦略（未来投資戦略）と骨太方針（経済財政運営と改革の基本方針）にナッジが盛り込まれることになった（表1）。成長戦略の記述はまさに環境省ナッジ事業のことである。こうなると多くの省庁や地方公共団体，民間企業がナッジに関心を示

表1　2018年度の主な政府方針におけるナッジの位置づけ

○未来投資戦略2018（2018年6月閣議決定）
・ビッグデータ分析等を活用して行動変容を促す情報発信（ナッジ）等による国民運動の展開や省エネガイドラインの整備により，低炭素型製品・サービス・ライフスタイルのマーケット拡大を図る。
○経済財政運営と改革の基本方針2018（2018年6月閣議決定）
・行動変容に働きかける取り組みを加速・拡大する観点から，成果をより定量的に把握できる形に改革工程表のKPIを見直すとともに，こうした取り組みへの予算の重点配分，見える化や効果的な情報発信・選択肢の提示などによる後押しの強化（※）を進めていく。
※たとえば，ナッジ（Nudge）と呼ばれる手法は，個人の選択の自由を阻害することなく，各自がより良い選択を行うよう，情報発信や選択肢の提示の方法を工夫するもので，政策分野においても応用されている。

すようになり，BESTの連絡会議に参加する府省庁はいまや10を越えるまでになっている。

## ナッジとEBPM

　BESTが掲げる目標の1つに「頑強な効果測定とエビデンスに基づく政策立案・実践を実施し，透明性を高め，説明責任を果たすこと」がある（表2）。ナッジとEBPMは親和性が高いと言われることがある（小倉，2020）。このように言われるのは，ナッジの政策効果を検証する際に，イギリスやアメリカのナッジ・ユニットがそうしてきたように，RCTをはじめ頑健な検証方法が用いられることが多いのが主な理由である。また，ナッジは経済的インセンティブを大きく変えるものではなく，介入内容の多くがちょっとした働きかけであり，ナッジをしない対照群を設けた実験をしやすいということに端を発するものである（もちろん，ナッジの有無で不公平や差別的待遇とならないように配慮する必要がある）。BESTは，EBPMの実践を通じてその好循環の実現に繋げていくことを重要視しており，これまでに開催された連絡会議では，環境省ナッジ事業を題材として，その適正な推進や進捗管理，成果の活用等について議論をすることが多かった。そして，日本におけるEBPMのさらなる推進に役立つことを目指し，議論の結果を「ナッジとEBPM」として取りまとめている（日本版ナッジ・ユニット，2021）。この報告書では，EBPMの実践例として，2020年7月からのレジ袋有料化に関して効果的な広報・普及啓発を実践するために，

**表2** 日本版ナッジ・ユニットまとめ（日本版ナッジ・ユニット，2019d）

| 設立 | メンバー |
|---|---|
| ✓ 2017年4月<br>✓ 環境省のイニシアチブで発足<br>✓ OECDに認知・登録された行動インサイト活用組織の国内第1号 | ✓ 行政内に限った取組ではなく，産学政官民が同じ立場で自由に議論のできるオールジャパンの実施体制<br>✓ 日本と世界をより良い場所にしようという志をもったメンバー |
| ミッション | 対象分野 |
| ✓ 人々のより良い選択の実現のために，選択の自由を保持しながら，一人ひとりの価値観を尊重するパーソナライズされたアプローチにより，無理なく自発的な行動変容を促すこと | ✓ あらゆる政策領域<br>✓ 行動に起因するあらゆる社会課題の解決に対し，どのように行動インサイトが活用できるかを議論 |
| 目的 | 大切にしていること |
| ✓ ナッジ等の行動インサイトに基づく取組が政策として，また，民間に早期に社会実装され，自立的に普及すること | ✓ 私たち一人ひとりが自分自身にとってより良い選択を自発的にできる制度設計になっているか<br>✓ 私たちが自らの判断でより良い選択ができるよう，自身の行動・習慣を見つめるきっかけや気付きを与え，リテラシーを高められるようになっているか |
| 目標 | |
| ✓ 頑強な効果測定とエビデンスに基づく政策立案・実践を実施し，透明性を高め，説明責任を果たすこと<br>✓ 伝統的な政策手法を補完する，効果的な行動インサイトのアプローチを官民双方に広めること<br>✓ あらゆるステークホルダーにとってwin-win-winとなる状況を創出し，行動インサイトのアプローチを地域に根付かせること | 新たな政策手法の実現へ<br>✓ 伝統的政策手法（規制的・財政的・情報的）と行動インサイトが補完し合ってより良い政策の実現へ<br>✓ 費用対効果が高く，対象者にとって自由度のある新たな政策手法の実現へ |

**BEST** **Behavioral Sciences Team**
*for a better choice*

事前にナッジを活用した説明資料を複数用意し，RCTによりどれが最も効果的であるかを検証し，その結果に整合するキャンペーンを実施したことが紹介されている。これは，レジ袋有料化という規制的手法かつ経済的手法に基づく政策を情報的手法（普及啓発・情報提供等）により推進する際に，ナッジを組み合わせて実効性を高めるように努めた事例である。ナッジを含む行動インサイトを用いたアプローチは，法律，税，補助金に次ぐ第4の政策手法と言われ

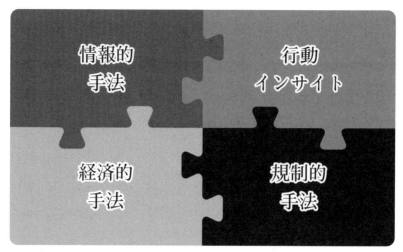

**図8**　行動インサイトと伝統的な政策手法との関係

ることもあるが，国際的には，それ単独で用いるというよりは，図8にジグゾーパズルのピースで表したように，規制的手法（法律等），経済的手法（補助金等），そして情報的手法（普及啓発・情報提供等）といった伝統的な政策手法を補完し，実効性や効率性を高める位置づけでとらえられるようになっており，レジ袋の事例もこの国際的な潮流に則ったものである。

　BEST の設立の背景であるが，もともと環境省では，クールビズやナッジの実証事業をはじめ，私たちのライフスタイルや行動変容に関する取り組みを実施してきた。これに加えて，筆者が人事院長期在外研究員制度によりアメリカの公共政策や民間の現場で行動インサイトが浸透しているのを目の当たりにしたのがきっかけとなった。そして筆者が2015年に帰国した際に研究の成果の社会への還元と人々のより良い決断を後押しすることを企図し，各府省庁に先駆けて府省庁版ナッジ・ユニットとして専門のプロジェクトチーム（環境省ナッジ PT「プラチナ」）を設立した（霞ヶ関や永田町ではプロジェクトチームが作られることが多く，その略称である PT は白金（プラチナ）の元素記号でもある。そしてそのメンバーが「プラチナメンバー」であるのは余談である）。その後，関係者との調整を経て，2017年の環境省ナッジ事業の開始に合わせてプラチナを母

体とし，その発展系である BEST を発足した。BEST は，管理職ではない筆者が代表として活動を進めているが，そのことについて対外的には以下のような評価を受けている（このような活動ができるのは環境省ならではかもしれない）。

　最もいい例としては，環境省の方で今，ナッジ・ユニットというのが立ち上がっているのですけれども，そのナッジ・ユニットのリーダーをやっているのは，留学から帰ってきた非常に若い方でありまして，ですので，さすがに大きな局をマネージできるということにはならないと思いますが，例えばプロジェクトベースで，例えばモデル事業で，ナッジ・ユニットのような1つのトライアルみたいなところで若い人にリーダーシップを発揮していただけるような機会を与えていただければ，EBPM の実装というところに少し近づいていくのではないかと思っております。

（厚生労働省統計改革ビジョン 2019（仮称）有識者懇談会 第 2 回議事録）

## BI-Tech：パーソナライズした働きかけ

　セイラーとサンスティーンがナッジの概念を提唱してから 10 年以上が経過し，その間，様々なナッジが試行錯誤される中で，ナッジが響く人もいれば響かない人もいる，また，響いたとしても人によってその大小，さらには響き方が異なることが明らかになってきた。すなわち，介入の効果に異質性があることがわかってきた（村上ら，2020）。従前のナッジでは，皆に同じ内容の介入をして，あまり費用をかけずに薄く広く効果を得るものが多かったように思われるが，効果的な行動変容には一人ひとりの属性情報や価値観に応じた働きかけが不可欠である。そこで筆者は，行動インサイト（Behavioral Insights）と技術（Tech）の融合を BI-Tech（バイテックと読む）と名づけ，たとえば，個人や世帯のエネルギー（電気，ガス，自動車燃料等）の使用実態や属性情報等のビッグデータを IoT 技術で収集し，それを AI で解析して一人ひとりに合った形でフィードバックすることで，パーソナライズしたナッジができるのではないかと考えた（環境省，2019（BI-Tech））。BI-Tech の名称は，フィンテック（FinTech, 金融×技術）やヘルステック（HealthTech, 健康×技術），エドテック（EdTech, 教育×技術）やポリテック（PoliTech, 政治×技術）といった特定の領域と技術

**図9**　BI-Tech の具体例：省エネナッジ（日本版ナッジ・ユニット，2019d）

　の有機的な統合であるクロステックをもじったものである。BI-Tech の具体例
としては，すでに紹介したエコドライブナッジ（図7）や，電力のスマートメ
ータのデータを活用した省エネナッジ（図9）がある。その他，スマートスピ
ーカーやウェアラブルデバイスを用いてライフログや生体データを収集し，ラ
イフスタイルの改善を図る取り組みなどを実施中である。BI-Tech の概念につ
いては，学会のフォーラムなどを通じて地道に普及に努めていたが（情報通信
学会ウェブサイト），2019 年の G20 持続可能な成長のためのエネルギー転換と
地球環境に関する関係閣僚会合（エネルギー・環境大臣会合）では，日本から

**表3**　2019年度の主な政府方針におけるBI-Techの位置づけ

○成長戦略フォローアップ（2019年6月閣議決定）
- ナッジ・ブーストなどの行動インサイトとIoT，AIなど先進技術の融合（BI-Tech）により，個人の価値観に即した働きかけを通じて環境配慮などの行動変容を促す製品・サービス・ライフスタイルのマーケット拡大を図る。

○統合イノベーション戦略2019（2019年6月閣議決定）
- 環境省において，エネルギー消費に関するデータを収集・解析し，ナッジやブースト等の行動インサイトAI/IoT（BI-Tech）を活用して一人ひとりにパーソナライズされたメッセージをフィードバックし，省エネ行動を促進する実証事業を実施

○AI戦略2019〜人・産業・地域・政府全てにAI〜（2019年6月統合イノベーション戦略推進会議決定）
- エネルギー消費に関するデータを収集・解析し，ナッジやブースト等の行動インサイトとAI/IoT等の先端技術の組合せ（BI-Tech）により，一人ひとりにパーソナライズされたメッセージをフィードバックし，省エネ行動を促進

BI-Techを提案し，成果文書に行動変容の重要性や行動科学の活用が記載されるに至った（環境省，2019（G20））。そしてほぼ同時期に，成長戦略や統合イノベーション戦略，AI戦略等にBI-Techが位置づけられ，政府一丸となって取り組むこととなった（表3）。全くの新しい用語がこれだけ多くの政府方針に盛り込まれるのは，なかなか珍しいことだと思われるが，行動に関する科学と技術との融合が，新たな市場の開拓や経済の成長を生み出し得るものとして期待されている。

**自治体版ナッジ・ユニット**

　日本版ナッジ・ユニットや環境省ナッジPT「プラチナ」のようなオールジャパンまたは中央政府のナッジ・ユニットに加え，地方行政においてもナッジを活用しようとする機運が高まっている。2019年2月には自治体版ナッジ・ユニット第1号として横浜市行動デザインチーム（Yokohama Behavioral insight and Design Team, YBiT）が発足した（横浜市行動デザインチームウェブサイト）。

　YBiTの発足は同月に開催された「行動に着目した課題解決のための官民協働フォーラム」（ウェブサイト）で地方公共団体の代表として神奈川県横浜市が登壇したことが契機となっている。このフォーラムは，環境省と地方公共団体，

そして民間企業の連携で設立された「行動に着目した課題解決のための官民協議会」（ウェブサイト）が開催したもので，「人間」や「行動」という切り口でSDGs（持続可能な開発目標）等の社会課題を解決するためのネットワーキングや，行動に起因する社会課題を抱える地方公共団体（ニーズ）と事業者（シーズ）のマッチング等をするためのプラットフォームである。

　YBiT は，横浜市職員を中心とした有志の活動であるが，市民や社会にとって真に効果的な行政サービスの提供をミッションとして掲げ，研究会の開催等を通じて他の地方公共団体とのネットワークを構築しながら行動インサイトの政策活用の検討を進めている。そして，2019 年 12 月に開催された第 14 回日本版ナッジ・ユニット連絡会議において，BEST の下に地方公共団体におけるナッジの適切な活用を推進する体制を構築することが決定し，YBiT が環境省等との連携の下，その役割を担うこととなった。具体的には，以下の事項を中心に，必要な検討を YBiT が実施することとしている。また，同連絡会議では，ナッジアンバサダーを設置することも決定され，YBiT が任命された。

- 行動科学を活用した取り組みに関する方法論や課題，対応方策等の地方公共団体間における共有。
- ナッジをはじめとする行動インサイトを活用した実証実験および政策介入等を地方公共団体が実施する際の留意点の整理。
- 特定の地方公共団体における行動インサイトを活用した施策の成果の他の地域・地方公共団体への波及の考え方の整理。

　2019 年は自治体ナッジ元年とも言えるほど，地方公共団体でのナッジ・ユニットの設立が相次いだ。10 月には兵庫県尼崎市（尼崎版ナッジユニット），11月には岡山県（岡山県版ナッジ・ユニット），12 月には茨城県つくば市（つくばナッジ勉強会）がそれぞれ独自のナッジ・ユニットを発足させた。尼崎版ナッジユニットは，尼崎市の自主研修グループ制度を母体としている。ここで自主研修グループ制度とは，職員が業務時間外に自主的に取り組む自己研鑽等に対し，必要な支援を行うもので，市の内部で公的な位置づけで活動できるのが特徴である（日本版ナッジ・ユニット，2019c）。都道府県版ナッジ・ユニットの第

1号である岡山県版ナッジ・ユニットは，政策推進課の職員5名から成る組織体制で発足し，岡山県庁内の業務においてナッジを実装することをミッションとしている（日本版ナッジ・ユニット，2019c）。つくばナッジ勉強会は，詳しくは2-1-2で取り上げているが，事務局の活動を通常業務の一環として扱うこととしている。これらの地方公共団体の他にも，ナッジ・ユニットを発足していないものの，所掌事務としてナッジの活用を掲げる地方公共団体（神奈川県など）も現れるようになってきている。

## 環境省以外の中央省庁や民間企業でのナッジ・ユニット

　地方公共団体でのナッジ・ユニットの設立ラッシュの中で，2019年5月には経済産業省においてもナッジ・ユニット（METIナッジユニット）が設立された（経済産業省，2019）。社会保障やエネルギー，中小企業施策等の分野でのナッジの活用を進めることとしている。

　筆者が併任者として勤務している内閣府では，筆者を含む有志の職員が環境省のプラチナメンバーとともに全府省庁を対象としたセミナーやワークショップを企画し，ナッジや行動経済学を理解し，自らの業務に活用できることはないか考えるきっかけ作りをした。10を超える府省庁から100名以上が参加する盛況なものとなった。大塚拓内閣府副大臣（当時）が出席した第14回日本版ナッジ・ユニット連絡会議では，これまで個別具体的な社会課題を担当する部局の参加に乏しかったことが指摘され，今後も環境省との連携の下，より多くの職員にナッジや行動科学に関する理解を促しつつ，行動インサイトの活用に適した，行動に起因する社会課題や政策領域がないか検討することが説明された（日本版ナッジ・ユニット，2019c）。

　一方，民間企業においても，2019年8月に三菱UFJリサーチ＆コンサルティング株式会社が民間シンクタンク初のナッジ・ユニット（行動科学チームMERIT）を発足した旨の発表を行った（三菱UFJリサーチ＆コンサルティング株式会社ウェブサイト）。もともと民間のビジネスの現場では，ナッジという概念が登場する以前から，（ソーシャル）マーケティングの観点で行動インサイトが活用されてきたが，政策ツールとしてのナッジに焦点を当て，政策の立案や実行を支援するサービスが登場したことは特筆に値するものである。

## アカデミアとの連携とベストナッジ賞

　2018年度から，環境省とBESTは行動経済学会との連携によりベストナッジ賞コンテストを実施している。このコンテストでは，幅広い分野の社会・行政の課題の解決に向けて，ナッジ等の行動科学の理論・知見を活用して行動変容を促進し，効果を測定した実績のある取り組みを募集している。そして行動経済学会での審査を経て，環境大臣が受賞者の表彰をしている。2018年度，2019年度ともに2件ずつが受賞している（図10〜13）（2020年度は，新型コロナウイルス感染症の情勢を踏まえ，コンテストの開催が見送られた）。

### 2018年度ベストナッジ賞

（1）代表者：（株）キャンサースキャン
- プロジェクト：大腸がん検診受診行動促進プロジェクト
- 実施フィールド：東京都八王子市

（日本版ナッジ・ユニット，2018a）

（2）代表者：京都府宇治市
- プロジェクト：犬のフン害撲滅パトロール「イエローチョーク作戦」
- 実施フィールド：京都府宇治市

（日本版ナッジ・ユニット，2017）

### 2019年度ベストナッジ賞

（1）代表者：NECソリューションイノベータ（株）
- プロジェクト：感謝フィードバックによる資源循環促進
- 実施フィールド：宮城県南三陸町

（日本版ナッジ・ユニット，2019a）

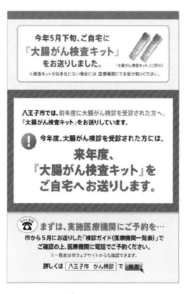 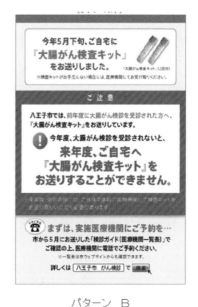

パターン A　　　　　　　　　　　　　　　　パターン B
利得フレームメッセージ　　　　　　　　　　　損失フレームメッセージ

受診率22.7%　　　　　　　　　　　　　　　受診率29.9%

**図10**　2018年度ベストナッジ賞　葉書のメッセージの違いによるがん検診受診率の向上

(2) 代表者：中部管区警察局岐阜県情報通信部，関東管区警察局静岡県情報通信部
- プロジェクト：オプトアウト方式による休暇取得の促進
- 実施フィールド：岐阜県情報通信部，静岡県情報通信部

（日本版ナッジ・ユニット，2019b）

**公共政策立案のおもてなしフレーム**

　日本版ナッジ・ユニット連絡会議では，行動に起因する社会課題の解決に向けてナッジ等の行動インサイトを活用する際に行政職員等の実務者にとって参考となる手引きを作成しようとした。これまで連絡会議で扱ってきた事例を参

**図11**　2018年度ベストナッジ賞　犬の糞の発見日時と処理を求めるメッセージ　チョークで飼い主に働きかけ。市民も自発的に取り組むようになり，犬の糞害が減少，清掃にかかるコストが削減

　考に，政策の立案から実践までの一連の流れに沿って，都度留意すべき論点を整理しながら，全体を包括的に検討できるようなフレームワークが実務者にとってわかりやすく，また，使い勝手が良いのではないかと考えられた。

　ナッジや行動インサイトの活用に関しては，各国のナッジ・ユニットやOECDなどが独自のフレームワークを開発し，活用しているのが現状である。一方で，行動インサイトについては日本語のフレームワークがないことから，行動インサイトの活用に関して最も包括的であるOECDのツールキットBASIC（OECD, 2019）の構成や論点を参考に，連絡会議で挙げられた論点を加えて「日本版」のフレームワークに再構築された。それが図14のおもてなしフレームである（日本版ナッジ・ユニットウェブサイトb）。

　このフレームワークは，「おもい」，「もんだい」，「ていあん」，「ナッジ」，「しこうさくご」の5つの段階から成っており，各段階の頭文字をつなげたものが名称の由来になっている（各段階の英語の頭文字をつなげると，ちょうどナ

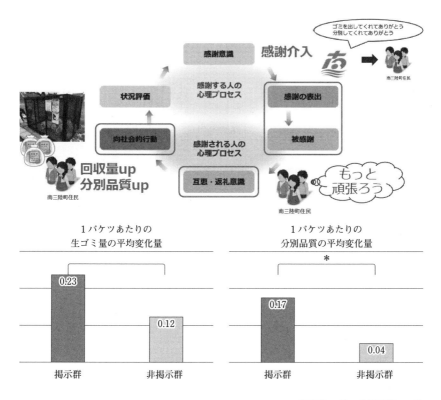

図12 2019年度ベストナッジ賞 ごみ集積所への感謝状の掲示による分別回収の促進

ッジとなる）。後述する倫理的配慮と同様，ナッジが政策ツールの１つである以上，政策の対象者の立場になって考えることが肝要であり，そうしたBESTのメンバーの思いが名称に込められている。段階ごとに３つないし４つのチェック項目があり，それらに答えていくことで政策の立案から実践，そして試行錯誤を通じた改善に必要となる最低限の確認や検討ができるようになっている。

　できあがったフレームワークを眺めてみると，ナッジをはじめとする行動インサイトを活用した公共政策の立案・実践の手順が，行動に着目することやナッジという政策アプローチを用いること以外は，一般的な公共政策の立案・実

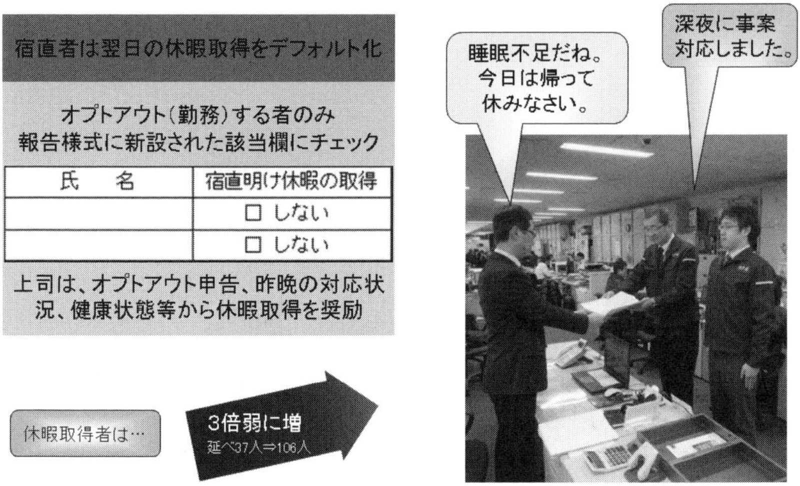

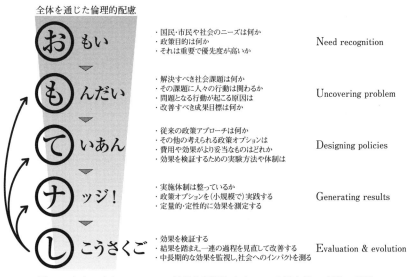

**図13** 2019年度ベストナッジ賞：宿直明けや年末年始の休暇取得のデフォルト化

**図14** おもてなしフレーム：行動を理解した上での政策立案・実践の手順

践の手順と同様であることがわかる。こうしたフレームワークは，EBPM の実践にあたり必要となる論点や検討事項が盛り込まれており，適切に活用すれば政策の実効性や有効性を高めることのできる強力なツールになり得る。しかしながら，公共政策系の大学院などで履修したことのある者や自主的に学習した者を除いては，なかなか触れる機会がないのが現状である。新人公務員の教育・研修方法として現場で実務を実践する中で上司に指南を受けながら学ぶOJT 方式が採られることが多いが，このようなフレームワークの考え方に基づいて理路整然と実務をこなしている職場に配属されない限り，結局，学ぶ機会がないままとなってしまう。このため日本版ナッジ・ユニット連絡会議では，活用事例を示しながらフレームワークを体験させる研修機会を実務家に提供することが我が国のナッジの政策活用や，ひいては EBPM の実践に有用ではないかとの指摘がなされている。

## ナッジ倫理委員会の発足

　ナッジの活用が進むにつれて，ナッジにより促される行動が相手にとって望ましいものとなっているのか，また，ナッジが心理的な負担や不快感を与えているのではないかとの懸念を耳にする機会が増えてきた。そこで本節の最後に，ナッジの倫理的配慮に関する検討状況について紹介する。

　ナッジの活用は，他の政策アプローチと同様に人々の生活に介入し，行動様式に影響を及ぼすことがある。このため，ナッジの活用に携わる人は，法令の定めるところに加え，高い倫理性[10]が求められる。BEST では，こうした考え方の下，2019 年 12 月にナッジ倫理委員会を設置し，ナッジを実践する場合の倫理的配慮について検討する体制を構築した。

　ナッジ倫理委員会では，まず，ナッジの有効性について事前に調査・研究する際の参考となるよう，27 項目から成るチェックリストをとりまとめ，2020年 3 月に公表した（日本版ナッジ・ユニット，2020）。このチェックリストは，

---

10）高い倫理性について，ナッジ倫理委員会では，「真摯な態度を持ち，全ての人の基本的人権を尊重するとともに，生命に対する尊厳に敬意を払って，心身の安全に責任を持ち，ナッジ等の対象者のみならず，周囲の人々や社会全体にとって不利益をもたらさないように努めること」を意味するとしている。

項目を全て満たせば倫理面において十分というわけではなく，ましてや教育研究機関等が実施している倫理審査の代替となるものではない（倫理審査の詳細については 2-6-2 および 2-6-3 参照）。全ての項目に対して問題なく対応していると即答できるかどうか，また，対応していない場合にはどのような措置を講じるのか，ナッジの実施主体が自己点検のために用いるためのものという色合いが強い。何より，行動変容を促す相手の立場になって，自分自身がナッジの対象となったときのことを考えてみることが大切である。

## 引用文献

AI 戦略 2019〜人・産業・地域・政府全てに AI〜　令和元年 6 月 11 日（統合イノベーション戦略推進会議決定）https://www.kantei.go.jp/jp/singi/tougou-innovation/pdf/aisenryaku2019.pdf

Aliagha, G. U. & Cin, N. Y. (2013). Perceptions of Malaysian Office Workers on the Adoption of the Japanese Cool Biz Concept of Energy Conservation. *Journal of Asian and African Studies*, 48(4), 427-446.

Allcott, H. (2011). Social norms and energy conservation. *Journal of Public Economics*, 95 (9-10), 1082-1095.

地方議会議事録検索　https://chiholog.net/

COOL ASIA 2006　https://ondankataisaku.env.go.jp/coolchoice/coolbiz/archives/2006/coolasia/index.html

北海道ガス株式会社（2018）．住環境情報を活用した省エネサポートシステムの開発・実証　https://www.env.go.jp/earth/ondanka/cpttv_funds/pdf/prod2017/p20170204.pdf

情報通信学会ウェブサイト　2018 年度秋季（第 39 回）国際コミュニケーション・フォーラム　新時代の情報通信政策「行動インサイト」×「AI」×「IoT」　2018 年 11 月 16 日　http://jsicr.jp/operation/forum/39forum.html

株式会社住環境計画研究所（2016）．平成 27 年度エネルギー使用合理化促進基盤整備事業（エネルギーの使用状況等の情報提供による家庭の省エネルギー行動変容促進効果に関する調査）調査報告書　https://www.meti.go.jp/meti_lib/report/2016fy/000233.pdf

環境省，2017 年 4 月 14 日 日本版ナッジ・ユニットを発足します！　〜平成 29 年度低炭素型の行動変容を促す情報発信（ナッジ）による家庭等の自発的対策推進事業の採択案件について〜http://www.env.go.jp/press/103926.html

環境省（2018）．国民運動 COOL CHOICE の進捗について　第 5 回 COOL CHOICE 推進チーム資料 1　https://www.env.go.jp/council/43coolchoice/cc5th_1_env.pdf

環境省（2019）．令和元年 6 月 17 日報道発表資料　G20 持続可能な成長のためのエネルギー転換と地球環境に関する関係閣僚会合の結果について　http://www.env.go.jp/press/106891.html

環境省（2019）．令和元年 7 月 5 日報道発表資料　成長戦略・統合イノベーション戦略・AI

戦略等の政府方針に位置付けられた BI-Tech（バイテック）について（ナッジ関連）http://www.env.go.jp/press/106977.html

環境省設置法　https://elaws.e-gov.go.jp/search/elawsSearch/elaws_search/lsg0500/detail?lawId=411AC0000000101

経済産業省，2019 年 5 月 21 日 METI ナッジユニットを設置しました https://www.meti.go.jp/press/2019/05/20190521002/20190521002.html

国会会議録検索システム　https://kokkai.ndl.go.jp/

行動に着目した社会課題解決のための官民協働フォーラムウェブサイト　2019 年 2 月 18 日開催　http://www.env.go.jp/earth/ondanka/nudge/post_49.html

行動に着目した社会課題解決のための官民協議会ウェブサイト　http://www.env.go.jp/earth/ondanka/hub.html

厚生労働省統計改革ビジョン 2019（仮称）有識者懇談会　第 2 回議事録　https://www.mhlw.go.jp/stf/newpage_06222.html

Meier, A. (2017). The Many Dimensions of Behavior Change, 気候変動・省エネルギー行動会議 2017　https://seeb.jp/material/2017/download/2017BECC-Keynote.pdf

三菱 UFJ リサーチ＆コンサルティング株式会社ウェブサイト https://www.murc.jp/corporate/bizdev/merit/

村上佳世・嶌田栄樹・牛房義明・依田高典（2020）．ナッジとリベートの異質介入効果：因果的機械学習の節電フィールド実験への応用　京都大学大学院経済学研究科ディスカッションペーパーシリーズ No. J-20-003　http://www.econ.kyoto-u.ac.jp/dp/papers/j-20-003.pdf

内閣府だより，2006　http://www.ogb.go.jp/-/media/Files/OGB/Soumu/muribushi/back/2006/200607/koumoku/13naikakufu.pdf?la=ja-JP&hash=056FB01AE1EC99D-DABEF734698DA6AE32B2AC860

内閣府消費者委員会　第 311 回 消費者委員会本会議 資料 1　2019 年 12 月 13 日https://www.cao.go.jp/consumer/iinkai/2019/311/shiryou/index.html

日本版ナッジ・ユニットウェブサイト a　http://www.env.go.jp/earth/ondanka/nudge.html

日本版ナッジ・ユニットウェブサイト b　http://www.env.go.jp/earth/ondanka/nudge/o-mo-te-na-shi.pdf

日本版ナッジ・ユニット（2017）．第 2 回日本版ナッジ・ユニット連絡会議 資料 3（3）http://www.env.go.jp/earth/ondanka/nudge/renrakukai02/mat03_3.pdf

日本版ナッジ・ユニット（2018a）．第 5 回日本版ナッジ・ユニット連絡会議 資料 4（2）http://www.env.go.jp/earth/ondanka/nudge/renrakukai05/mat04_2.pdf

日本版ナッジ・ユニット（2018b）．第 5 回日本版ナッジ・ユニット連絡会議 資料 6 http://www.env.go.jp/earth/ondanka/nudge/renrakukai05/mat06.pdf

日本版ナッジ・ユニット（2019a）．第 13 回日本版ナッジ・ユニット連絡会議 資料 1（1）http://www.env.go.jp/earth/ondanka/nudge/renrakukai13/mat_01-1.pdf

日本版ナッジ・ユニット（2019b）．第 13 回日本版ナッジ・ユニット連絡会議 資料 1（2）http://www.env.go.jp/earth/ondanka/nudge/renrakukai13/mat_01-2.pdf

日本版ナッジ・ユニット（2019c）．第 14 回日本版ナッジ・ユニット連絡会議資料　http://
　　www.env.go.jp/earth/ondanka/nudge/14.html
日本版ナッジ・ユニット（2019d）．年次報告書（平成 29・30 年度）　http://www.env.go.jp/
　　earth/ondanka/nudge/report1.pdf
日本版ナッジ・ユニット（2020）．ナッジ等の行動インサイトの活用に関わる倫理チェック
　　リスト　①調査・研究編　http://www.env.go.jp/earth/ondanka/nudge/renrakukai16/
　　mat_01.pdf
日本版ナッジ・ユニット（2021）．環境省ナッジ事業と EBPM　http://www.env.go.jp/
　　earth/ondanka/nudge/EBPM.pdf
OECD（2019）．Tools and Ethics for Applied Behavioural Insights: The BASIC Toolkit
　　http://www.oecd.org/gov/regulatory-policy/tools-and-ethics-for-applied-behavioural-
　　insights-the-basic-toolkit-9ea76a8f-en.htm
小倉將信（2020）．EBPM（エビデンス（証拠・根拠）に基づく政策立案）とは何か：令和
　　の新たな政策形成　中央公論事業出版
成長戦略フォローアップ　2019 年 6 月 21 日閣議決定　https://www.kantei.go.jp/jp/singi/
　　keizaisaisei/pdf/fu2019.pdf
Thaler, R. H. & Sunstein, C. R.（2008）．*Nudge: Improving decisions about health, wealth,
　　and happiness.* Yale University Press.（セイラー，R. & サンスティーン，C.　遠藤真美
　　（訳）（2009）．実践行動経済学：健康，富，幸福への聡明な選択 日経 BP）
統合イノベーション戦略 2019　2019 年 6 月 21 日閣議決定　https://www.kantei.go.jp/jp/
　　singi/tougou-innovation/pdf/togo2019_honbun.pdf
横浜市行動デザインチームウェブサイト　http://ybit.jp/

（池本忠弘）

# 1-3　ナッジ・行動インサイトで活用できる心理学の知見

　ナッジや行動インサイトでは，ヒューリスティックや二重過程理論，社会規範や社会的比較，現状維持バイアス，そして人間中心デザインをはじめとする心理学の各知見が参照され，理論的基盤としての役割を果たしてきた（1-2-1・1-2-2参照）。心理学はもともと，人間の「あるべき姿」ではなく「実際の姿」に迫り，人間はどのような存在かということをさまざまな観点から明らかにしてきた複合的な学問領域である。ナッジや従来の行動インサイトが参照してきたのはその中でも限られたごく少数の知見であるが（コラム3参照），心理学の各分野にはその他にも多くの活用可能な知見が存在している。本章ではそれらの一端を，知覚，自己，身体，社会という枠組みに沿って紹介する。

## 1-3-1　知覚：錯視

　人は，外界の物理的な特徴を直接ありのまま知覚することはできない。普段の生活では意識することは少ないが，実は人の知覚は，原理的に情報が不足している中で，様々な手がかりを駆使した積極的な情報処理の結果，成立している。視覚を例にすると，3次元情報が縮減された2次元の網膜像から，両眼視差や網膜像の運動，その他「光はふつう上から来る」といった生活環境に合致した仮定など，様々な手がかりを利用して，立体の奥行きや距離，運動などの3次元の情報を自動的に推測している（解説として，日本バーチャルリアリティ学会VR心理学研究委員会，2006）。逆に，人は通常利用している手がかりの情報が与えられると，形や奥行き，運動などについて，実際には生じていない状態を知覚することがある。これが錯視である。また錯視的な現象によって，日常生活において事故につながり得る状況が存在する。例として，網膜像の大きさを手がかりとした距離の知覚が挙げられる。網膜像の大きさは，相対的に小さければ距離が遠いことの手がかりとして利用されるが，道路交通においては，バイク等の現に小さな車両との距離を，実際よりも遠くに感じることがある。こうした錯視現象を予期することで，対策や注意を行い，あるいは積極的に活用することもできる。錯視を含め，人がどのような手がかりを利用して外界を知覚しているか，すなわち知覚のメカニズムを知り，環境をデザインすることで，知覚や行動が容易にできるように手助けしたり，事故の予防など望ましい方向へ行動を調整したりすることが期待できる。ここでは，道路舗装の工夫による速度抑制の取り組みを紹介する。

　人は視野の全体，あるいは大部分の網膜像の動き（オプティカルフロー）を手がかりとして，自分がどのような動きをしているのかを知覚している。たとえば，視界の網膜像が中心から周縁へ向かって拡散していれば，自分が前進していることが分かる。そして，網膜像の移動が速くなるほど，自分が速く移動していることが分かる。自動車を運転する場面では，自覚的に速度計を確認しない限りは，運転席から見える風景の動きに加え，道路舗装面に見える肌理（テクスチャ）の動きなども，速度を伝える情報となる。たとえば，路面に等間隔な模様を描き，テクスチャを明確にすることで，より直観的にわかりやすく

速度を知覚させることが期待できる。アメリカの例では，シカゴのミシガン湖岸線において，危険なカーブの直前での速度抑制を目的として，間隔をおいて路面を横切る白線が描かれた[1]（Thaler et al., 2013）。しかもこの白線は，徐々に間隔を狭めて引かれていた。人は通常，テクスチャは等間隔であることを仮定するため（北島，2006），視界を過ぎる白線の間隔が狭まると，実際に白線が引かれている距離の間隔が狭まったとは解釈せず，自分がより加速しているために，短い時間のスパンで白線が視界を過ぎているのだと無意識に解釈（知覚）し，速度を落とそうとすると考えられる。この道路では，2005年9月から2006年3月に比べ，白線を引いた2006年9月から2007年3月の事故件数が36％減少したという。同様に，路面上の視覚効果を利用した速度抑制の取り組みとしては，首都高速で導入されたオプティカルドットや，路面に浮き出たハンプ（瘤）と同じ網膜像を結ぶように（いわゆる「だまし絵」的に）描かれたイメージハンプなどが挙げられる（解説として，志堂寺，2010; 国土交通省道路局，2019）。自動車の運転という，直観的・即時的な判断が求められる状況においては，まさしく法律や罰則などの規範よりも，直観的な知覚情報の方が影響力が大きいことも十分ありうると考えられる。交通の分野は，実際に環境に介入した取り組み事例も多く，人の認知や行動のプロセスに着目した取り組みが進んでいる分野だと言えるだろう。

**引用文献**

北島律之（2006）．「どのようにして形を知るのか」日本バーチャルリアリティ学会VR心理学研究委員会（編）（2006）．だまされる脳　バーチャルリアリティと知覚心理学入門　講談社，pp. 89-108.

国土交通省道路局（2019）．通学路・生活道路の安全確保に向けた道路管理者による対策実施事例　平成31年1月 https://www.mlit.go.jp/road/road/traffic/sesaku/pdf/a-jirei.pdf

日本バーチャルリアリティ学会VR心理学研究委員会（編）（2006）．だまされる脳　バーチャルリアリティと知覚心理学入門　講談社

志堂寺和則（2010）．交通安全のための錯視　光学，*39*（2），96-98.

Thaler, R. H., Sunstein, C. R., & Balz, J. P. (2013). Choice architecture. In E. Shafir (Ed.),

---

1) セイラーら（Thaler et al., 2013）の共著者 Balz によるウェブサイトにて，実際の写真を確認できる。(http://nudges.org/2010/01/11/measuring-the-lsd-effect-36-percent-improvement/)

*The behavioral foundations of public policy*. New Jersey: Princeton University Press. Chapter 25. pp. 428-439.（シャフィール，E.　福島由衣（訳）(2019)．選択肢の設計　白岩祐子・荒川歩（監訳）行動政策学ハンドブック：応用行動科学による公共政策のデザイン　福村書店　pp. 574-591）

（池谷光司）

## 1-3-2　自己：一貫性への希求

　認知，感情，行動は「態度」と総称される。人々には自己の態度を一貫させ
ようとする動機が存在する。態度が変わりやすい人は信念を欠くとみなされる。
言葉と行動がくい違う人は他者から信用されにくい。なによりそうした状況は，
後述するように本人を不快な状態に追いやる。そのため人々には，自己の態度
を一貫させようとする動機，自己一貫性動機が備わっている（Swann, 1983）。
本節では，自己一貫性動機の具体例として，認知的不協和理論，フットインザ
ドア，コミットメントという社会心理学の主要な概念を参照し，政策・施策へ
の応用可能性を検討する。

**認知的不協和理論**

　自己一貫性動機は，典型的には認知的不協和理論によって説明される。自己
や周囲の環境に関するさまざまな知識や信念を「認知」というが，フェスティ
ンガー（Festinger, 1957）は，複数の認知のあいだに生じる矛盾を「不協和」
と名づけた。不協和，つまり認知の不一致や矛盾は不快な緊張状態をもたらす
ため，人々は一方の認知を変化させることで不協和を解消したり，新しい認知
を加えることで不協和の程度を緩和したり，あるいは不協和をもたらしうる新
たな情報を避けようと動機づけられる。

　たとえば，「自分はヘビースモーカーである」という認知と，「喫煙は健康を
害する可能性がある」という認知が併存しているのは不協和な状態である。こ
の不協和を解消・低減するために取りうる最善の方略は，もちろん喫煙をやめ
ることだろう。しかし，喫煙が常習化すればやめるのは非常に困難であり，実
際に多くの人が禁煙に失敗している。そこで次にとられる方略が，もう一方の
認知を変化させることである。つまり，「"喫煙は健康に悪い"という言説には
必ずしも根拠がない」「実証されていない」と信じることで，自分はヘビース
モーカーであるという自己認知との不協和を解消しようとするやり方である。
あるいは，「喫煙はストレス解消につながる」という新しい認知を取りいれた
り，喫煙の有害性に関する新しい情報をシャットアウトしたりすることもある
かもしれない。

　認知的不協和理論はもっともよく知られた社会心理学の概念のひとつであり，上記のように不適切とされる習慣を人々が合理化・正当化する理由に加えて，明らかに劣悪な環境にある人がそこから抜けだそうとしない現象にも説明を与えてくれる。たとえば，きつくて報酬の安い仕事，いわゆるブラックバイトに従事している人が，しばしば「人間関係に恵まれているから」「自分が成長できるから」と口にするのは，やめて新しいバイト先を探す代わりに，こうした新しい認知を取りいれることで不協和の程度を軽くする試みだと理解することができる。

　ブラックバイトの例が示すように，認知的不協和理論は，なぜ人は自分が過去に行ってきたことを正当化し，価値あるものとみなしたがるのか，ということについても説明を与えてくれる。意味のない行動に自分が多くの労力を投じてきたと認識することは認知的不協和をもたらす。このうち，過去の行動は取り消すことができず，不協和を解消・低減するには自分の認知を変えるより他にない。このようにして過去の自分の行動は「価値あるもの」とみなされやすくなる[2](Cialdini, 2009)。

　ようするに，認知的不協和理論の前提とされているのは，認知・行動のあいだの不一致や矛盾によって生じる不協和をどうにかして解消・低減しようとする動機の存在である。そして，これは冒頭に挙げた自己一貫性動機によって包括的に説明することができる。自己一貫性動機は，認知のあいだに一貫性をもたらすだけでなく，過去の行動とこれからの行動を一貫させようとする力をも生みだす。過去の行動とこれからの行動を一貫させようとする力を活用した説得技法は，とくにフットインザドア，あるいは段階的要請法としてひろく知られている。

## フット・イン・ザ・ドア（段階的要請法）

　人は，自分の過去の行動と一貫した行動をとろうと動機づけられる。フット・イン・ザ・ドア（段階的要請法）はこの特徴を活用して，はじめに小さな頼みごとをして承諾を引きだしたあと，より大きな頼みごとについても相手か

---

　2）この観点からは，「サンクコスト（埋没費用）」あるいは「コンコルド効果」も認知的不協和理論の一種とみなすことができるだろう。

ら承諾を得ようとする説得技法である。これをはじめて実証したのは次のような フィールド実験であった。

　フリードマンとフレイザー（Friedman & Frazer, 1966）は一般家庭に電話を かけ，次のような依頼をもちかけた。「これから5，6人の調査員がお宅にお邪 魔して，数時間かけて日用品や家財道具などの使用状況を調査させてほしい」。 このように負荷の高い依頼をいきなりもちかけられたグループ（統制群）の承 諾率は22％にとどまった。これに対して，いきなり大きな頼みごとをするの ではなく，家庭用品に関する8つの簡単な質問に電話で答えてもらうなど，は じめに小さな頼みごとをするグループ（介入群）も設定した。小さな頼みごと であれば応じてくれる人も多い。そのようにして承諾を引きだした数日後，今 度は統制群と同じように家庭訪問による調査を依頼したところ，介入群の承諾 率は53％と大幅に向上した。

　フット・イン・ザ・ドアとは元来，「訪問宅のドアの内側に足を入れること ができれば商談は成功する」というセールスの考え方をいう[3]。上記のフィー ルド実験でいえば，かかってきた電話の質問に応答したという事実（以前の行 動）が，次なる訪問調査の依頼に応じるという新しい行動につながっている。 以前の行動と新しい行動とが一貫している，というこのケースの背後に存在し ているもののひとつが自己一貫性動機である。

　依頼には是々非々で対応すればいい，依頼の中身に応じて個々に決定できる はず……。規範的，理想的な人間観に照らしてこのように考える人もいるか もしれない。最初の依頼に応じると，我々はなぜ次の依頼にも応じやすくなる のだろうか。この点についてフリードマンとフレイザー（Friedman & Frazer, 1966）は，自己認知が変化したためだと解釈している。最初の頼みごとに応じ ると，自分自身を見る目が変わる。つまり，「自分は頼まれれば協力するよう な人間だ」「自分は親切な人間なのだ」，このような自己イメージが形成された 結果，その後の依頼に対しても新しい自己イメージと一貫性を保とうとする動

---

3）これとは逆に，頼みごとをするときはまず大きな要求から，という説得技法もある。は じめに顧客がのめないほど大きな頼みごとをし，顧客が断ったあとに今度は小さな頼み ごとをすると顧客は断りにくくなる，という特性を活用したものであり，ドア・イン・ ザ・フェイス，あるいは譲歩的要請法と呼ばれている（Cialdini et al., 1975）。

機がはたらき，後続の依頼を承諾しやすくなる。フット・イン・ザ・ドアの説明として，この解釈はもっとも有力視されている（Eisenberg, et al., 1987）。

　以上みてきたように，「自分がこれまで行ってきたことと一貫した認知でありたい」，あるいは，「過去の行動と一貫した行動をとりたい」という欲求は，静かに，しかし強い力で人々を突き動かす（Chaldini, 2009）。この作用はコミットメント，つまり自分の意見や立場を明言することでいっそう強化される。

## コミットメント

　ひとたび自己の意見や立場を明言すると，内側からだけでなく外側からも，そのコミットメントと一貫した行動をとるように圧力がかかることになる。質問に答えるという受動的なスタイルであったとしても，自分の意向を表明することによって実際にその行動がとられやすくなることを実証したフィールド研究のひとつを以下でみていこう。

　シャーマン（Sherman, 1980）はインディアナ州の住民に電話をかけ，「がん協会への寄付を募る三時間ほどのボランティアをもし依頼されたとしたら，あなたはどうしますか」という質問を行った。うち 48% が自分なら承諾するだろうと回答した。その三日後，今度はがん協会のメンバーを名乗る別の研究者が同じ相手に電話をかけ，実際にボランティアを依頼したところ，承諾率は31% と，直接この依頼を受けた統制群の 4.2% とくらべて高い値となった[4]。

　チャルディーニ（Cialdini, 2009）は，すでにみてきた「一貫した人間でありたい」という動機に加えて，自身の立場を明言することで「一貫した人間だと他人から思われたい」という動機が追加され，自己一貫性動機がさらに強力に働くことになると述べている。このように，特定の行動をとる意図があるかどうか，ただ質問するだけで実際にその行動が生起しやすくなる現象は，単純質問効果（Morwitz et al., 1993）とか自己予言（Rogers et al., 2013）などとも呼ばれている。次項では，この傾向を活用して，投票率を向上させるという政策上の問題を解決しようと試みた研究例を紹介する。

---

4）なお，実験群の 31% という数字の分母は，三日前の電話で「自分なら承諾する」と答えた人だけではなく，最初の電話を受けた人全員となっている（厳密には，最初の電話を受けた 46 人中，再び電話して連絡のついた 45 人が分母とされている）。

**社会実装：投票率の向上**

　投票率を向上させようとするとき，一般的に採用されるのは，投票の意義を伝えたり（啓発），期日前投票を設置したりする（投票の利便性を高める）方略だろう。その他にも，ただ質問することによって投票率は改善する可能性がある。投票行動における単純質問効果を検討したのはグリーンワルドら（Greenwald et al., 1987）である。

　ここでは1984年のアメリカ大統領選挙を利用して，オハイオ州立大学の学生を対象とする実験が行われた。ひとつめの実験では，選挙権はもっているが，まだ有権者登録[5]をしていない学生が対象とされた。実験では，学生に電話をかけて研究の趣旨をごく簡単に伝え，同意を得た相手に対して有権者登録の場所と期限を尋ねた。すべての学生の条件を均等にするため，答えられなかった学生には正しい情報を伝えた。介入群に対してはさらにその後，有権者登録をするつもりがあるかどうか，などを質問した。イエスと答えた学生[6]に対しては，さらにそうする一番の理由は何かということも尋ねた。後日，実際に有権者登録したかどうかを確認したところ，登録場所や期限を尋ねただけの統制群ではその割合が9%であったのに対し，意図や理由も尋ねた介入群では21%と，登録率は大きく改善していた。同様に，有権者登録を投票に変えて行われたふたつめの実験では，統制群の投票率が62%であったのに対して，介入群では87%とここでも大きな差が見いだされた。

　以上みてきたように，人々に意図を尋ね，人々がそれに答えることで実際に当該行動をとりやすくなる傾向は，一般的にはコミットメントとして知られており，ナッジや行動インサイトのツールとしてひろく活用されている（2-5-1の表5参照）。コミットメント，ないし単純質問効果，あるいは自己予言と呼ばれる現象の背後にあるのは，冒頭で述べたように自己の態度を一貫させたいという人々の動機である。この自己一貫性動機こそが，我々をして自己の認知や行動を変容させる力をもたらしているといえるだろう。

---

　5）アメリカには日本の住民基本台帳に相当するものがないため，有権者が自己申告しなければ選挙人名簿に登録されず，投票資格を得ることができない。
　6）全員そのように答えた。

## おわりに：自己認知の変化から習慣へ

　コミットメントの他にも，情報開示やラベル表示，たとえば食品の含有カロリーを明記するなど，教育的といわれる一部のナッジや行動インサイトには，持続的な効果がないという批判が加えられることがある（Sunstein, 2017）。ナッジへの批判や懸念については第二部（2-5-1 参照）で詳しく検討するが，上記の批判に対しては，ナッジによってひとたび特定の行動が引きだされると，それが習慣化して長期的な行動変化につながる可能性が指摘されている[7]（Halpern, 2015）。こうした指摘の根拠のひとつとなっているのが，本節でみてきたような自己一貫性動機，そして，「自分は欠かさず投票に行くような人間だ」「食品のカロリーを気にする人間だ」などの自己認知や自己イメージがもつ力である。このように考えると，ナッジや行動インサイトにおけるコミットメントとはようするに，自己イメージを望ましいものに変えることで向社会的行動を引きだそうとする試み，と定義することができるだろう。

### 引用文献

Cialdini, R. B. (2009). *Influence: Science and practice* 5th ed. Pearson Education, Inc. (チャルディーニ，R. B. 社会行動研究会 (訳) (2019). 影響力の武器：なぜ，人は動かされるのか 第三版　誠信書房)

Cialdini, R. B., Vincent, J. E., Lewis, S. K., Catalan, J., Wheeler, D., & Darby, B. L. (1975). Reciprocal concessions procedure for inducing compliance: the door-in-the-face technique. *Journal of Personality and Social Psychology, 31,* 206-215.

Eisenberg N., Cialdini, R. B., McCreath H., & Shell, R. (1987). Consistency-based compliance: when and why do children become vulnerable? *Journal of Personality and Social Psychology, 52,* 1174-1181.

Festinger, L. (1957). *A theory of cognitive dissonance.* Stanford University press.

Friedman, J. L. & Frazer, S. C. (1966). Compliance without pressure: the foot-in-the-door technique. *Journal of Personality and Social Psychology, 4,* 195-202.

Greenwald, A. G., Carnot, C. G., Beach, R., & Young, B. (1987). Increasing voting behavior by asking people if they expect to vote. *Journal of Applied Psychology, 72,* 315-318.

Halpern, D. with Owain Service and the Behavioural Insight Team (2015). *Inside the Nudge*

---

　7）この指摘は実証的にも裏づけられており，たとえば，一度投票すると，以後の継続的な投票行動の可能性も高まることが明らかになっている（Gerber et al., 2003）。投票行動に及ぼすコミットメントの力は，ロジャーズら（Rogers et al., 2013）が詳しくレビューしている。

*Unit: how small changes can make a big difference.* WH Allen.

Morwitz, V. G., Johnson, E., & Schmittlein, D. (1993). Does measuring intent change behavior? *Journal of Consumer Research, 20*, 46-61.

Rogers T., Fox, C. R., & Gerber, A. S. (2013). Rethinking why people vote: voting as dynamic social expression. In E. Shafir (Ed.), *The behavioral foundations of public policy*. New Jersey: Princeton University Press. Chapter 5. pp. 91-107.（シャフィール，E.　齋藤真由（訳）(2019).　なぜ人は投票するのかを再考する：ダイナミックな社会的表現としての投票　白岩祐子・荒川歩（監訳）行動政策学ハンドブック：応用行動科学による公共政策のデザイン　福村出版　pp. 118-140)

Sherman, S. J. (1980). On the self-erasing nature of errors of prediction. *Journal of Personality and Social Psychology, 39*, 211-221.

Sunstein, C. (2017). Nudge that fail. *Behavioral Public Policy, 1*, 4-25.

Swann, W. B., Jr. (1983). Self-verification: bringing social reality into harmony with the self. In J. Suls & A. G. Greenwald (Eds.), *Psychological perspectives on the self*, vol. 2. Hillsdale, NJ: Lawrence Erlbaum, pp. 33-66.

（白岩祐子）

## コラム 3　理論の枯渇とフィールドとの循環性

　ナッジや行動インサイトが前提としている人間観は，そのかなりの部分がヒューリスティックなどに代表される心理学のバイアス研究に依拠しており，また実際に使用されているツールの多くも，現状維持バイアスをはじめとする心理学の知見にもとづいている。しかし，ナッジの実例集などをひととおり見渡すと，活用されている心理学の知見にはそれほど多くのバリエーションがないことに気づく。

　ごく限られた一部の知見がくり返し参照されている，という上記の印象にはある程度の裏づけがある。亀田（2020）は心理学，とくに社会心理学のトップ・ジャーナルと位置づけられる『*Journal of Personality and Social Psychology*』に掲載された心理学論文が，『*American Economic Review*』など 10 の経済学系ジャーナルの論文で引用された回数を調べ，2008 年以前の心理学論文が全体の 8 割以上を占めることを確認している。つまり，心理学論文のうち古いものが集中的に引用されているのが現状である。実際，70 年代から隆盛をみた心理学のバイアス研究に話を限定した場合，その成果は現在ほぼ出尽くした感がある。バイアスという大きな鉱脈を掘り尽くした今となっては，心理学研究からナッジ・行動インサイトへのこれ以上の新規供給は見込めそうにない。そうなれば，心理学の主たる知見を重要な政策問題にひととおり適用したあと，行動経済学は（そして心理学も）今後，縮小していく運命にあるのだろうか。

　このような学術上の見通しに対して亀田（2020）は，基礎研究に立ち戻ることがひとつの鍵になると指摘する。たとえば，最大の成功例とみなされている，年金制度の自動加入というデフォルト・ルールがある。この介入が根拠としている現状維持バイアスは，80 年代に確立された比較的古い心理バイアスである（Kahneman et al., 1991; Samuelson & Zeckhauser, 1988）。しかしながら，このバイアスがどの範囲で生起しどの範囲では生起しないのか，ということはほとんど検討されていない。つまり，くり返し参照されてきた著名な心理バイアスであったとしても，その境界条件は

必ずしも特定されているわけではない。そうしたことを含む基礎的な検討に立ち返ることが，心理学側からの新規供給が止まった状況では，行動経済学，心理学の双方にとって活路となる可能性がある。このことは，社会的比較や社会規範，コミットメントなど，バイアス以外の心理学の知見にもあてはまるだろう。

　以上で述べた問題は明らかに学術的な次元の話である。しかし，「既知」とされる代表的な知見が，実は必ずしもあらゆる観点から検討し尽くされてきたわけではないことは，政策策定者も認識しておいたほうがいい事実である。さらにいえば，フィールドでの政策検証の蓄積が，基礎的な学術研究に先んじて発生境界条件などの基礎的知見をもたらす可能性さえある。さまざまな条件下で行われる政策や施策の検証結果が蓄積されたならば，生起／非生起を弁別している要因を特定することも容易になるからである。そうなれば，ラボ実験からフィールドへ，という従来の流れに対して，フィールドからラボ実験への流れと双方向性が加わることも見込めるだろう。基礎的な学術研究と実践的な政策フィールドとの双方向性が生まれることで，学術的な次元でも好循環や望ましい相乗効果が期待されるところである。

**引用文献**

亀田達也（2020）．行動科学の視点から見た行動経済学　日本労働研究雑誌，*714*, 28-38.

Kahneman, D., Knetsch, J. L., & Thaler, R.（1991）. Anomalies: the endowment effect, loss aversion, and status quo bias. *Journal of Economic Perspectives, 5*, 193-206.

Samuelson, W. & Zeckhauser, R.（1988）. Status quo bias in decision making. *Journal of Risk and Uncertainty, 1*, 7-59.

（白岩祐子）

## 1-3-3　身体：身体感覚

　身体感覚にもとづく認知を「身体化認知」という。身体化認知は，感覚や動作など身体上の刺激が，判断や思考といった認知の基盤になっているという考え方であり（Wilson, 2002），とくに2000年以降，臨床・認知・社会心理学の各領域で検討されるテーマとなっている。その成果として，味覚や嗅覚，さらに皮膚感覚が，道徳的判断や対人認知，意思決定などに影響を及ぼすことが明らかになりつつある。本節ではこのうちとくに，政策的な応用可能性が高いと思われる皮膚感覚に焦点をあて，触覚と温度感覚が対人認知や意思決定に及ぼす効果を明らかにした国内外の研究を紹介する。

### 触覚と対人認知

　ものの手触りによって他者の印象は変わりうる。この仮説を検証するために行われた研究（Ackerman et al., 2010）は次のようなものであった。この実験では通行人に協力を求め，はじめにパズルを完成させてもらい，そのあと文章を読んで，曖昧に描かれた複数の登場人物の関係性を評価するよう求めた。この手続きのポイントは，2種類用意されたパズル課題のピースである。粗い紙やすりを使ったざらざらしたピースと，つるつるした通常のピースのいずれかが用いられた。その結果，ざらざらしたピースに触れた人々は，通常タイプのピースを使った人々より，描かれた登場人物の協調性を低く判断することが確認された。

　この研究では計6実験が行われており，上記の「粗い・滑らか」という触覚の他にも，「重さ・軽さ」，「柔らかさ・硬さ」などの感覚が対人認知や意思決定に影響することを明らかにしている。これらの結果から著者ら（Ackerman et al., 2010）は，「円滑な人間関係」「頭が固い」など，対人関係や個人の態度を表す，ひろく共有されたメタファーが，我々の身体感覚に深くねざしたものであることを示唆している。

　触覚が認知に及ぼす効果は国内でも確認されている。沼崎ら（2016）は大学生を対象に，「柔らかさ・硬さ」によって生じる皮膚感覚が対人認知に及ぼす

効果を検討した。実験に参加した大学生は，他者の性格特性を評価するあいだ，柔らかいもの（軟式テニスボール），あるいは硬いもの（針金で作ったボール）のいずれかを握り続けるよう指示された。柔らかいボール条件に割りあてられた参加者は，硬いボール条件の参加者にくらべて，文章提示された他者の性格を，あたたかい，優しい，親しみやすいなど，より女性的で望ましい[8]とされる特徴にあてはまると回答し，またより多くの好意を示したのである。この結果は，「柔らかい・硬い」という触覚が，性格的な「あたたかさ・冷たさ」とそれぞれ結びついて我々のなかに定着している可能性を示すものといえるだろう。

　触覚が対人認知や意思決定に与える影響は，上記以外の多くの研究でも確認されている（レビューとして本元ら，2014）。これらの結果が示しているのは，認知の対象が，直接触れているものとはまったく関係のない人物や出来事であったとしても，触覚がそうした人物や出来事に対する判断や印象形成，ひいては意思決定に影響しうるということである。アッカーマンら（Ackerman et al., 2010）は触覚戦略，すなわち，人々が触れるものや周囲の環境を戦略的に設計することを通じて，利他行動などの向社会的行動を促進する可能性に言及している。今後は，行政レターの紙質を変える，役所の窓口に設置している文房具を変えるなど，前掲の知見を政策・施策的に展開し，人々や社会にとって望ましい行動を促すフィールドでの試みが期待されるところである。

### 温度感覚と対人認知

　柔らかい手触りがポジティブな対人認知につながるとすれば，「温かい・冷たい」という物理的な温度感覚も同様に，対人認知に影響することはありそうなことである。人々の印象形成プロセスを明らかにしたアッシュ（Asch, 1946）は，とくに「温かさ」と「冷たさ」という温度に関する次元が，印象形成において中心的な役割を果たすことを指摘している。

　プライミングなど潜在意識（非意識）研究の泰斗であるバージとその共同研究者は，物理的な温度の感触が他者の性格特性の評価や利他行動に及ぼす影響を検討した（Williams & Bargh, 2008）。研究1では，実験に参加した大学生に

---

8) この研究のもうひとつの論点は性別ステレオタイプであったがここでは割愛する。

コーヒー（アイス・ホット）を渡したうえ，曖昧に描写された人物について印象評定するよう求めた。その結果，ホットコーヒーを渡された群は，アイスコーヒーを渡された群にくらべて，ターゲット人物をよりあたたかく，利他的で，社会性があると評定した。つまり，コーヒーに触れて感じた物理的な温度が他者評価に転移したわけである。

　研究2では，参加者にちょっとした謝礼[9]を渡し，自分へのおみやげにするか，あるいは友人への贈り物にするかを選択するよう求めた。ここでは，製品評価のためといって事前に渡していた治療用のパットの物理的な温度（冷たい・温かい）によって人々を2群化した。予想どおり，温かいパットを貼付していた群（54%）は，冷たいパットを貼付していた群（25%）より，受けとった謝礼を友人へのギフトにすることを多く選んだ。以上の結果は，個人が経験する物理的な温度がその意思決定を左右し，とくに温かさの経験がポジティブな対人評価や利他行動に結びつくことを示している。この研究はその後追試も行われ，日本でも再現性が確認されている（塩沢ら，2012；山本・菅村，2013[10]）。

　身体感覚，身体化認知を活用して，人々の向社会的行動を引きだす政策的な試みを期待したい。

## 引用文献

Ackerman, J. M., Nocera, C. C., & Bargh, J. A. (2010). Incidental haptic sensations influence social judgments and decisions. *Science, 328*, 1712-1715.

Asch, S. E. (1946). Forming impressions of personality. *Journal of Abnormal and Social Psychology, 41*, 258-290.

本元小百合・山本佑美・菅村弦二（2014）．皮膚感覚の身体化認知の展望とその課題 関西大学心理学研究, *5*, 29-38.

沼崎誠・松崎圭佑・埴田健司（2016）．持つものの柔らかさ・硬さによって生じる皮膚感覚が対人認知と自己認知に及ぼす効果 実験社会心理学研究, *55*, 119-129.

塩沢 萌・大江朋子・望月 要（2012）．身体的温かさの経験が対人的な温かさを促進する：

---

9) 飲み物か地元のアイスクリームショップの1ドルギフト券が用意された。
10) この実験では，温度の操作として氷のう／湯たんぽが用いられ，火災／水難事故の要救助者に接近する意図を尋ねる場面想定法が採用された。氷のう群は，火災よりも水難事故の要救助者により接近する一方で，湯たんぽ群では災害の種別に関わらず一定の距離を置くという複雑な結果が確認されている。

Williams & Bargh (2008) の追試 日本行動分析学会年次大会発表論文集, *30*, 37

Williams, L. E., & Bargh, J. A. (2008). Experiencing physical warmth promotes interpersonal warmth. *Science, 322*, 606-607.

Wilson, M. (2002). Six views of embodied cognition. *Psychonomic Bulletin & Review, 9*, 625-636

山本佑実・菅村玄二 (2013). 温度感覚が要救助者への接近距離の見積もりに及ぼす効果 日本心理学会第 77 回大会発表論文集, 212.

（白岩祐子）

## コラム4　再現性問題

　2010年以降，行動科学では再現性問題，つまり，学術論文として刊行された研究結果がその後の追試によって再現されないという現象が注目されるようになっている。たとえば，Open Science Collaboration（2015）が，主要誌に掲載された心理学論文100本を追試したところ，元の論文の97％がなんらかの統計的に有意な効果を報告していたのに対して，追試で有意とみなしうる結果が得られたのは47％にとどまった。この状況は行動科学の他の分野でも同様であり，たとえば重要ながん研究の論文53本のうち再現されたのは11％にすぎなかったとの報告もある（Wadman, 2013）。これらのことから，医学から経済学に至る，人間を対象とする実証的研究はみな同様の問題を抱えているといえるだろう（Chivers, 2019）。

　改めて指摘するまでもないことだが，研究の価値は必ずしも再現性の高低のみによって定まるわけではない。たとえば，それまでとは異なる独創的な研究手法の開発は，それ自体，以後の研究を飛躍的に進展させうる革新的な価値をもつものであるし，多くの人の予想や直観に反する意外性ある結果は，人間への理解や洞察をひろげるという点で重要な役割を果たしている。実際，1950年代から60年代に行われた著名な社会心理学研究の多くは，政策根拠としてのエビデンスを供給するというよりも，それまでの常識的な人間像に新たな光をあてることを目的に行われてきた（渡邊, 2016）。そのように「尖った結果」を出そうとした場合，再現性が不安定になるのはむしろ当然のことといえるかもしれない。

　その一方で，再現性の欠如が致命的となる問題やケースがあることもまた事実である。たとえば医学，自動車工学など，人々の健康や生命にかかわる分野やテーマで再現性を欠くことは，臨床化や社会実装の局面で致命的な欠陥をもたらすことになる。同様に，公共政策においても再現性はけっして軽視できない問題である。公共政策は大勢の人の暮らしや人生に影響を及ぼし，その実施には膨大なコストが投じられることもある。一般的なエビデンス・レベルのピラミッド図（1-1-1の図1参照）において，メタ

分析やシステマティック・レビューが最上位に置かれているのは，これら
が既存の研究スタイルのなかでは再現性をもっとも担保してくれる方法だ
からである。策定段階で特定の研究結果を参照するとき，その再現性を検
証した論文があるか否かという観点はひとつのチェック・ポイントになる
だろう。

　結果を再現することを難しくしている原因は多岐にわたる。大前提とし
て，人間という，無数の変数の影響を受けると同時に，無数の変数（とく
に他者や環境）に影響を及ぼしてもいる相互作用的な存在を検討対象とす
ることには根源的な難しさがある。また，検討する場面や対象者（標本）
の特性上の差異，あるいは概念の定義が研究によってまちまちであったり，
現象の境界条件が必ずしも特定されていなかったりすることなどが挙げら
れるだろう。さらに，刊行論文の97％になんらかの統計的に有意な効果
がみられたという前掲の結果が示すように，統計的有意差ないし有意な効
果が得られなかった研究はそもそも論文として刊行されにくいという実態
がある[11]。そうなると，論文の数で業績を評価される研究者は，標本サイ
ズを大きくすることで有意差や有意な効果を得ようとするかもしれない
（2-8-2参照）。結果として，ごく小さい効果が過大評価されるような事態
が起こりうるわけである。

　少なくとも最後に挙げた点については，ある程度は構造的に対処するこ
とが可能である。そうした対処のひとつが，事前審査つき事前登録制度の
導入である。これは，データを取得する以前に，研究者が研究目的や仮説，
標本サイズ，分析方法など論文の前半部分を投稿し，この段階で査読を受
けるというやり方である。査読が通ると内容が登録され，以降はデータを
収集して分析し，結果と考察を投稿することで完了する。このやり方であ
れば，有意差や有意な効果が得られなかった研究が排除されることもない。
研究者の誠実さに働きかけるだけでなく，インセンティブそのものを変え

---

11）出版バイアス，引き出し効果などと呼ばれる。

るこうした試みは現在，一部の学術誌が導入するという形で少しずつ広がっている。

**引用文献**

Chivers, T. (2019). A theory in crisis. *Nature, 576*, 200-202.

Open Science Collaboration (2015). Estimating the reproducibility of psychological science. *Science, 349*, 943-951.

Wadman, M. (2013). NIH mulls rules for validating key results. *Nature, 500*, 14-16.

渡邉芳之 (2016). 心理学のデータと再現可能性 心理学評論，*59*, 98-107.

（白岩祐子）

## 1-3-4　社会：社会的動機

　人間は，他者から影響を受けたり他者に影響を及ぼしたりしながら生きる社会的存在である。社会的存在としての人間は，損得などの自己利害だけでなく，たとえば暮らしている社会のよき一員でありたい，との欲求に動機づけられて行動する存在でもある。本節では，他者や社会との関わりの中で立ち上がってくるこうした動機を包括した「社会的動機」という概念（Tyler, 2013a）に着目し，その定義や研究例を概観する。

### 道具的動機づけと社会的動機づけ

　我々は，ある一面では自己利害に動機づけられる利己的な存在である。自己の利益を最大化し，損失を最小化しようとする欲求は多くの人々に備わっており，こうした欲求が特定の行動をもたらす強力な規定因となることは，これまで数多の心理学研究や経済学研究から示されてきた。従来の政策，すなわち，インセンティブによって向社会的行動を増やし，制裁や罰によって反社会的行動を減らそうとする政策は，上記のように利己的な人間像を反映したものといえるだろう。

　しかし，人々の行動を規定しているのは利己的な動機に限らない。タイラー（Tyler, 2013a）は，利益を獲得し，損失を回避しようとする「道具的動機づけ」に対して，「社会的動機づけ」という新たな枠組み[12]を提起している。社会的動機づけは，公正さや義務，責任など，一般的に望ましいと考えられている諸価値への欲求をさすものと考えられ，道具的動機づけとは次の4点で異なっている（Tyler, 2013a）。第一に，道具的動機づけの関心が主として物質的な損益に向けられるのに対して，社会的動機づけは公正さやアイデンティティなど非物質的な内容に向けられる。第二に，道具的動機づけでは，自分が便宜を受けることとその価値が同義とされるのに対して，社会的動機づけは両者を区

---

12）社会的動機は，一般的には，他者との交流の中で個人が獲得する動機として定義される（繁枡・四本, 2013）。なお，上記の分類は Gardner & Lambert（1972）が提唱した「道具的動機づけ」「統合的動機づけ」とは別物と考えられる。

別する。つまり，自分が得をすることと，そのことに価値を見いだすことは別物として理解される（Tyler et al., 1996）。第三に，社会的動機づけは，道具的動機づけより援助や協力などの向社会的行動に強い影響を及ぼす。第四に，社会的動機づけは，状況や時間を通じて一貫した行動をもたらしやすい。

タイラー（Tayler, 2013a）はこの社会的動機を，「態度」「価値」「アイデンティティ」「手続き的公正」「信頼」の5類型に分けている。このうち価値はとくに中心的な概念と位置づけられており，人々が内在化している道徳的な価値観や義務感，すなわち，自分が正しいと思うことをするべきだという義務の感覚をさしている。別の強力な要因が作用していない限り，我々は自らの価値観や義務感と一致した行動をとるものである。また，アイデンティティとはこの場合，人々が集団や組織，コミュニティに所属することで得られる一体感や望ましい自己感覚を意味している（Hogg & Abrams, 1988; Kelman, 2006）。コミュニティとの一体感や好ましい自己感覚を高め維持したいという欲求は，人々をして，組織やコミュニティが推奨する行動に駆り立てる。

インセンティブや罰則がターゲットとしている道具的動機づけにくらべて，上記した義務や公正さ，所属に対する心理的な欲求は政策上ほとんど注目されてこなかった（Tyler, 2013a）。次項では，政策場面において社会的動機づけを活用することの効用を示唆する学術研究を紹介する。

### 社会的動機づけと向社会的行動

タイラー（Tyler, 2013b）は，道具的動機づけと社会的動機づけが警察に対する住民の協力に及ぼす効果を検証するため，ニューヨーク市民を対象に2回にわたるインタビュー調査（パネル調査[13]）を行った（第一波 $n=1,653$，第二波 $n=830$）。第一波で測定された，警察や法の正当性認知などから成る「社会的動機づけ」と，法を侵犯した者を捕らえるうえで警察がどれほど効率的かという認知から成る「道具的動機づけ」を説明変数，第一波と第二波で測定された警察への通報意図などを統合した「警察への協力」を被説明変数とする構造方

---

13）パネル調査とは，因果関係を推測するために行われる調査の一形態である。同一標本を対象に複数回の調査（測定）を行い，たとえば第一波で測定された値が第二波以降で測定された値を予測するかどうかが検証される。

程式モデリングの結果，明らかになったのは次の内容である。

　警察や法は正当だという認知は，その時点（第一波）および将来的（第二波）な警察への協力意図をいずれも増やす効果をもっていたが，警察の活動は効率的だという認知は，その時点の協力意図は増やしたものの，将来的な協力意図には効果をもたなかった。以上の結果が示しているのは，警察の捜査や社会秩序の維持に不可欠である市民の協力を促すためには，市民の正当性認知や義務，責任感，警察との同一視といった社会的動機に働きかけることが，短期的にも中期的にも意味がある，ということである。

　上記の研究は，タイラー（Tyler, 2013a）が類型化した5つの欲求をまとめてひとつの変数として合成し，向社会的行動に与える総合的な効果を検討したものである。しかし，どれかひとつでも強力な欲求があれば，必ずしも5類型が揃わなくとも効果をもちうることも示唆されている。社会的動機の5類型中，とくにアイデンティティが活用された例をみていこう。

　1986年，車で走行中のごみのポイ捨てを減らすため，テキサス州は広告会社と協力して「テキサスを汚すな」キャンペーンに着手した。ゴミ問題に頭を悩ませていた同州は，このキャッチフレーズとともに，地元のアメリカンフットボールチームのスター選手[14]など，とくに10代後半から30代前半の男性に影響力をもつ人物を起用して，州民のアイデンティティに訴求する各種キャンペーン[15]を展開した。

　キャンペーンが始まった1986年からの4年間で，ゴミのポイ捨ては72%も減少した（McClure & Spence, 2006）。「これこそ真のテキサス人が行うこと」と強調しつつ，掃除，資金協力，通報などの協力活動を呼びかけることもあわせて行われ，これらの活動は現在でも続いている。キャンペーンや活動を成功裡に導いた諸要因のうちとくに重視されているのが，州民の州に対するアイデンティティと「よきテキサス人でありたい」という欲求の強さである。同州は

---

14) 選手が道路沿いに落ちているごみを拾い，「Don't mess with Texas」と画面上で呼びかけるコマーシャルは YouTube などでも視聴することができる。

15) 道路標識，テレビやラジオのコマーシャル，活字広告など多くのメディアを通して実施された。州旗にキャッチフレーズをかぶせたロゴは，Tシャツや帽子，マグカップなどにも使われ，関連グッズとして販売されている。公式サイトは https://www.txdot.gov/inside-txdot/media-center/psas/environment/dont-mess-with-texas.html を参照。

一時期，テキサス共和国として独立していた経緯があるなど，州へのアイデンティティや愛着はもともと強い地域である。そのためこのやり方は，州へのアイデンティティがそこまで強くない他の地域では効果をもたない可能性がある（Miller & Prentice, 2013）。

テキサス州の事例は，すでに存在している人々のアイデンティティや帰属意識をうまく活用した例であるが，長い目でみたときには，アイデンティティや責任，義務，公正さといった既存の諸価値をただ活用するだけでなく，時間をかけてこれらを醸成し，定着させていくこともまた政策には求められるかもしれない。

## まとめ

「よき市民でありたい」とか「社会の役に立つ集団成員でありたい」という欲求は，多くの人が自覚的に，あるいは無自覚のうちに保持している根源的なものである。その意味で，政策上，インセンティブや制裁だけに焦点化することは，人々のこうした実態と不整合をきたす可能性がある。タイラー（Tyler, 2013a）が提起した社会的動機づけという考え方は，上記の欲求を醸成し，利他行動や向社会的行動につなげていくという新しい政策の方向性をさし示すものといえるだろう。

## 引用文献

Gardner, R. C. & Lambert, W. E. (1972). *Attitudes and Motivation in Second Language Learning*. Rowley, MA: Newbury House

Hogg, M. A., & Abrams, D. (1988). *Social identifications*. New York: Routledge.

Kelman, H. C. (2006). Interests, relationships, identities: Three central issues for individuals and groups in negotiating their social environment. *Annual Review of Psychology, 57*, 1-26.

McClure, T., & Spence, R. (2006). *Don't Mess with Texas: The story behind the legend*. Idea City Press.

Miller, D. T. & Prentice, D. A. (2013). Psychological levers of behavior change. In E. Shafir (Ed.). *The behavioral Foundations of Public Policy*. New Jersey: Princeton University Press, pp. 301-309. （シャフィール，E.　櫻井良祐（訳）(2019)．行動変容の心理的テコ入れ　白岩祐子・荒川歩（監訳）(2019)．行動政策学ハンドブック：応用行動科学による公共政策のデザイン　福村出版，pp. 404-417）

繁枡算男・四本裕子（2013）．APA心理学辞典 培風館

Tyler, T. R. (2013a). the Psychology of cooperation: implications for public policy. In E. Shafir (Ed.). *The behavioral Foundations of Public Policy*. New Jersey: Princeton University Press, pp. 77-90.（シャフィール，E. 菅原郁夫（訳）（2019）．協力の心理：政策に対する意義 白岩祐子・荒川歩（監訳）行動政策学ハンドブック：応用行動科学による公共政策のデザイン 福村出版，pp. 98-117）

Tyler, T. R. (2013b). *Why people cooperate*. Princeton: Princeton University Press.

Tyler, T. R., Degoey, P., & Smith, H. (1996). Understanding why the justice of group procedures matters: A test of the psychological dynamics of the group-value model. *Journal of Personality and Social Psychology, 70*, 913-930.

（白岩祐子）

第二部　失敗編（エビデンス・ナッジ・行動インサイト）

## 2-1　新しい組織を作らないとダメ？

## 2-1-1　公式の活動という位置づけが重要

　第一部では海外および日本のナッジ・ユニットを紹介したが，そもそもナッジや行動インサイトを政策に活用しようとするときには，新しい組織を作らなければならないのだろうか。本章では，まず，ナッジの政策活用を推し進め，必要な実施体制について論じたサンスティーンとハルパーンの主張を紹介する。次に，日本の中央省庁での事例に基づいて，それぞれの主張が日本に適用できるかを検討した上で，ナッジ・ユニットを立ち上げる場合のポイントについて論じる。

### ナッジを組織的に実施する2つのアプローチ

　アメリカ・オバマ政権で行政管理予算局情報規制問題室の室長として連邦政府の規制を監督するかたわら，ナッジの政策活用を進めたサンスティーンは，ナッジを組織的に実施する際のアプローチには2つあるとしている（Sunstein, 2014）。つまり，既存の組織で実施するか，新たに組織を設立して実施するかである。

　既存の組織で実施する場合には，知識と権限を兼ね備えた人材が存在するかどうかが鍵になる。適切に権限と使命を与えられれば，たとえそうした人材が1人しかいなくても，大きなインパクトをもたらすことができるとしている。そして，具体的な課題に焦点を当て，何がすでに明らかになっているかに基づいて実務に取り組めば，新しい部署や大きな予算を必要とすることなく，最もシンプルなアプローチになるという。

　一方，新しい組織，すなわち，イギリスやアメリカのようにナッジ・ユニットを設立する場合については，様々な形態が考えられる。5人程度で構成される小規模なものや，より大人数（たとえば30人以上）で幅広い分野に従事するものもあるだろう。実社会へのインパクトを確かなものにするという観点から，行政内部の公式の組織として位置づけられることが望ましいモデルであるとしつつ，行政に対して助言する役割に徹することも挙げている。いずれの形態でも，改革を実践するに当たり，部外者とならないためにも，一定の権限を与えられることが重要としている。

　サンスティーンは，どちらのアプローチがより優れているかについては言及していない。むしろ，両者は相互補完的なものになるのではないか，としている。

## 社会にインパクトのある組織とするために

　サンスティーンが実社会へのインパクトについて言及しているが，イギリスの行動インサイトチームでCEOを務めるハルパーンも，自身の経験に基づき，ナッジ・ユニットをインパクトのあるものとするための6つの要素について論じている（Halpern, 2015）。具体的には，行政の支援（Administrative support），政治の支援（Political support），人材（People），場所（Location），実験（Experimentation），学識（Scholarship）の6つで，英語の頭文字を繋げてAPPLESとしている。

　それぞれについて，ハルパーンは次のように説明している。まず，行政の支援としては，イギリスの官僚のトップであるオドネル内閣官房長官（当時）の支援があったこと，とりわけ彼が行動インサイトチームの理事会の議長を務めたことを挙げている。そのことは他の政府関係者に対して強烈なシグナルになったという。ハルパーンはまた，行政は政治により定められたプロジェクトを遂行するものであり，政治の支援は欠かせないとしており，実際に行動インサイトチームは，首相および副首相，そして彼らの側近の関心と支援を受けて始動した。組織を技能と専門性のバランスの取れた人材構成にすることも不可欠であるが，それと少なくとも同程度に重要なこととして，行政や大組織で鍛えられた経験のある人材や，将来味方にすべき人たちとの個人的な関係性をもつことを挙げている。さらにハルパーンは，首相官邸のロビーなど，人々が定期的に出会い，即興でビジネスが行われるような場所があるとし，そのような場所の近くにオフィスを構えることが重要であると述べている。そして，ナッジという新しい方法を実践する際には，それが機能するかを論証し，インパクトを定量化する必要があり，そのために実験的な手法を用いることを重要視している。最後の学識については，行動に関する文献を理解し，自らが取り組んでいる課題の詳細を知るとともに，外部との連携として，地域で関連のある有識者を特定し，助言を受けるための諮問グループを作る必要があるとしている。

　ハルパーンは，ナッジ・ユニットを作る場合を念頭に置いてこれらを論じているが，既存の組織でナッジを実践する場合にもおおむね当てはまることであろう。

## 日本での実施体制はどうあるべきか

　サンスティーンもハルパーンも，それぞれアメリカやイギリスでのナッジの政策活用の中核を担った人物であり，彼らの経験に基づく議論は十分参考に値するものであるが，第一章で EBPM について説明したように，他国の成功事例をそのまま日本に適用できるとは限らない。たとえば，ハルパーンの言う場所については，中央省庁も自治体も，現在の行政機関の所在地に大きく依存することから，組織の場所を自由に定めるということは困難であろう。一方で，サンスティーンとハルパーン両者に共通する議論として人材があるが，専門的な知識を備えたスタッフを採用や研修により内部にどれだけ揃えるのか，外部の有識者に委ねるのかという，いわゆる内製化と外注の論点は，日本でも必要なものであることに間違いはないであろう。2-1-2 では，日本の中央省庁を例に，サンスティーンやハルパーンの論点を検証しながら，ナッジ・ユニットの立ち上げのポイントについて議論したい。

### 引用文献

Halpern, (2015). *Inside the Nudge Unit.* WH Allen
Sunstein, C. R. (2014). Nudging: a very short guide. *Journal of Consumer Policy, 37*(4), 583-588.

（池本忠弘）

## 2-1-2 立ち上げのポイント（国の場合）

### 日本の中央省庁でのナッジの政策活用

まず，日本でナッジを政策活用するにあたり，新しい組織を作るべきかどうかについてであるが，現状として，日本の中央省庁では，以下に説明するようにナッジ・ユニットを設立した省庁もあれば，そうでない省庁もある。その点では，まさにサンスティーンが主張するように両方のアプローチがあり得るというわけであるが，日本ではナッジの政策活用の歴史は先行する諸外国に比べて日が浅いため，どちらが優れているか，成功しているかを論じることは早計である。

中央省庁でナッジ・ユニットを設立しているのは環境省（環境省，2017）と経済産業省（経済産業省，2019）である。また，ナッジ・ユニットのようなナッジの政策活用に特化した組織ではないものの，農林水産省ではEBPMの推進を目的とする組織（農林水産省データ・サイエンスユニット）を立ち上げ，その中で扱うテーマの１つにナッジを掲げている。一方で，新しく組織を作らずに，既存の組織の中でナッジを政策活用している例として消費者庁（消費者庁，2019）がある。さらには，筆者も一員として関与しているが内閣府のように職員有志の取り組みによりナッジの政策活用を検討しているところもある（内閣府，2019）。

行政機関が政策を実施するのは，当然のことながら（特定の個人が勝手に実施するのではなく）組織としてであり，行政内部の公式の取り組みとして位置付けられることから，サンスティーンのいうように，実社会へのインパクトの観点では，職員有志の検討にとどめるのではなく，行政内部の公式の組織でナッジを実践するのが望ましいと考えられる。それがナッジ・ユニットとしてであるのか，ナッジ以外のテーマを主軸として設立した組織の中であるのか，はたまた新規の組織は設けずに既存の組織の中であるのか，といった多様性は，目的や省庁の現行の組織体制，文化等の違いによってあってしかるべきであろう。どの形態がどのような成果をもたらすのか，各省庁の今後の取り組みを注視したい。

## ナッジ・ユニットの立ち上げのポイント

　新しく組織を立ち上げる場合，とりわけナッジ・ユニットを立ち上げる場合のポイントについて，他の省庁に先駆けてナッジ・ユニットを設立した環境省（環境省，2017）の事例を参考に，ハルパーンの主張する 6 つの要素（行政の支援，政治の支援，人材，場所，実験，学識）を一つひとつ考察していきたい。

　初めに行政の支援であるが，ここでは行政機関内に新しく組織を立ち上げることを想定しているため，それが必要であるのは自明である。新しく組織を立ち上げるといっても，プロジェクトチームのように比較的，各省庁の裁量の多い中で行う場合もあれば，内閣人事局に機構や定員の要求をして審査を経るといった場合も考えられる（環境省と経済産業省のナッジ・ユニットは前者）。いずれの場合であっても，立ち上げようとする省庁内部の理解や賛同を得る必要があるのは間違いない。

　省庁の内部には政務（大臣，副大臣，大臣政務官）がおり，2013 年以降は民間人閣僚が不在であることから，国会議員でもある政務の支援を得るということは，すなわち政治の支援を得ることに他ならない。環境省が事務局を務める日本版ナッジ・ユニットでは，産学政官民連携のオールジャパンの体制で連絡会議を開催しているが，その委員としてはこれまで，環境省の政務はもとより，他府省の政務，そしてその他の国会議員も参画している。筆者がサンスティーンに聴き取り調査をしたところ，自身のホワイトハウスでの経験を踏まえ，行政にとどめた活動にするのではなく，政党によらず政治家を巻き込んだ組織とすることが重要との指摘がなされている（日本版ナッジ・ユニット，2018）。

　人材については後述する学識と論点に重複が見られるため，人材の専門性に関しては学識とともにまとめて後述するが，人材にのみ特徴的な論点として味方にすべき人たちとの関係性が挙げられる。味方の定義は様々考えられるが，新しい活動を始めようとするときには，自分たちの取り組みを評価し，将来性も見込んで背中を後押ししてくれる応援団の存在はありがたいものであるし，中立的な立場から，ときには厳しくも指摘してくれる存在もまた，かけがえのないものである。日本版ナッジ・ユニットでは，忌憚のない意見や指摘をもらえるよう，その連絡会議の参加者のほとんどは，事務局の環境省の担当部署や担当者が過去に接点が全くなかった人々としている。そして活動を通じて理解

者や賛同者が増え，いまや 10 を超える省庁が参加するようになるとともに，活動内容が国会や省庁の会議の場で優れた事例として取り上げられるなど，人的なネットワークが広がるにつれて評価を得る機会が多くなり，そのことがまた活動の幅を広げられる要因となって，好循環が生まれている。

　場所については，行政機関の現在地によるところが大きい。中央省庁の多くは，東京の霞が関・永田町界隈に集中しており，実態として，ハルパーンの示す条件を満たしているが，条件を満たしていなかったとしても自由に設定できる余地が少ない分，ナッジ・ユニットの社会的インパクトに関する検討事項から除外したとしても，影響は大きくないものと考えられる。

　実験を通じて効果を検証するのは，日本でも特に重要な論点である。その理由としては，日本ではナッジの政策活用の実績が乏しいことが挙げられる。ナッジの効果を考える際に，無関心層を含めていかに人の心に響くメッセージを伝えられるかが重要である。海外で効果のあった事例が，文化や習慣等の異なる日本でも同様に効果があるとは限らないし，国内のある条件で効果の見られたナッジが，別の条件で同様の効果を発揮するとも限らない。そして，同じ日本人であっても置かれた環境や社会経済地位等の違いにより，ナッジの結果としての行動にも個人差が生まれるのではないか，と考えて検証する必要がある。

　こうしたことから環境省では，海外で先行事例があるものの国内では明確な根拠のない取り組み，または，海外でも国内でも類似の先行事例がない取り組みについては，いきなり政策として採用して大規模に展開するのではなく，行動科学の理論や知見に基づいて作業仮説を設定し，その検証を通じて，日本版のエビデンスを創ることに努めている。

　最後の学識について，省庁では一般に，様々な検討をするにあたって外部の有識者と連携することが多いが，そうした有識者とコミュニケーションを図る上でも，また，国民に対する行政の説明責任の観点からも，有識者の存在に甘んじることなく，行政官自らも専門的なリテラシーの向上に努めることが肝要である。ハルパーンの指摘する，取り組んでいる課題の詳細を知ることは日本の行政においてもまた重要である。これに関連する内容として，自由民主党の行政改革推進本部統計改革・EBPM 推進検討チームでは，2019 年 6 月に公表した提言の中で，「データリテラシーの向上」，「政策立案におけるデータ利活

用」，そして「統計やデータ処理を学ばせる」ことの必要性を指摘している（自由民主党，2019）。

　各省庁では，統計学やデータリテラシーを含め，様々な分野の研修が基礎的なものから発展的なものまで，そして理論からソフトウェアを使った応用編まで，毎月のように開催されている。所属する省庁以外の研修も多くは参加可能となっており，職員の意欲と，研修に送り出す職場の理解次第で研鑽を積むことが可能となっている。研修の内容を学生時代に学んでいたとしても，実務で使わなければ時間の経過とともに容易に忘れてしまいかねないため，研修に時折参加してリテラシーを維持し，向上させつつ，実務で活用することが知識の定着にとって重要である。研修というと初歩的なものがイメージされるかもしれないが，研修によっては各分野で先進的な取り組みを行っている講師の下で，最先端の事例に触れることも可能となっている。

　環境省では，人事異動によりメンバー構成に変動があるものの，行動科学や統計学，政策形成，ビジネスモデル等の様々な学問領域について大学院の修士課程や博士課程で訓練を積んだ職員や外部有識者との協力の下，ナッジ・ユニットを運営している。統計学に関しては，たとえば，学生時代に教養課程で統計学の基礎を学び，博士課程までの専門課程で生物統計学の理論と統計ソフトを用いた演習を修め，統計解析を含む研究成果の査読つき国際誌への投稿等を経験した職員がいる。また，内閣府の計量経済分析に関する研修や EBPM に関する研修，総務省の政策評価に関する統一研修等，各府省庁の研修への参加を推奨し，不断のスキルアップ向上を図っている。人事院の長期在外研修の機会に，生物統計学や公共政策のための統計解析といった授業を選択する職員もいる。このように環境省では，外部有識者との連携体制を構築しつつも，職員自らの各種リテラシーの向上に努めている。

　以上のことから，ハルパーンの提唱するナッジ・ユニットを社会的にインパクトのあるものとするための要素のうち，場所を除いたものは，日本においても重要または検討に値するものであるといえよう。

**引用文献**
自由民主党行政改革推進本部統計改革・EBPM 推進検討チーム，2019 統計改革・EBPM 推

進検討チーム提言—国民の統計不信を払拭すべく不退転の統計改革を— https://jimin.jp-east-2.storage.api.nifcloud.com/pdf/policy_topics/gyoukaku/ebpm01.pdf

環境省（2017）．2017年4月14日 日本版ナッジ・ユニットを発足します！　〜平成29年度低炭素型の行動変容を促す情報発信（ナッジ）による家庭等の自発的対策推進事業の採択案件について〜 http://www.env.go.jp/press/103926.html

経済産業省（2019）．2019年5月21日 METIナッジユニットを設置しました https://www.meti.go.jp/press/2019/05/20190521002/20190521002.html

内閣府（2019）．第14回日本版ナッジ・ユニット連絡会議　資料2（2）（ア）http://www.env.go.jp/earth/ondanka/nudge/renrakukai14/mat_02-2-1.pdf

日本版ナッジ・ユニット（2018）．第5回日本版ナッジ・ユニット連絡会議 資料6 http://www.env.go.jp/earth/ondanka/nudge/renrakukai05/mat06.pdf

消費者庁（2019）．健康と生活に関する社会実験プロジェクト—とくしま生協購買データを用いたナッジの効果分析— https://www.caa.go.jp/notice/assets/c36018d65ecec1b8d0721f3e76d2bad6_1.pdf

（池本忠弘）

## 2-1-3　立ち上げのポイント（自治体の場合）

　自治体の場合，首長のリーダーシップや全面的なサポートと企画系部門の職員の実行力が組み合わさり，そこに外部の専門家からの助言が得られる体制が整ったときに新規施策が実現することが多く，また小規模でできることから始めるのが長続きする秘訣である。そして，職員に新規事業の検討に集中する時間をしっかり与えること，特定の職員に知識を蓄積させる工夫を行うこと，そして，ボランティアではなく業務として位置づけ評価の対象とすることも重要だ。これらのことはナッジについても当てはまるだろうか。

　まず，日本で初めてナッジを推進する組織を立ち上げた地方自治体である横浜市の例から見てみよう。財務省から横浜市に出向中であった津田広和財政担当課長（当時）が，地方行政におけるナッジの有用性に着目し，現業担当を含む様々な部署から有志の職員を募り，林文子市長や荒木田百合副市長（当時）などのリーダーの強いバックアップのもと，横浜市行動デザインチーム YBiT（Yokohama Behavioral insights and Design Team）を 2019 年に組織した（ソトコトオンライン，2019）。YBiT では月に 1 回程度ナッジに関する勉強会を実施し，行動経済学の専門家による講演やワークショップ，他組織の好事例や失敗例をケーススタディを通して学ぶ機会を，横浜市職員はもちろんのこと，近隣他自治体の職員にも無償で提供している。また，YBiT のメンバーは所属部署の本来業務への行動インサイトの活用を行いつつ，他部署からの相談に対してコンサルティングをボランティアベースで行っている。ここに，行動経済学を専門とする大学の教員が助言・指導し，事業の質を高めていっている（高橋，2020）。このような一連の活動が評価され，2019 年度には環境大臣より，地方公共団体におけるナッジの適切な活用を推進する体制を構築するために「ナッジアンバサダー」の指定を受けた。現在，全国の地方自治体へのナッジ普及をより組織的に進めるため，YBiT の活動をベースに YBiT とは別に非営利法人化を進めているところである（2020 年 11 月現在。2021 年初めに設立予定）。

　次に，著者が勤務するつくば市を例にとってみたい。つくば市では，市としてナッジの推進を行うことを決定した 2019 年 12 月より以前から，ナッジの定義に合致するような取り組みを，特にナッジとは位置づけることなく行ってい

た。たとえば，総務省の委託（「革新的ビッグデータ処理技術導入推進事業」）を
受け，保健福祉部国民健康保険課と政策イノベーション部情報政策課が共同事
業として実施した，「姫路市・つくば市　クラウド AI による行政情報・健診
情報等分析実証事業」では，つくば市の特定健診対象者 3 万人のうち，1 回目
の通知，2 回目の再勧奨通知でも未受診の住民 2 万 4 千人を対象として，4 種
類のうち，どのハガキデザインが受診率向上に効果的かを調査した。この際，
対象者の属性情報（年齢，性別，過去の受診歴等）も合わせて分析し，将来的に
属性に合わせたターゲティング（狙い撃ち）を行う可能性を検討した。また，
生活環境部環境政策課が小学生向けに配布している「夏休み省エネドリル」
（図 15）では，普段の生活でのどのような心掛けが省エネにつながるかを簡単
に説明したうえで，実際に取り組んだ項目に日付の書き込みとともにチェック
させたり，掃除したエアコンのフィルターの写真を貼り付けて提出させたりす
ることで，子供が楽しみながら省エネを行うような工夫をしている（実際，エ
アコンのフィルター掃除に取り組んだ児童は 62.6%（全参加児童 1,748 人）と高い
割合であった）。

　こうした状況の下，五十嵐立青市長，毛塚幹人副市長，森祐介政策イノベー
ション部長（著者）との間で，市としてナッジを政策手段の 1 つとして位置づ
け，各分野に導入していきたいとの思いが合致し，ナッジ推進のための組織を
立ち上げることとした。2019 年 11 月からナッジ推進に向けた検討を開始し，
主にどのような組織形態にするのかを議論した。経営企画部門である政策イノ
ベーション部企画経営課内の室として設置する案，バーチャル組織として各部
から人を集める案等，様々なオプションを検討したが，最終的には組織規則の
改正等を伴わない，「勉強会」という位置づけでスモールスタートすることで
決着，12 月の庁議において「つくばナッジ勉強会」の設置を決定した（図 16）。
事務局は政策イノベーション部に置き，課室長から推薦された 6 名の職員と，
部の総括担当である企画監を，本来業務の範囲として人事上の発令なしで割り
当てた。その後，同じ 12 月の日本版ナッジ・ユニット連絡会議において報告，
2020 年 1 月には第 1 回勉強会を，環境省，また，民間企業で初めて社内にナ
ッジ・ユニットを設置した三菱 UFJ リサーチ＆コンサルティングから講師を
招いて開催した。

図 15

つくばナッジ勉強会　　　　　　　2020 年 9 月 1 日現在

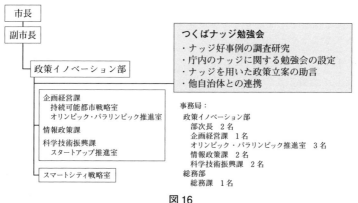

図 16

　特筆すべきこととして，つくば市の場合，事務局の活動は勤務扱いとしていることがある。自治体ナッジ・ユニットでは，有志の職員がボランティアで活動していることが多く，活動の持続可能性が問題となる。たとえば，YBiT では，YBit 勉強会の準備や他部局へのコンサルティングは，勤務時間外に行うか，年次休暇を取得して行っていることもあると聞く。他方，つくば市では事務局を企画系部門である政策イノベーション部に置くことで（企画系部門では

普段から新規施策を扱うことも多い），ナッジ勉強会の事務局の業務を通常業務の一環として扱い，勤務時間外の業務に対しては超過勤務手当を支払うこともできるようにしている。

以上のように，つくば市でのナッジ推進組織の立ち上げは順風満帆だったかに見えるが，実際には第1回勉強会以降，足踏みが続いていた。第2回勉強会のための準備を進めようにも，著者自身を含め事務局スタッフが全員それ以外の業務を抱えている状況ではゼロベースからのアイディアを組み立てていくということが非常に難しかった。それゆえ，当初の計画では月に1回程度の勉強会の実施を考えていたものの，結局は2，3月には勉強会を開催することはできないという惨憺たる結果となった。この失敗の原因として，日常業務が忙しくナッジ勉強会の検討に充てる時間を確保することができなかったことに加え，ナッジの有用性は事務局内でも理解されていたものの優先順位が上がらなかったこと，事務局にナッジについて詳しいメンバーがおらず全員が勉強するところからスタートしたこと，などが挙げられる。

状況が一変したのは新型コロナウイルス感染症の拡大に伴う，東京2020オリンピック・パラリンピックの延期である。つくば市はスイスの事前キャンプ地としてホストタウンになっているため，政策イノベーション部企画経営課にオリンピック・パラリンピック推進室という組織を設置していたが，延期に伴い関連行事がことごとく中止となり業務量が激減した。そのため，市長・副市長および総務部人事課とも相談し，同室室長の沼尻祐一氏や主任の金野理和氏に主に新型コロナウイルス感染症対策のナッジ事業の企画立案・実施を担当してもらうことを決めた。室員はオリパラ関係の業務も引き続き一部遂行していたが，約90パーセントのエフォートをナッジ関連の業務に割くことができた。その結果，2-6-3節で紹介するように来庁者に手指消毒を促すナッジ事業で成果を上げることができたほか，全市役所職員を対象としたナッジに関するアンケートの実施（職員総数約2,000名中回答者数1,000名超），職員向けの「つくばナッジニュースレター」の発行など，短期間で様々な取り組みを実現することができている。今後も事務局のメンバーをコアとし，庁内全体で政策へのナッジの活用を図っていく予定である。

このように，ナッジについても，担当職員のやる気と経営層の理解が一致す

ることが立ち上げの第一歩の基本要件と言えよう。そして，外部の専門家からの助言を得られやすいか，また，前節でインパクトの観点で行政内部の公式の組織として位置づけることが望ましいとしたが，ナッジ推進を業務として扱えるかどうかも取り組みの継続の鍵となる。

**引用文献**

ソトコトオンライン（2019）．NEXT スーパー公務員 14　https://sotokoto-online.jp/317（最終アクセス：2020 年 5 月 29 日）

髙橋勇太・植竹香織・津田広和・大山紘平・佐々木周作（2020）．日本の地方自治体における政策ナッジの実装：横浜市行動デザインチーム（YBiT）の事例に基づく体制構築と普及戦略に関する提案　経済産業研究所，20-P-026.

（森　祐介）

## 2-2 フィールド実験，しなくていいの？

## 2-2-1 先行事例がない場合

　政策に関して何らかの意思決定を行う際に，説明責任や透明性の観点から，また，政策の実効性を高める観点から，その政策がどのような根拠に基づいているのかを論理的に説明できるようにする必要がある。そしてそれは，政策を実施してから後づけで考えるのではなく（Policy-Based Evidence Making ではなく），政策を実施する前の段階，すなわち政策を立案する際に準備しておくべきことである。

　必要となる具体的な作業としては，既存のエビデンスの中から参考になり得るものを参照したり，類似の先行事例がないか探したりすることが考えられる。実際の政策の現場では，期待するようなエビデンスがいつも見つかるとは限らず，むしろ不十分ながらもその時点で利用可能な最良のエビデンス（Best Available Evidence）を，不十分なエビデンスを用いることで生じ得るリスクや不確実性に留意しながら駆使しなければならないことが多い。

　それでは，先行事例がなく，使えるエビデンスも全くない場合にはどうすればよいのであろうか。論理の展開に矛盾が見られなかったり，社会的に共通認識になっていたりして，自明とみなせるのであればまだしも（しかし，こういうときにこそ，思わぬ落とし穴があるので注意を要する），そうでない場合にはエビデンスを新たに作ることが取り得る選択肢として浮上してくる。

　エビデンスを新たに作るには，既存の統計データを解析して結論を得る場合のほか，自ら調査や研究を実施したり，実験的な手法を用いたりすることで得られるデータを解析する場合がある。実験的な手法として，開発経済学などの分野においては，フィールド実験と呼ばれる手法が，導入するプログラムの効果の検証や，経済理論や仮説の検証のために用いられている。フィールド実験は，研究室内での実験的な環境ではなく，現実社会を対象に実験を行うものであり，実際の政策の対象者に対して実際の政策を試験的に実施してその効果を検証することができるのが特徴である。フィールド実験による実験的アプローチを活用した研究が 2019 年のノーベル経済学賞を受賞しており，EBPM 推進に関する最近の動向と相まって，政策領域においてもにわかに注目を集めている。また，政策を社会に実装する前に小規模で実験をしてみることで，期待す

る効果が得られなかったり，思いもよらぬ副作用が見つかったりするなど，想定外の問題に気づくこともあり，計画を見直して改善したり，悪影響を未然に防止したりする機会にもつながり得る。

　良いことずくめのように思えるかもしれないが，フィールド実験は事前の準備の段階でその成否が決まると言っても過言ではなく，関係者の間で良好な関係を構築するなど，実験の内容や手法以外の点で事前に行わなければならない調整も多い（佐々木，2019; 伊藤，2017）。また，実施にあたり予算や時間的な制約があるのはもちろんのこと，用いる手法によっては倫理的な配慮も欠かせないことに留意が必要である。

　ナッジの政策活用にあたり，日本版ナッジ・ユニット連絡会議では，他の自治体や他の国でうまくいった事例が自らの自治体でもうまくいくとは限らないという議論に端を発し，すべての基礎自治体が新しい取り組みを実施しようというときに，毎回実験をしてエビデンスを作ってから政策を立案して実施するのは，実施体制の面からも困難であるとの指摘がなされている。関連する具体的な発言を以下に抜粋する（日本版ナッジ・ユニット，2018）。

- 行政としては，「ここはエビデンスを作るタイミング」，「ここは既存のエビデンスを参照し，不確実性があったとしても進めて良い」という判断をしなければならないと思うが，その判断ができないというのは良く聞く声である。どういうエビデンスであれば自信をもって施策を進めて良く，どういう場合はブレーキをかけた方が良いとなるのか，という判断ができないという人が多い。
- 知見があったとしても，例えばそれは海外で得られた知見であって，日本で実証された事例でなければ，海外でうまくいったことが日本でもうまくいくとは限らないということがままあるため「アメリカでは」，「イギリスでは」といわゆる「ではの守（かみ）」となって，海外の知見を鵜呑みにして国内でいきなり大規模に制度化するのはよろしくない，というのが政府全体で EBPM が推進されている中である考え方だと思う。
- 国内で得られた知見があったとしても，知見が得られたケースと異なるケースにおいても同様の結果が得られるとは限らないとの考え方も一般論と

してはある。
- 国内で初の事例については，自らエビデンスを創るという観点も考慮に入れる必要があるのではないか。あるいは，既存の海外のエビデンスを参考に小規模で国内で実証をして確かめてみる。
- 国内で事例がたくさん蓄積しているような状況については，とりわけ地方公共団体であっても民間であっても，「実践」をせずに「立案」だけをしていても仕方がないため，エビデンスに基づく「実践」が重要であり，あえて改めて実証をして新規性の無い，類似のエビデンスを創らずとも類似の事例を基に施策を打ち込んでいくというのもあり得ると思う。
- 最終的な判断を下すのは現場ということになる。

　とりわけナッジや行動インサイトは，人の心にどう響かせるかという点が重要であり，国内で実施した事例がない場合には，海外でうまくいった事例であっても，文化や慣習などの異なる日本でも同様にうまくいくかどうかわからないことから，政策として実施する前に小規模で実証実験を通じて検証してみるということが，少なくとも選択肢としては検討されるべきである。このとき重要なのは，1-1-1 で説明したように，Evidence-based とは，エビデンス以外の観点も含めて総合的に判断をすることであるから，現場の判断の結果として，エビデンスを新たに作らずに，利用可能なエビデンスに基づいて判断するということもまた，あってしかるべきという点である（エビデンスを新たに作る・作らないにかかわらず，その判断の妥当性や説明責任を問われるものであることは言うまでもない）。

　環境省では，環境に配慮した運転（エコドライブ）を推進するために，ナッジの活用を検討した。スマートフォンのアプリと GPS センサーを用いてドライバーの運転行動や特性に関するデータを収集し，一人ひとりに合ったメッセージを運転終了後にアプリ上でフィードバックする，というものであり，国内外で先行事例がなかったため，まず小規模で実験を行い，燃費の改善の効果がどれくらいであり，それを統計的に検出するために必要な運転モニターの人数がどれくらい必要であるかを把握することとした。この，いわばアタリをつけるために実施したプレ実験の結果，エコドライブナッジの燃費改善効果は，統

計的な有意差は検出できなかったものの，当初の 5% という（根拠のない，希望的観測に基づく）予想を上回る 8.9% というものであった。また，道路の渋滞状況，高速道路か一般道路かの違い，ドライバーの運転履歴や技能などが運転行動に与える影響が，こちらも当初の予想以上に大きいことが分かり，エコドライブナッジの効果を検証するにあたってはこれらの影響を適切に制御して実験を行うことが重要であることが明らかになった。これらの示唆を踏まえて，実験に参加する運転モニターの人数を増やして改めて実験を行ったところ，ナッジの内容によっては最大で 14.5% の燃費改善効果を統計的に有意に検出することができ，成功裏に実験が終了した。

　最後に，社会的な共通認識や通説となっていることに対して自明と考え，無批判に受け入れてしまうことに警鐘を鳴らす際にしばしば用いられる事例を 2 つ紹介したい。1 つめは，ホルモン補充療法についてであり，総務省の政策評価に関する統一研修でも紹介されたことのあるものである。ホルモン補充療法とは，閉経後の女性に女性ホルモンを補充し，心筋梗塞のリスクを下げようとするものであったが，その効果を RCT により検証したところ，ホルモン補充療法を受けた女性の方が，乳がんの発生率は統計的に有意に高いということが明らかになった（Manson et al., 2003）。さらには，その後の研究で心筋梗塞のリスクを高めてしまうことも明らかになった。研究結果やそのような治療法が用いられていた背景については中室・津川（2017）の解説が詳しいが，因果関係を適切に推測することの重要性や，RCT の有用性を表した事例でもある。

　もう 1 つの事例は，経済的インセンティブについてである（ちなみに，セイラーの定義によれば，経済的インセンティブを大きく動かすものはナッジではない。ナッジと経済的インセンティブをどのように組み合わせることで効果を最大化できるかということは近年のナッジ研究の大きなテーマの 1 つである）。経済的インセンティブを与えることで個人としてまたは社会的に望ましい行動を促そうという取り組みは，しばしば見受けられる政策アプローチであり，実証研究の結果，実際に効果の認められた事例があるのもまた事実である。ところがスイスのある村では，核廃棄物の処理場の建設に関する住民投票に際し，事前の意識調査では賛成がやや優位（51%）であったが，同意をより確実なものにしようと補償金の支払いを提示したところ賛成が 25% に半減してしまった。有償ではな

く無償の方が賛成する人の割合が多かったのは，自分の国が原子力にエネルギーを依存している実態を理解した上で，受益者負担の観点から核廃棄物の処理に関して自分たちが責任を負う必要があるという公共心によるものであった。

　ハーバード大学教授のマイケル・サンデルは，筆者が参加した倫理や道徳，そして市場経済に関する講義の中でこの事例を扱い，公共心などの非市場的規範を経済的インセンティブが締め出してしまう結果，2つのインセンティブ，すなわち経済的インセンティブと市民としての義務感に基づいて行動しようという公的なインセンティブが相乗効果を生み出すどころか相殺し合うことがあると指摘している（Sandel, 2012）。このように経済的インセンティブが逆効果となってしまうこともあり，とりわけ人の意識や行動に介入する政策を実施しようするときには，政策の設計に細心の注意を払う必要があると言えよう。

　なお，エビデンスを新たに作る際には，どのような分析手法を用いるかが重要になってくる。得られるエビデンスの質の高い手法としては，1-1-1で紹介したRCTがあり，その意義については2-3-3で説明する。また，たとえば公平性の観点から対象者を複数の群にランダムに振り分けて異なる介入ができない場合など，予算的，時間的，倫理的な理由によりRCTの実施が困難である場合については，2-4-2でその対処法を紹介する。RCTをはじめとした実験的手法の解説やそれを用いた因果関係の推定については，上記のノーベル経済学賞の受賞者や日本人の研究者がわかりやすく解説をしているので，それらを参考にするのもまた有益である（Duflo et al., 2008; 中室・津川，2017; 伊藤，2017）。

## 引用文献

Duflo, E., Glennerster, R., & Kremer, M. (2008). Using Randomization in Development Economics Research: A Toolkit. In T. P. Schultz, & J. Strauss (Eds.), *Handbook of Development Economics* Volume 4. pp. 3895-3962. Elsevier.（デュフロ，E.・グレナスター，R.・クレーマー，M.　小林庸平（監訳）石川貴之・井上領介・名取淳（訳）(2019)．政策評価のための因果関係の見つけ方　ランダム化比較試験入門　日本評論社）

伊藤公一朗（2017）．データ分析の力　因果関係に迫る思考法（光文社新書）

Manson, J. E., Judith, H., Johnson, K. C., Rossouw, J. E., Assaf, A. R., Lasser, N. L., ... Women's Health Initiative Investigators (2003). Estrogen plus progestin and the risk of coronary heart disease. *New England Journal of Medicine, 349* (6), 523.

中室牧子・津川友介（2017）．「原因と結果」の経済学—データから真実を見抜く思考法　ダイヤモンド社

日本版ナッジ・ユニット（2018）．第5回日本版ナッジ・ユニット連絡会議 議事概要 平成
　30年10月25日　http://www.env.go.jp/earth/ondanka/nudge/renrakukai05/gijigaiyo.
　pdf

Sandel, M. J.（2012）．*What Money Can't Buy: The Moral Limits of Markets*. Farrar Straus
　& Giroux.（サンデル，M. J.　鬼澤 忍（訳）（2012）．それをお金で買いますか—市場主
　義の限界　早川書房）

佐々木周作（2019）．チーム研究の作法—フィールド実験の立上げから運営まで. 日本労働研
　究 雑 誌 No. 705　https://www.jil.go.jp/institute/zassi/backnumber/2019/04/pdf/013-
　018.pdf

（池本忠弘）

## 2-2-2　先行事例がある場合

　他の国や地域，自治体等で効果が認められた政策等の先行事例がある場合には，その政策等をそのまま使うことで同じ効果が期待できると考えるかもしれない。しかし，これにはいくつもの注意が必要である。ある地域である「介入」を行って「効果」が見られたとしても，「効果」は「介入」によって起こったとは限らないし，「効果」が「介入」によって起こっていたとしても，それを別の場所でそのまま実行して同様の効果が得られるとは限らない。

### 先行事例から政策の効果を推定するのに注意を要するケース

　第一に注意すべきは，先行事例における介入と効果の関係を歪める第三の要因の存在である。たとえば，ある自治体で景気対策政策を行った後でその地域の景気が上向いていたという事例があったとしても，そもそも政策実施時と景気の底打ちの時期が重なったために景気が上がっただけであって，その政策が行われなくても結果は同じだった可能性がある。あるいは，その景気の向上はその政策ではなく，同時に行った公共事業の発注増大分を反映しているだけかもしれない。このような第三の要因が存在し，実質的にその要因が効果に与える影響が大きい場合には，次に当初の景気対策政策を行ったところで，同等の成果を期待することはできない。

　先行事例がRCTを用いて比較対象となる群を設定していた場合でも，政策を実施した群だけに働いた第三の要因がなかったのかを確認する必要がある。たとえば，調査対象になっているというだけでパフォーマンスが向上するホーソーン効果や，実際に薬効のない小麦粉の塊でも薬だという思い込みで薬と似た効果を発揮する偽薬効果のように，対象者の心理的な影響や，政策の実施に当たる担当者のモチベーションの影響によって，政策効果のないところに偽の効果があらわれることがある。医療などの領域ではこれを防ぐため，誰が真の処置群で誰が比較対照群であるかを調査の対象者も調査の実施者も知らないようにする二重盲検法とよばれる方法が用いられるが，これを政策の現場で行うことは困難であるため，実施時の状況を記録することで事後的に上記のような第三の要因の影響があったかどうかを検証するのが現実的であろう。また，2

つの実験群を設定して統制群を設定していない事例においては，さまざまな要因が結果に影響している可能性がありうるので第三の要因の存在を推定するのは容易ではないが，近隣地域の同時期の変動と比較し（後述の自然実験），その政策の機能に関するロジックモデルと各プロセスの実施状況を確認することで結果に影響を及ぼした要因の可能性を推定することが必要になるだろう。

　第二に注意すべきは，先行事例の結果に偶然が影響した可能性の有無である。たとえばある福祉政策を行った場合と行わない場合の満足度をRCTで比較・検討した結果，介入群で福祉政策の満足度が高かったとしても，それは介入群に参加した人に偶然，福祉政策に前向きな人が多かったからかもしれない。RCTを実施していない場合はもちろん，たとえRCTを実施しても，統計的検定の有意水準を5%に設定しているなら，20回に1回は，実際には効果がなくても統計的に有意になる可能性がある。この問題はより多くの人を対象にすることで減殺できるが，対象人数が増えることは，その政策の効果が小さくとも統計的に有意になりやすいことを意味する。特に規模が大きい場合には有意性に関する統計値（$p$値）の小ささを効果の大きさと誤解しないことが必要である。政策の現場では帰無仮説検定に意味はないという指摘もあり，RCT等を用いて偶然の影響をできるだけ排除したうえで，95%信頼区間等を用いて，絶対的な政策目標との関係で期待される効果の大きさそのものを評価する必要がある（Rossi, Lipsey,& Freeman, 2004）。

　第三に注意すべきは，先行事例の内的妥当性に問題がある可能性である。内的妥当性とは，施策の効果を検証するその手続き自体の問題を指す。たとえば，Aという介入と，A′という介入のいずれかを行ってその参加者の満足度を比較する場合，Aは15回，A′では2回の市民の参加の後で評価が行われ，Aのほうが評価が高かったとしても，そもそもAに15回まで参加する人はAが好きな人が多く，残りが脱落していった可能性がある。この場合には途中で脱落した人の評価を取得しない限り，Aの方が望ましいという結論を下すことには疑問が残る。このほかにもインパクトを評価する際の質問が誘導的に行われても内的妥当性は脅かされる。効果検証が行われている先行事例にこの問題が存在する可能性に気づくには，手続きについても注意する必要がある。

**先行事例と現在検討している地域に違いがあるためそのまま転用できないケース**

これまで先行事例をもとに新たに政策を実施するにあたっての3つの注意点について述べてきたが、注意すべきは、この3点だけではない。もう1つの重要な問題は、外的妥当性の問題といわれている。なお、この問題については、カートライトとハーディ（Cartwright & Hardie, 2012）が詳しいので、ここではこの本の内容を主に援用して紹介する。

バングラデシュ統合栄養プロジェクト（Bangladesh Integrated Nutrition Project, BINP）は、1996年から2002年に子供の栄養状態を改善させる目的でバングラデシュの健康福祉省によって60億円かけて行われた。これは、タミルナドゥ統合栄養プロジェクト（TINP）によって、深刻な栄養状態にある6か月から24か月の子どもの比率が44%低下したことを受けて行われたものである[1]。

このプロジェクトの目的は、教育を行うことで子供が栄養失調状態に陥るのを防ぐことであり、深刻な栄養状態にある子供には毎日食糧（米など）が提供された。養育者は毎月子供とともに地域の栄養センターに集められ、子供の成長状態がモニタリングされ、カウンセリングをうけた。しかし、結果的に改善が見られたのは母親の知識やうまく養育しているという感覚だけで、このプロジェクトによる中間評価では子供の栄養状態の改善は見られなかった。バングラデシュの対象地域での深刻な低体重の子供の比率の減少（30%→18%）は、ほかの地域の減少（27%→19%）と変わらなかったのである。このことは事後調査でも確認された（Hossain, Duffield, & Taylor, 2005）。

なぜタミルナドゥでは成功したのに、バングラデシュではうまくいかなかったのか。まず思いつくのは、忠実性（Fidelity）の問題かもしれない。これはある知見で得られた政策を別の地域で実施して同様の効果を得るには、元の政策の主要な部分を変えてはならないというものである。

しかし、BINPの実施の形式についていえば、問題になるものはなかったと考えられている。ではなぜうまく機能しなかったのか。これはタミルナドゥと

---

1）しかし、このうちどの程度がこの制度独自の効果であるかについては議論がある（Heaver, 2002）。

バングラデシュの文化の違いにあった。タミルナドゥでは，指導を受けた母親が買い物をし，子供の栄養を主に管理し，提供された食糧を対象となる子供に与えていたが，バングラデシュでは，買い物をするのは夫であり，家族の食糧分配を決定するのは夫の母親の役割であり，夫の母親は，提供された食糧を家族全体の家計の足しに使っていた。

　つまり，形式的に同じ政策を実施しても，対象としている地域や人々の状況が異なれば，同じ効果は得られないということである。

　この問題を回避するために，カートライトとハーディ（Cartwright & Hardie, 2012）は，ある政策やプロジェクトがある地域でうまく機能したという事実があっても，3つの点を確認することが必要だとしている。第一は，その政策がどのような因果関係で機能したかである。つまりタミルナドゥの統合栄養プロジェクトがうまくいったのは，対象となった「母親」が偶然「家族内で食糧分配を決定する人」であったからであり，「母親」を教育することで，家族内での食糧分配を変更することにつながり，それが子供の栄養改善につながったからである。他方のバングラデシュでうまくいかなかったのは，「母親」を教育することが「家族内で食糧分配を決定する人」を教育することにつながらず，その結果栄養を必要とする子供に食糧が与えられることにつながらなかったためである。そのため，ほかの地域でうまくいった政策やシステマティック・レビューで定評のある政策を使う際にも，どういうメカニズムで政策が効果をもたらすのかをできるだけ正確に分析し，自分が対象とする地域でもそれが機能するかどうかを検討し，場合によっては，地域の特性に合わせて修正する必要がある。その際に必要なのが，概念の抽象化であり，先行政策で具体的には「母親」であったものを「家族内で食糧分配を決定する人」に抽象化し，自分が対象とする地域で実施する際には，それを改めて具体化する垂直的探索も必要であるといわれる。

　また，基本的に，ある地域で成功した政策や，ある条件下で行われたRCTの結果は，それと類似した地域，条件においては同様の効果が得られると期待される。しかし，この「類似した」が何を意味するかを把握するのは難しい。そのため，カートライトとハーディ（Cartwright & Hardie, 2012）が検討することが必要だと指摘する第二の点は，先行政策がうまく機能するうえで前提とし

て必要な要因は何かの分析である。たとえば，先の例でいえば，必要な要因として「母親」にそのようなプログラムに参加できる時間的余地があること，またプログラムで使われる言葉が理解できること，家族の理解と支援も実は先行事例の成功を下支えした要因であろう。

　さらに，カートライトとハーディ（Cartwright & Hardie, 2012）が検討することが必要だと指摘する第三の点として，それが現在その政策を導入しようと検討している地域や人にもあるかという分析がある。新たに実施しようとしている地域にこれらがなければ，制度を実施しても子供の栄養回復の効果は期待できないと考えられる。何が要因として重要であるかは1つの政策の成功やRCT では十分に理解できないこともある。統計資料で地域特性を検討するだけではなく，第三者の目で現場を見たり，複数のメンバーで熟議を重ねて検討することが必要になる。

　ただし，上記の3つの分析は，悲観的な結果を示すばかりとは限らない。一見自分が担当する地域と全く異なる巨大都市で成功した政策であっても，必要な要因あるいは代替する要因がそろっており因果関係が十分機能するものであれば，実施して効果を得る可能性はある。いずれにせよ，先行政策でうまくいった事例を応用する場合には，その事例は本当に政策効果を示していると推定できるのかの確認と，政策がインパクトを与えることのできたメカニズムや要件の確認，そして導入を検討している地域で実施するうえでそれが機能することができるかの確認と微調整を行うことが必要である。

### 引用文献

Cartwright, N., & Hardie, J. (2012). *Evidence-based policy: A practical guide to doing it better*. Oxford University Press.

Heaver, R. (2002). India's Tamil Nadu Nutrition Program: Lessons and Issues in Management and Capacity Development. The International Bank for Reconstruction and Development/ The World Bank. https://www.unscn.org/layout/modules/resources/files/Indias_Tamil_Nadu_Nutrition_Program.pdf

Hossain, S. M. M., Duffield, A. & Taylor, A (2005). An evaluation of the impact of a US$60 million nutrition programme in Bangladesh. *HEALTH POLICY AND PLANNING, 20*, 35-40.

（荒川　歩）

## 2-3 「いきなりフィールド実験」は失敗のもと

## 2-3-1　政策のプロセスとエビデンス

　省庁や各自治体が企画を行う対象は，もっとも大きなレベルの「政策」から，それを少し具体的なレベルに落とした「施策」，さらにそれを実現するための「事務事業」の3層に分けられる。たとえば，「地域の一般廃棄物の減量」が政策だとすると，「リサイクルの推進」と「ごみ発生の抑制」が施策，「リサイクルの推進」に対応した事務事業が「ごみの分別収集・処理」，「ごみ資源化の推進」，「資源の集団回収の推進」であり，そして「ごみ発生の抑制」に対応した事務事業が「住民への啓発」，「過剰な容器包装の抑制」，「一部のごみ回収の有料化」になる（田中，2014）。

　一般に政策のプロセスは図17のように整理される（Dye, 2004 を基に作成）が，実際にはこの通り，一方向に進むものではなく，前のプロセスに何度も戻ったり，後のプロセスの議論の結果に基づいて前のプロセスの内容が調整されたりすると考えられている。[1]

　エビデンスを用いる余地は，問題を特定するレベル（「問題特定」），政策や施策を選択するレベル（「政策立案」），そして具体的な事務事業における市民への通知をどうデザインするかのレベル（政策実施）まで，幅広く存在する。政策や施策においてエビデンスは，政策起案に関わるアクター（各党の担当部署や議員，政策秘書，役所等），その政策を支持するアクター（各種利益団体等）が実施する既存調査の収集整理利用や新規調査によって取得されると考えられる。他方，事務事業においては，その事業の担当部課による裁量の範囲内でそれらがなされると考えられる。

　ここでは，それぞれの段階ごとに，エビデンスとの関わりを整理する。

---

1) 日本版ナッジ・ユニットでは，海外の政策立案・実践の手順を整理して，日本版の「おもてなし」フレームを作成している。これは，政策立案・実践の手順として，「おもい」（Need recognition）「もんだい」（Uncovering problem）「てぃあん」（Designing policies）「ナッジ」（Generating results）「しこうさくご」（Evaluation & evolution）の頭文字を取ったものである。

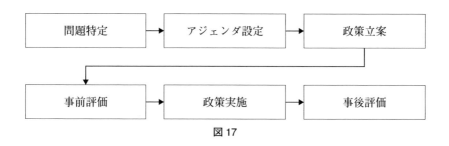

図17

## 問題特定

　社会には政策課題として認識されておらず，政策策定者にアジェンダとして取り上げられることのない多数のニーズや不満足が存在する（Dye, 2004）。それが問題として特定されるきっかけとしては，事件の発生やメディアの特集等の外部的要因とともに，統計資料における変化（たとえば出生率の低下等）や，研究者による研究の結果（たとえば喫煙と疾患の関係）などがあり，これらによって，これまで問題として認識されていなかったものが問題として認識される。ボトムアップに，担当部課の担当者から提起されてくることもあるし，政治家経由で持ち込まれることもある。問題特定で用いられるエビデンスには，現状認識のためのエビデンス（各種統計や市民へのアンケート）と，因果関係理解のためのエビデンス（RCT等各種研究の成果）がある。

## アジェンダ設定

　エビデンスは，それだけでは単なる事実でしかない。しかし，そのエビデンスが，場合によってはそのエビデンスに関する新たな研究や議論を誘発しながら，多くの人の関心を引くように社会的な争点を語るフレームの一部として洗練されると「体系アジェンダ」，すなわち，「一般の人びとの注目を惹くものであり，かつ既存の担当部署が関与すべき問題であるとして政治コミュニティのメンバーによって広く受け取られるすべての争点」となり，さらには，「公的アジェンダ」，すなわち「意思決定権者の積極的かつ真剣な考慮対象として明示的に取り上げられた一連の項目」となる（Cobb & Elder, 1983）。この「公的アジェンダ」が実際に政策立案に至るには，その問題を解決すべき問題として

重要視する利益団体や世論，マスメディア等の運動の高まりや，その問題に対処する政策の準備状況，そして政治家がそれを政治の問題として取り上げるかどうかに大きく依存する（Kingdon, 1994）。3番目の点については各政策主体の長期計画・中期計画との整合性も関わってくるだろう。

　このアジェンダ設定においては，前述のように，フレームの調整，洗練が行われる。このようにフレームの調整が行われる背景には，政策問題には，さまざまな問題が相互に絡み合う「総合性」があるからだと考えることができる（秋吉ら，2015）。家族システム論という領域には，この総合性の説明にも有用な概念として，円環的因果律という言葉がある。たとえば，ここに，息子の非行行動（万引き等）が問題になっている家族がいるとしよう。通常であれば，この息子に対して，万引き等非行行動をしないように，対応することが想定されるであろう。しかし，この家族をよく観察してみると，母親はアルコール依存症で昼間から酒を飲んで酩酊しており，父親は家族の外に愛人を作って家に寄り付かず，帰ってもDV気味であった。息子の目からみると，家に帰っても，母親は酩酊し，父親は家を顧みないので，家に帰らず，出歩いて万引きを行っていた。つまり，親の意向を尊重し，息子を指導しても，非行行動の原因が別にあるのであれば，効果は見込めず，子には重い負担をかけることになり（公共政策学でいう「相反性」に近い），それよりも，家族の別のところに介入した方が，有効な可能性がある。たとえば，父母のストレスマネジメントやコミュニケーションスキルをサポートすることで，「息子の問題」は解消するかもしれない。なお，円環的因果律では，他の立場からみると他の景色が見えることが分かる。たとえば，父親が家に寄り付かず，DV気味なのは，家に帰ると妻は酩酊し，子どもの非行行動が止まらないからだし，妻がアルコール依存なのは，夫と息子に原因があるからだと見える（公共政策学でいう「主観性」）。どのフレームで見るかで，問題の見え方は全く異なるのである。このような家族のダイナミズムは，お互いに影響しあって変化していくので，ある家族に対して有効であった介入は，別の家族に対しては悪化につながるかもしれない（公共政策学でいう「動態性」）。

　行政の話に戻して小さな例をあげてみよう，ある地域では「ポイ捨てをするな」という掲示があるのに多くの人がある場所にポイ捨てをしているというこ

とが問題になっていたとする。その地域の住民の初期のフレームは，掲示をもっと多くし，防犯カメラを付けるべきだ，だったとしよう。しかし，そこから少し離れたところに住んでいて通勤等でその場所を通行する住民としては，あまり掲示ばかりが増えるのも景観を悪くするし，防犯カメラにも抵抗があるかもしれない。このままでは両者は折り合わない。しかし，分析をしてみると，ここで多くの人がごみを捨てるのは，ある程度ごみが捨てられており，「ポイ捨てをするな」という掲示が「多くの人がここでポイ捨てをしている」というメッセージとして受け取られているからだとわかるかもしれない。その場合，ごみ捨てを禁止するのではなく，看板を撤去し，花壇を設置することで，ごみを捨てようと思わない美しい場所にすべきだ，というフレームにすることで，問題を解決でき，より多くの人を巻き込める可能性もあるだろう。

## 政策立案

　この例が示唆するように，政策をデザインする者は，政策問題においても，表面的な問題に目を奪われず，その問題が何によって下支えされているかを分析し，正当かつ有効な介入を行うことが求められる。しかし政策をデザインする者が，想像だけで，現在の問題を下支えしているものや，その問題を解決する政策を実施した場合の正負両方の効果について把握することは困難である。そこで，政策立案段階に進むと，再び各種のエビデンスが用いられる。1つはその問題と政策案の利害関係者からのヒアリングであり（2-3-2参照），政策立案者が考えていない要因や，その優先順位が定性的に聞き取られる。他の自治体での実施状況や，専門家が分析した文献や専門家への聞き取りも有効であるが，対象地域によって事情が異なることがあるので，広く聴取することが必要になる。

　新たな政策を一から立案し，既存政策を新政策に転換するのは，立案・転換両方のコストが非常に大きいため，自治体レベルでは，既存の制度を「微修正」して用いたり，「転用」したり，他の地域で用いられている政策を「模倣」して地域に併せて調整したりする。しかし，その場合にも，当該制度が対象地域でうまく機能するかどうかを確認する必要がある。

　そして，問題が既存制度だけでは対応できない場合には，新たな制度の「研

究開発」を行うことがある。研究開発では，問題を改善する諸要因とそれに影響する可能性のある要因を発見する必要がある。これらは，既存の理論を参照したり，観察やインタビューを行うことによって独自に形成される。因果関係が推定に過ぎないときには，なんらかの形でRCTを行い，特定することが望ましい。この際，問題を解決する方法としては，市場，あるいは地域社会の資源を活かして解決に至る方法もあるが，政府／自治体が直接的に解決する際に利用される政策技法もある。その政策技法を礒崎（2018）は，（1）規制的手法（望ましくない行為を制限または抑制する手法），（2）誘導的手法（望ましい行為や状態への変化を促進する手法），（3）支援的手法（サービス提供等により住民等を支援・補完する手法），（4）調整的手法（関係者の行為や意見・利害を調整する手法）の4種の基本的手法と，計画的手法（計画等を通じて政策手法の目標等を明確にする手法）等の4種の補完的手法に整理している。他方，佐野（2018）は，「人びとの行動を変える」，「サービスを提供する」，「社会的解決を促進する」の3類型に分けた上で，「人びとの行動を変える方法」としては，禁止するなどの「直接的規制」，罰金を科すなどの「経済的インセンティブ」，ナッジの利用などの「心理学的対応」，物理的に問題が起きないようにするなどの「物理的対応」の4種をあげている。

　政策のデザイナーは，問題が起こる原因や背景を分析して，それが解消するように政策を選択する。しかしいずれの政策手法をとってもそれが上手く機能するかどうか，他に有害な結果を副作用として引き起こさないかは，選択した政策手法が問題の原因や背景に十分な影響を適切に与えることができるかどうかに依存する。想定しない別の要因が影響していたり，そもそも採用した政策手法が，問題の原因に影響を与えないものであれば，せっかくの事業が機能しないことになる。

### 事前評価

　このようなことを防ぐ方法として，理想的には，小規模でRCTを実施し，機能することを確認することが望ましい。しかし現実には，理念的にその政策が機能するか否かを評価することで，これに代えていることも多い。それがプログラム評価である。プログラム評価は，「必要性評価」，「セオリー評価」，

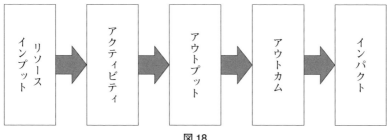

**図18**

「プロセス評価」,「インパクト評価」,「効率性評価」の5つの観点からなる (Rossi, Lipsey, & Freeman, 2004)。「プロセス評価」を除くそれぞれがエビデンスと関係しうる。市民や社会のニーズに合っているかどうかが検討される「必要性評価」には問題特定の時点で検討された統計資料等が根拠になる。その政策が理論的に妥当であるかを評価する「セオリー評価」には，ロジックモデルが用いられる。

　ロジックモデルとは，政策のメカニズムを図式で表現したものであり，典型的には，図18のように5段階で記述される (W. K. Kellogg Foundation, 2004)。このうちアウトプットとは活動の直接的な結果を指し，アウトカムとはアウトプットによって起こる政策目標に関わる短期的な変化，たとえば父親の子育てへの理解の増進等を指す。さらに，インパクトとは，虐待報告数の減少のような政策目標に関する長期的な変化であり，長期的アウトカムと記述されることもある）。ロジックモデルは個々のエビデンスや予測をつなぐかたちで記述され，結果的に効果が期待されることを確認し，示すために用いられるが，RCTを用いてその政策介入に効果があることをすでに一部対象者において確認していれば，RCTの対象と，政策対象が同質である限りにおいて，この政策の有効性は高く推定されるだろう。

　その政策・事業がどの程度目的の達成に寄与するかの見込みである「インパクト評価」においては，すでに実績のある政策・事業の場合には前年度の実績が評価対象になる。また，新たな政策・事業に関しては，研究等の知見を元にし，その予測の信頼性の評価（感度分析）も含めた推定値が評価対象になるであろう。そして，コストに比した効果の大きさを示す「効率性評価」では，費

用便益分析や費用効果分析によって成果が示される。

## 政策実施

　実施については自治体等の担当者が担い，各プロセスが想定通りに機能しているかのモニタリングとともに（実施評価），あらかじめ定められた指標に関してモニタリングがなされる。これには，そもそも予定された件数その事務事業が実施されたか，想定された利用者のうちどの程度の人が参加したかというアウトプットのモニタリングや，参加者に期待された変化は起こっているかというアウトカムのモニタリングも含まれる。そして，たとえば，参加者が思ったように集まらないのであれば，各行政単位での工夫が必要になるだろう。

　従来，EBPM に特に関わるのは政策策定者と評価者であったが，近年では，定められた事務事業の実際の現場での運用に携わる担当者の EBP（エビデンスに基づく実践）についても関心が向けられている（Martin & Williams, 2019）。その理由はさまざまであるが，1 つには実施の細かな部分については，制度の範囲内で実務担当者に一定程度の裁量があり，実施の質の改善のために，RCT 等を行い，政策目標に照らして細部の手続きの効果を検証し，エビデンスを蓄積することが政策の効果の最大化と効率化のために有効であると考えられるからである。たとえば，シンガポールでは，課税対象者に送る税の申告に関する書類の文面を工夫することで，期限内の納税率を高めることに成功したという研究がある（OECD, 2017）。このように，各担当部課の裁量の範囲内でエビデンスに基づいて業務を改善することも可能であるだろう。

## 事後評価

　日本の府省庁や一部の自治体では，事前に定められた目標指標に基づき，目標管理型評価とプログラム評価が行われ，場合によってはこれが，次年度以降の事業の実施や予算規模に影響を与える。評価対象は，アウトプット，アウトカム，インパクトまである。

　ここでは 2 つの論点を取り上げよう。本来，個々の政策の評価を行うには，アウトカム指標やインパクトの指標における変化のうちどの程度が各政策によるインパクトなのかを弁別することが重要である。なぜなら，複数の事務事業

が全体として1つの政策目標であるインパクト指標に影響していることは少なくないからである。しかし実際にはこれらを弁別するのは難しい。実施している個々の政策が本当に効果をもたらしているかを検証する必要性がある場合には，RCT など因果関係の推定力の強い方法を実施する必要がある。

また，インパクト指標は，たとえば自殺率の低下や就労率の増加など客観指標になることが多いと考えられるが，アウトカム指標には，たとえば未成年の喫煙や飲酒のリスクについての理解や，適度なエクササイズの必要性の理解と積極的な態度のような心理的な指標が用いられることがある。客観指標でも問題になるが，心理的指標の時にとくに必要なのは，信頼性，妥当性，感度という考え方である。信頼性とは，測定対象を安定的に測定できる程度を意味する。比喩的にいえば，同じ重さのものをおいても，誤差が大きく，毎回違う数字が出る計量器は，妥当性は高いが信頼性が低いと考えられる。また，毎回その人の身長が正確に表示される体重計は，妥当性が低いと考えられる。これに加えて感度とは，秤の目盛りの幅にたとえられる。感度が小さい場合，二人の人の差が非常に小さく，差を認めることができない。たとえば，喫煙のリスクについての理解を高い信頼性と妥当性で反映していたとしても実際の理解の差異に鋭敏に反応しない場合，ほとんどの人が同じカテゴリになってしまうために政策の影響を鋭敏に把握することができないという問題を引き起こす。真にその項目が政策目標やロジックモデルの中で想定されたものを正確に測っているのかについては注意を要する。

## 政策のプロセスとエビデンスの関係

本節では，政策のプロセスとエビデンスの関係について扱ってきた。エクフロム（Ekblom, 2002）は，効果的な犯罪抑止政策の研究を元に，政策のための知識には5類型あると指摘している。

(1) 現状についての知識（Know-about）
(2) 因果関係についての知識（Know-what）
(3) 政策実施方法についての知識（Know-how）
(4) 対象とすべき人についての知識（Know-who）

## （5）対象となる問題やその政策の意味についての知識（Know-why）

　基本的に，政策においては，他の国や自治体の事例を分析し，また専門家の意見を聴取するなかで必要な知識を収集する。その際に政策立案者に必要なのは，研究の効果とその限界を正しく評価するための知識である。しかし，専門家の意見だけでは必要な知識が不足している場合には，自分たちで研究を実施して有効性等に関するエビデンスを取得して補うことも考えられる。その場合には，研究を評価する方法だけではなく，自分で研究を実施してエビデンスを蓄積するための方法についての知識も必要とされるだろう。

**引用文献**

Cobb, R., & Charles E. (1983). *Participation in American Politics: the Dynamics of Agenda Building*. Baltimore: Johns Hopkins Press.

Dye, T. (2013). *Understanding public policy*, 11th Ed. Pearson education.

Ekblom, P. (2002). From the source to the mainstream is uphill: The challenge of transferring knowledge of crime prevention through replication, innovation and anticipation. In N. Tilley (Ed.), *Analysis for Crime Prevention*. Monsey, NY: Criminal Justice Press.

礒崎初仁（2018）. 自治体政策法務講義（改訂版）第一法規株式会社

Kingdon, J. W. (1995). *Agendas, Alternatives, and Public Policies*, 2nd ed. N. Y.: Harper Collins College Publishers.（キングダン，J. W. 笠 京子（訳）（2017）. アジェンダ・選択肢・公共政策：政策はどのように決まるのか　勁草書房）

Martin, G. P., & Williams, O. (2019). Evidence and service delivery. In A. Boaz, H. Davis., A. Fraser, & S. Nutley (Eds.). *What works now?: Evidence-informed policy and practice*. Bristol: Policy Press.

OECD (2017). Additional behavioral insights case studies. In OECD (ed.). Behavioral Insights and public policy: Lessons from Around the World. Paris: OECD Publishing.

Rossi, P. H., Lipsey, M. W., & Freeman, H. E. (2004). Evaluation: A Systematic Approach, Seventh Edition. Sage: London.（ロッシ，P. H.・リプセイ，M. W.・フリーマン，H. E. 大島巌・平岡公一・森俊夫・元永拓郎（監訳）（2005）. プログラム評価の理論と方法：システマティックな対人サービス・政策評価の実践ガイド　日本評論社）

佐野亘（2018）. 手段：政策のツールボックス　石橋章市朗・佐野亘・土山希美枝・南島和久（編）公共政策学　ミネルヴァ書房

W. K. Kellogg Foundation (2004). *Logic Model Development Guide: Using Logic Models to Bring Together Planning, Evaluation, and Action*. Michigan: W. K. Kellogg Foundation.

（荒川　歩）

## 2-3-2　ヒアリングや調査の意義

### 観察的調査の意義

　研究の方法には，研究を行う人が対象者や対象者が置かれた状況に何らかの操作を加える実験的方法と，操作を加えない観察的方法があるが，政策策定の初期の段階，ニーズの候補も検出できていない段階においては，定量的に評価すべきものをまだ識別できていないので，まずは観察的方法で，その政策が関係すると思われる対象や関係者の現状について調査することが必要になる。これは，先行事例がなく，自前で新たな政策を検討する場合も，先行事例があって，先行事例を下支えした要因が現在導入を検討している地域にもあり，妨害する要因がないかを確認する場合でも同様であろう。

　観察的方法には，目で見る自然観察だけではなく，口頭で尋ねて回答を得るヒアリング調査や，アンケートに記入を求めるアンケート調査が含まれる。これらの調査方法には大きく分けて，質的（定性的）方法と量的（定量的）方法がある。量的方法は数字を使って多数のデータを集計することが多く，質的方法は言葉を使って少数のインタビュー等を整理することが多いが，大きな違いは，その点ではない。量的研究は事前に決めた測定指標に基づいて測定するため，その測定指標について得られた数値についてはある程度の客観性を期待することができる一方で，測定指標以外のものについては知ることができない。他方，質的方法では，事前に決まった測定指標等を持たずに，対象に変化をもたらす変数やそのメカニズムなど未知のものについての説明（それが真とは限らない）を得ることができる可能性があるという利点がある一方で，その得られた変数の重要性やメカニズムの説明について客観性があるものとして扱うことができないという欠点がある。そのため，ニーズ調査の段階にはこの両方が必要であり，問題を抱えているターゲット層を統計等のデータで特定しながら（量的調査），キーとなる対象者から話を聞いて問題をめぐる状況について把握して，当初想定していなかったが政策で考慮すべき要因等を識別し（質的調査），必要によっては，この政策があれば利用したいと考えているかどうかを対象者にアンケート調査を行って，政策の必要な規模についても把握する必要

がある（量的調査）。また，ニーズ調査以外でも，政策の実施途中で，政策が当初期待したように参加者を得られていないなどの問題がある場合には，どのような原因が背後にあるかを調査する必要があるだろう。

　なお，調査態度も質的方法か量的調査かで大きく異なり，質的方法の場合には，仮説が見聞きする内容を歪めないように，仮説をもたず，まずは対象者の世界を理解することに重きを置くのに対し，量的研究では，仮説を検討するための測定尺度を明確にして客観的・公平に測定することが求められる。

　また，インタビューの対象者としては，その政策の直接の対象となるあるいは関係する住民だけではなく，関連企業，行政機関内の関係する部署，その問題を研究している研究者や専門家などがありうる。また，その方法についても，一人の対象者からじっくりと話を聞くデプスインタビューや，複数の対象者を集めて集団で話を聞くフォーカスグループインタビューなど，さまざまな方法がある。個人のほうが，その人自身の立場からの話を聞き出せるが，集団の方が，お互いの説明が刺激となってさまざまな観点からの話が引き出されることもある。これらの方法を組み合わせることでさまざまな観点からの現状の理解や説明理論を獲得することができる。

## 質的調査と量的調査の特徴

　選択式や数値記入式のアンケート調査のような量的調査は比較的簡便に実施，分析できることが多く，回答者の負担も軽い。ただし事前にどのような分析を行うかを想定していないと，それなりの費用と労力をかけても全く使い物にならないものになるので，事前に，この調査で確認したいことは何か，どのような結果が得られればそのことは確認されるのか，集計や分析の方法も意識して調査を設計することが必要である。調査が始まってから知りたいことを正しく尋ねる質問を調査用紙に含めていなかったことに気づいても取り返すことはできない。これら調査用紙の設計には，多くの注意点があるが，多くのすぐれた入門書があるので，詳細はそちらにゆずる（cf. 鈴木，2016）。

　なお，量的調査でも，事前に設定した項目の比較を行うだけではなく，それら項目間の関係の強さを分析することで，さまざまな探索的分析を行うことができる。これらの多くは相関と呼ばれる考え方（ある項目である選択肢を選択し

ている人の方が，別の項目である選択肢を選択している傾向が高いなど）を中心に
しており，これを応用したものとして，人々が持っている考え方や行動の潜在
的傾向を理解する際によく利用される因子分析や，複数の要素が与える影響の
多寡を評価する際によく用いられる（重）回帰分析等がある。これらは相関関
係を利用しているので，たとえば，所得と労働に対する考え方に相関関係が見
られても，労働に対する考え方がそうだから所得が低い（高い）のか，所得が
低い（高い）から労働に対する考え方がそうなのかといった因果関係の特定に
は至らない。しかしどの要因とどの要因がどれくらい密接に関係しているかを
推定するのには役立つ。

　自由記述や半構造化インタビューのような質的調査は，実施と分析に非常に
手間がかかることが多く，回答者の能力にも依存する。準備は少なくとも実施
自体はできるが，そこで得られる情報は準備状況に依存することが多い。

## ヒアリングや調査を歪める要因

　ヒアリングやアンケート調査は，対象者が現状置かれている状況を理解し，
上記のうちのメカニズムやそれに影響する諸変数を発見する目的で行われるこ
とが多い方法の１つである。しかし，量的方法にせよ，質的方法にせよ，そこ
から得られたデータの評価には注意が必要である。

## 標本の代表性

　最も注意しなければならないのが，標本の代表性である。たとえば，夫から
妻へのDVの発生率を知りたいときに，女性を保護するシェルターで調査を
行ったならば，そこで得られたDV被害経験率を全人口の代表として扱うこ
とはできないであろうし，ヒアリングでDVが起こる状況を調べるときに，
30年前にDV被害にあった人に話を聞いても，それをそのまま現在DV被害
にあっている人と同一であると考えることはできないだろう。ヒアリングの場
合には，少数だとその個人が特殊なケースであって多くの人とは全く異なる場
合がありうるので，ある程度多様な考えが出尽くすまで繰り返す必要がある。

**理解力・想像力の限界**

　ヒアリングやアンケート調査は，その個人の理解力や想像力の限界の影響を受ける。その人が理解しているつもりでも実際には正しくないものが存在する。たとえば，人間は環境の影響を低く見積もる傾向があるので，実際その場になってみると場の影響をうけて回答とは違う行動をすることもあれば，将来の自分の意思力を過大評価するために，将来の架空の話になればなるほど現実とは異なる理想的な行動を取ると予測することもあるし，想像力の限界があるために，架空の状況に置かれたときの行動については正しく予測することができないということもある。

**フレーミング効果**

　人は，同じ内容でも質問のされ方によって異なった回答をすることが知られている。たとえば，「600人中200人がなくなってしまう治療薬についてどう思いますか？」と聞かれるのと「600人中400人の命を救うことができる治療薬についてどう思いますか？」と聞かれるのとでは，おなじ「死者200人，回復者400人」でも異なるだろう。人の考えは，その人が普段から用意している答えを除けば，質問との関係で構成される部分が大きいからである。そのため，質問の仕方が公正なものであるかどうかについては注意する必要がある。

**順序効果**

　このように，人の反応は文脈に依存するあいまいな部分をもっているために，同じ質問でも，その前にした質問の内容によって回答が変わることがある。これは1つには，人には一貫性を保とうとする傾向があり，先に答えた回答と整合性を持つように，ときには自分の意思をゆがめて回答することがあるからである。

**社会的望ましさバイアス**

　これ以外に，各種のバイアスもアンケート調査に影響する。よく知られているのが社会的望ましさのバイアスである。人は他者から望ましいイメージを持たれたいと望むために，回答を社会的に望ましいものにゆがめることがある。

**その他のバイアス**

社会的望ましさバイアスとは逆に，アンケートの目的を予測して，自分の利益につながる方向に強調して回答すること，たとえば，自分の窮状をことさらに強調したり，アピールすることも考えられる。または，逆に，協力するモチベーションが低い時は，できるだけ労力をかけず，早く済ませることを最優先して「面倒ではない」回答を探すかもしれない。中には誠実に回答してくれる人もいるので，これらのバイアスの影響を過大視するのも不適切であるが，調査を設計する際にはバイアスの影響を最小限にするように配慮し，回答結果を評価する際には，これらのバイアスが働きやすい状況ではなかったかを確認する必要がある。たとえば，他者からの評価が脅威として存在しないように調査状況や項目を工夫し，抽象的ではなく具体的な質問にする，意見や趣向よりも事実に関して回答できる質問にする，ダブルバーレル（「この半年間で収入や自由な時間が減っている」のように，収入は減ったが自由な時間は増えた場合に答えに窮するものなど）に注意することが望ましいだろう。

他方，ヒアリング調査の際には，質問の形式や調査担当者の振る舞いも回答に大きな影響を与える。質問の形式には大きく分けて，非構造化面接，半構造化面接，構造化面接があり，構造化面接では質問事項が決められており，基本的にその通りに聞くことで，遺漏なく全員同じ内容を聞き取ることに重きを置いているのに対し，非構造化面接では，質問項目については，決まっておらず，対象者の考えをそのまま引き出すことに重きがある。半構造化面接は両者の中間で，ある程度の枠については全員から聞き出しつつ，対象者の応答とヒアリングの目的に応じて深く聞き出す部分も存在する。特に自由度が高くなるほど，対象者にどのような立場と認識される人がどのようにヒアリングを行うかによって，聞き取られる内容も異なってくるだろう。

**ヒアリングや調査の意義**

このようにヒアリングやアンケート調査にはいろいろな誤差を引き起こす要因が存在する。しかし，それでも，政策立案者の認識と現実は全く異なることも少なくないため，政策課題に関して実際にどのような現象が起こっているのかについて調査を行うことは重要であろう。たとえば，アメリカで銃販売の規

制は犯罪に使われる可能性があるからという理由でよく問題として取り上げられるが，実際の犯罪に使われるのが正規に販売されている銃ではなく，海外等から密輸されたものがほとんどなのであれば，銃販売を規制することで期待される，犯罪抑止の効果は小さくなるかもしれない。

　なお自己報告は，前述のように言語的説明能力やバイアスの影響を受けやすいことから，企業では，質的方法のエスノグラフィと呼ばれる方法を採用して，対象者の行動を詳細に観察することで，説明原理を発見しようとすることもある。

**引用文献**

鈴木淳子（2016）．質問紙デザインの技法［第2版］　ナカニシヤ出版

（荒川　歩）

## 2-3-3　RCT の意義

　たとえば，あなたは健康推進課に勤務しており，市の中期計画で，初めて親になる人向けに乳児の養育方法を教える両親学級の参加率向上を目指しているとする。あなたは，出産を控えた世帯に送るこの事業の通知にひと工夫すれば参加率が伸びるのではないかと考え，上司の許可を得て，ある月から3か月だけナッジを通知に埋め込んで送ってみた。3か月後にふりかえると，一年前の同じ時期に比べて参加率が15% 増えていた。15% 増えたことを上司に報告し，「ナッジがうまく機能したんです。ぜひ，この通知はナッジ付きの通知に切り替え，両親学級以外の通知にもこれを応用しましょう」と言うと，「そうかなぁ，ちょうどそのころ家族がらみの事件が大きく報道されたからじゃないかな」と言われてしまって，他の事業への応用は進まないかもしれない。

　このようなとき，もし，通知を送付する世帯をランダムに2つに分け，一方に従来の通知を，残りの一方にナッジを埋め込んだ通知を送って参加率を比べていれば，より効果が明確であり，15% の増加はナッジを埋め込んだからだと説明できたかもしれない。このような方法がRCT の1例である。

### RCT とは

　RCT とは，そもそも，対象とする母集団からランダムに一部の対象を抽出し，それをさらにランダムに2群以上に分けて，そのうち1群を何も処置しない統制群とし，他の群に対して事前に定めた仮説や予測に沿ってなんらかの処置を行って（独立変数の操作と呼ぶ），事前に定めた指標（主に従属変数の平均値等）で両群への影響を評価することで，独立変数の操作が従属変数に及ぼす影響を推定する方法である。この際に，両群は独立変数の操作を除いて基本的に同質でなければならない（剰余変数の統制）。独立変数の操作を除いて他の条件が完全に同じであるにも関わらず従属変数に差異が生じた場合には，従属変数に差異が生じた理由として唯一異なっている条件である独立変数の操作が原因であると推定することができる。このように他の要因の影響の多くを排除できるため，RCT は最も強力な因果関係の推定技法だと考えられている。

　ただし，たとえば先の例で，両親学級の通知文にナッジを埋め込むかどうか

を変えただけのつもりでも，実際には介入と同時期に生起した他の要素（たとえば「家族がらみの事件の報道」）が，たとえば介入群の効果を特異的におしあげる形で従属変数に影響している可能性は否定できない（独立変数と従属変数の関係を評価するうえでの「バイアスの影響」）。一見差があるように見えても，2-8-1で紹介するように偶然の可能性もある。いずれにせよ，実施者側は「ナッジ」の操作のつもりが，それ以外の要因（たとえば「ナッジ群」にだけ使ったフォント）が影響を与えている可能性もある。

　また，結果の適用範囲にも注意が必要である。基本的にRCTの結果が他の対象にもそのまま適用できると推定できるのは，RCTの対象になった集団と同質な集団を対象に同様の手続きを行った場合のみである。先の例で言えば，第3次産業で働く人の多い地域で両親学級の通知文へのナッジの埋め込みに効果が認められても，第3次産業で働く人の少ない地域では効果が認められないかもしれない。

　RCTは，ある事業をある形で実施した際のネガティブな効果の発生を予測し減らすことができるという点，およびその方法で期待した効果が得られる否かを事前に予測できるという点で，利益がある。しかし2-6で述べる倫理的問題を含め後述のいくつかの問題があるため，政策目標を達成する望ましい手段が明らかであるときには，各自治体がRCTを行う必要はほとんどないように見えるかもしれない。しかし，（1）実施の必要なときまで時間的に余裕があり，（2）複数の選択肢が考えられ（実施しないということも含め），（3）それぞれを実施することでどのような影響があるのかが十分明らかでなく，（4）特に，実施する場合にその影響が大規模におよぶと想定される場合には自治体がRCTを行った方がいいと考えられる。

　なお，いわゆる学術研究や政策策定の初期段階において政策課題への対応方法を探る際に用いるRCT（因果関係や効果の把握が目的）と，任意の政策を当該地域で実施した場合の効果を検証・確認するために用いられるRCT（対象地域でも機能するかの検証・確認が目的）には違いがある。前者のRCTの独立変数の操作においては，1つの因子のみを変化させることで因果関係をより明確にする。結果において重要なのは主に従属変数への効果である。それに対して，後者のRCT独立変数の操作においては，同時に施行される複数のものを

同時に実施することで，政策パッケージ全体としての効果を見ようとすることが多く（この場合，個々の効果は検討できない），結果において重要なのは政策目標となるアウトプットまたはアウトカムの変化だけではなく，副作用として想定外の影響がないかの検証にも関心がある。

　また，RCTを実施することができても，注意を要する場面が存在する。その1つが，脱落率の問題である。前述のようにRCTは従属変数の平均を検討の対象とすることが多い。たとえば，零細企業への法務相談サービスの効果を検証するために，法務相談サービスの提供群100社と非提供群100社をランダムに割り当てたとしよう。1年後にその効果を検証した際に，提供群で応答があったのが90社であったのに対し，非提供群の半分は倒産していて応答があったのが40社であるかもしれない。このようなときに，応答のあった企業業績の平均には差がなかったとしても，その背景として非提供群で業績の悪かった企業が倒産して回答が得られなかったことがあるのであれば，零細企業への法務相談サービスの効果がないとはいえないだろう。

## RCT の評価の仕方

　ただし，実際にはRCTを実施すべき条件がそろっていても現状では多くの自治体でRCTは実施されない。たとえば，他の自治体でその政策のポジティブな効果が確認されている場合，他の諸理由がなければ（コストがかかる，制度的に実施が困難など），検証なしでその政策を実施することも多いだろう。また，たとえば現行制度の問題がマスコミで大きく継続的に取り上げられた時など，他の自治体で政策の前例がない事象について政策的に対応する必要が生じた時には，RCTで検証するより前に，研究機関等によって生産されたエビデンスやそのシステマティック・レビューを評価して対応を検討するほうが，現状では多いかも知れない。

　しかし，RCTにせよ，システマティック・レビューにしろ，科学論文は多くの場合，その結果を一般化，あるいは転用する事ができる範囲について多くの前提や制約を置いていることが多い。そのため，いわゆる研究者による研究の結果をそのまま現実場面で応用してもその結果が再現できるとは限らない。実際，政策として実施したところで予想した効果が得られないことも少なくな

い（たとえばイギリスで 1999 年から実施された犯罪抑止プログラム。Homel, Nutley, Webb, & Tilley, 2004）。

　加えて，科学研究やその引用は政治から完全に独立した客観的なものではない。現実には，RCT やシステマティック・レビューが主に効果をもつのは，話題になったときに政治家や政策決定者の目に触れてそのテーマに注意を向けさせたり，意見が対立しているときに，自身の主張を通すために，あるいは相手側の主張を論破する材料として利用されたりする場面が主であるという指摘もある（Parkhurst, 2016）。言い換えれば，RCT によってもたらされるエビデンスは，ある社会問題を顕在化させる手段として，あるいは政争の手段として用いられる側面をもつ。実際，研究知見は，実際に政策に影響を与える「手段的活用」というよりも，刺激を与える「概念的利用」のほうが多いという指摘も同様のことを指している（Nutley, Walter, & Davis, 2007）。

　そのため，エビデンスの存在は必ずしも政策には結びつかない。たとえば，タバコが有害であることを示す証拠は昔からあったが，規制されたのは比較的最近である（たとえば，受動喫煙防止の努力義務が明文化された健康増進法が制定されたのは 2002 年）。化石燃料を燃やすことでどのようなネガティブな効果があるかは 1977 年には分かっていたが，石油会社が認め，規制が為されるようになったのもごく最近のことである（たとえば各国のガソリン車の生産規制）。逆に，アメリカの薬物濫用抵抗教育は，効果がないことが示されているのに，長く使われた（Birkeland et al., 2005）。これは，たとえばある研究が有害性を指摘しても，どんな研究にも前提条件（……という条件で検証した場合には……）と限界があり，優れた研究でもその応用に関してはいろいろな批判が可能だからである。たとえば，「有害だというのはこの測定方法で測っているからであって測定方法が違ったら違うのでは？」「この結果は理想的な状況下における結果であって，現実には通用しないのでは？」「この対象者と自分の地域の住民が同質だという保証は？」「私には実感として効果がある」などの反論はたいてい可能である。このように，エビデンスは論争的であり，どのようなエビデンスがあっても，常にそれに沿った政策がすぐに行われるわけではない。

　そもそも，学術界は，概念的で普遍的な知見を求めるし（実際には個々の研究も科学という縛りをある程度受けるとはいえ党派性を帯びており，立場を異にす

る研究者によって繰り返し類似の研究が実施されることである程度の客観性を帯び
て来る），自治体は，決められた施策をどのように事業の形にするか，または
実施の決まっている事業を具体的にどのように実施するかに関心があるため，
学術研究の現場ではなく，事業実施の現場により近いところで，知見を蓄積す
ることが必要だという主張もある（Boaz et al., 2019）。

　実際，自分の自治体でその事業をそのまま実施する方がよさそうか修正した
方がよさそうかを判断する材料にすることで，本当は効果が低い政策に多大な
労力を割くことが減り，効果的な事務事業を実施することが期待される。また，
実施し，記録が公開されることで，他の自治体がその知見を利用可能になり，
さらに複数の自治体の情報が集まるようになれば，効率化・適正化が可能にな
るだろう。結果的に，各自治体が試行錯誤を行うよりもより大きな前進を見込
むことができるだろう。

　大枠の政策ではなく個別の事業を対象にした RCT になればなるほど，RCT
で得られる知識は，抽象的な概念ではなく，具体的なハウツーに，そして個別
の要因の検討というよりも，一連の工夫全体の効果の検証になりがちではある。
それはそれで重要であるが，メカニズムの理解が不十分である時，2-2-2 で述
べたように，形式だけまねしても，（担当者には些末なことに見えた）重要な部
分を変えてしまって効果が得られなかったり，地域差によって異なる影響を受
けてしまうことがあることには注意が必要である。また同じく 2-2-1 で述べた
ように実験の方法と結果だけではなく，その背後のメカニズムを十分に理解し
ていれば，自分の担当地域においてその効果を最大化し，不平等を是正するた
めに工夫をしたり，他の領域に転用して使用できる可能性が高まるだろう。

　以上，本節では，RCT の意義について整理した。RCT は因果関係を推定す
る上で有効な方法であり，政策立案の初期段階の政策の方法の探索や当該自治
体での効果の検証等において有益なものであるが，その前提条件等については
十分に理解して利用する必要がある。

### 引用文献

Birkeland, S., Murphy-Graham, E., & Weiss, C. (2005). Good reasons for ignoring good eval-
uation: The case of the drug abuse resistance education (D. A. R. E.) program. *Evalua-
tion and Program Planning, 28* (3), 247–256.

Boaz, A., Davies, H., Fraser, A., & Nutley, S. (2019). *What Works Now?: Evidence-Informed Policy and Practice*. Policy Press.

Homel, P., Nutley, S. M., Webb, B., & Tilley, N. (2004). *Investing to deliver: Reviewing the implementation of the UK crime reduction programme* (*Home Office Research study 281*) London: Home Office.

Nutley, S. M., Walter, I., & Davis, H. T. O (2007). *Using evidence: How research can inform public services*. Bristol: Policy Press.

Parkhurst, J. (2017). *The Politics of Evidence: From evidence-based policy to the good governance of evidence*. Routledge.

（荒川　歩）

# 2-4　フィールド実験×RCT でなければ意味がない？

## 2-4-1　フィールド実験ができない場面

　2-2-1 に示したように，フィールド実験は，実際の政策の対象者に対して実際の政策を試験的に実施してその効果を検証することができ，かつ想定外の問題に気づく機会となり得るため，特に結果の再現性と失敗の回避という点で優れた方法である。しかし，この2つの条件，すなわち，(1) 実際の政策の対象者に，(2) 実際の政策案を試験的に実施する，というのが難しい場面が現実には少なくない。具体的には，(A) たとえば増税の効果を検証する場合のようにその政策のインパクトがあまりに大きい可能性がある場合，また，(B) たとえば現行法で禁止されている薬品販売方法の規制緩和の効果を検討する場合のように法の改正が先だって必要な場合，(C) 道路や公共施設建設の効果を検討する場合のように不可逆性が高い場合，(D) 医薬品の規制緩和のように対象者の選択によっては有害となる場合，などがあると考えられる。

　このような場合に，よりよい政策選択を行うために，次善となるエビデンスを入手する方法としては，大きくわけて，2つの方法が考えられる。第一は，既存事例や研究の活用であり（先の (1)「実際の政策の対象者に」の条件を外す），第二は仮想的な場面を設定して調査を行うという方法である（先の (2)「実際の政策案を試験的に」の条件を外す）。ここではそれぞれの方法について整理する。

### 既存事例や研究の活用：自然実験

　検討している政策をすでにどこかの国や自治体で実施している場合，そこで得られたアウトカムやインパクトは政策によるものか，それともその他の要因によるものかを検討する方法の1つは，その政策を実施していない点だけ異なるがその他のあらゆる点で同じ国や自治体を探して，それを比較対照群とし比較することである。これは「自然実験」と呼ばれるが，この場合，実際に操作をしていないので厳密にいえば実験ではない。この方法は，対象者がランダムではなく，操作も外部的に加えられたものではない（受け入れた自治体には受け入れる事情があり，受け入れなかった自治体には受け入れなかった事情がある可能性もある）ので，政策とインパクトの関係を推定する際には注意が必要である

が，しばしば用いられる。

　自然実験の例として有名なものの１つに，脳死の判断が下された際の臓器提供についての政策の効果の評価がある。臓器提供の意思表示の方法については国による違いがあり，オーストリアやベルギーは，申し出がない限り「臓器提供する」という意思とみなされるのに対し，イギリスやドイツは，申し出がない限り「臓器提供しない」という意思とみなされる。このような２つの群の国々の「臓器提供の同意率」を比較することで，ジョンソンら（Johnson & Goldstein, 2003）は臓器選択をめぐる政策が「臓器提供の同意率」に与える影響を検討し，その結果，政策による違いが見られたと報告した。しかし，このような方法で判断する場合，たとえば，オーストリアやベルギーはそもそも同意者が多いから意思表示がない限り同意を推定する政策をとっており，イギリスやドイツは同意者が少ないから意思表示がない限り不同意を推定する政策をとっている可能性等を厳密には排除できない。そのため，自然実験の場合は，両群の同質性等を含めて評価することが必要になる。

### 既存事例や研究の活用：質的比較分析（QCA）

　自然実験は明瞭な方法であるが，多くの場合，政策が結果に影響を与える要因は複合的であり，現在得られた結果がどの要因，どの政策の効果なのかを特定するのは簡単ではない。しかしすでにどこかの国や自治体で先行事例が複数あり，その結果がまとめられている場合，それらを整理することで，その政策を対象地域で実施した際の影響をある程度推定することができる。このような場合に問題になるのは，先行事例での成功を下支えした条件を，移植対象地域でも再現する事ができるかどうかである。特に，何が先行事例での成功を下支えした条件かを分析するのが難しいので，それを補助する方法として質的比較分析（qualitative comparative analysis, Ragin, 1987：以下，QCA）が提案されている。

　この方法は，政策目標（アウトカム）の達成事例，失敗事例が複数あるときに，成否に影響する可能性のある諸要因を整理することで，政策目標を達成するための必要条件，十分条件等を分析することを目的としている。具体的な手順としては，下記のようになる（Ryan, 2016）。

表3

|  | 要因1 | 要因2 | 要因3 | 政策目標成否 |
|---|---|---|---|---|
| 事例A | 0 | 1 | 0 | 失敗 |
| 事例B | 0 | 1 | 0 | 達成 |
| 事例C | 1 | 0 | 1 | 失敗 |
| 事例D | 1 | 0 | 1 | 失敗 |
| 事例E | 0 | 1 | 1 | 達成 |
| 事例F | 1 | 1 | 0 | 達成 |
| 事例G | 1 | 1 | 1 | 達成 |

1. 検討したい政策目標を決定する（成功・失敗両方の事例が複数必要）。

2. 政策目標の成否を決定すると考えられる要因を思い浮かべ，そのなかから検討したい要因を複数選ぶ。

3. 事例（地域等）を選び，マトリックスに，その事例における各要因の有（1）無（0）を整理する（表3）。

4. 多様性をチェックする（複数の要因が事例を越えてすべて同じように動いている場合には，それらの要因の効果を比較できないので，片方の要因はあって，片方の要因がないような事例を探す）。

5. データマトリックスから真理表（組合わせ表）を作る（表4）。

　　組み合わせはこの場合要因が3つなので，2×2×2の8パターン考えられる。それぞれの組み合わせに当てはまる事例から，その組み合わせの時の政策目標達成の成否を整理する。なお，実際には多くの事例を真理表で扱うときには結果の「矛盾」がふえるため，目標が達成された事例中にある要因が存在する比率（十分条件の被覆度）などを数量的に表現して比較することもある。

6. 真理表を検討する（事例がないところに当てはまる事例を探す。もし矛盾する結果を引き起こしているのであれば成否を決定する見逃している要因がないか確認する，など）。

7. すべての条件を包含するような，より簡潔な部分集合を見つける（プー

**表 4**

| | 要因 1 | 要因 2 | 要因 3 | 事　例 | 政策目標成否 |
|---|---|---|---|---|---|
| 1 | 1 | 1 | 1 | G | 達成 |
| 2 | 1 | 0 | 1 | C, D | 失敗 |
| 3 | 0 | 1 | 1 | E | 達成 |
| 4 | 1 | 1 | 0 | F | 達成 |
| 5 | 0 | 0 | 1 | － | 不明 |
| 6 | 0 | 1 | 0 | A, B | 矛盾 |
| 7 | 1 | 0 | 0 | － | 不明 |
| 8 | 0 | 0 | 0 | － | 不明 |

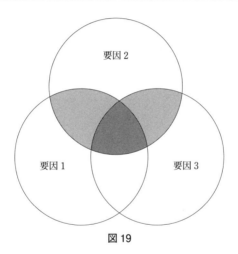

**図 19**

ル代数的最小化)。

　真理表から，必要条件，十分条件等を検討する。現段階では，要因 2 が
あってその他に要因 1 か要因 3 がある事例は，すべて政策目標が達成され
ている。しかし，要因 2 だけでは，達成事例と失敗事例があり，不十分で
あることが読み取れる。これを表すと図 19 のようになる。

8. 解釈する。

　QCA の具体例として，ここでは，JICA による研究（氏家・角田・正木，2019）を紹介しよう。JICA では，「森林の再生」に「マイクロプランに基づく計画と実施」，「燃料材の過剰な伐採の減少」「自助グループによるマイクロクレジットによる収入創出活動 」「森林局のコミットメント」「森林局と村落森林委員会（VFC）の関係性」など 10 の要因が影響するか否かを，24 の村落の調査結果から QCA を用いて検討した。その結果，「燃料材の過剰な伐採の減少」に加えて「森林局と村落森林委員会（VFC）の関係性」が存在することが「森林の再生」の十分条件となっていることなどを見出した。

## QCA の利点と限界

　この方法には，比較的少数事例で素早く問題を整理することができ，場合によっては追加的に情報収集を行う手がかりになるといった利点のほか，単方向性ではない場合，すなわち要因 1 が 1 で，要因 2 が 0 のとき，あるいは要因 1 が 0 で要因 2 が 1 のときには政策目標は達成されるがそれ以外の時には達成されないといったように，各要因の組み合わせによって効果が異なる場合にも特徴を検出できるといった利点がある。他方で，この方法にも問題点があり，(1) どこまでを 1，どこまでを 0 にするかは分析する人にゆだねられている（柔軟に閾値を設定できるので弁別性を高めることができるという利点でもある），(2) そもそも 1，0 にする時点で情報が大きく捨象される，(3) 要因の選択が分析者任せである，(4) 参照する事例に偏りがあると偏りのある結果となる可能性がある，といった点が指摘されている。

## 既存事例や研究の活用：シミュレーション

　他方，道路建設や公共施設建設や税のように，多数の事例があってすでにデータが蓄積されている場合には，その影響を数理的にシミュレーションやモデリングできる場合がある（三善，2020; 林，2020）。たとえば，国土交通省では，従来からパーソントリップ調査というの名前で，「どのような人が，どのような目的で，どこからどこへ，どのような時間帯に，どのような交通手段で」移

動しているかを調査している[1]。これを用いて行われるシミュレーション方法の１つが四段階推定法であり，この方法では，①発生・集中モデル，②分布モデル，③分担モデル，④配分モデルの４段階で大まかな人の地域間移動動態を探ることができる。名古屋都市センター（金森，2013）は，この四段階推定法を修正した交通需要予測モデルに基づいて，名古屋市のある地域に駐車デポジットシステムや次世代型路面電車を導入した場合の効果を検証した。その結果，駐車デポジットシステムの課金対象地区では二酸化炭素排出量が25-44%削減されると予測し，また両方を導入した場合には自動車利用が2.7%減り，鉄道利用は1.5%増えると予測している。

　また，近年ではビッグデータを用いた，より細かい空間のシミュレーションも行われている。国土交通省都市局都市計画課都市計画調査室（2018）は，GPSやWi-Fiの利用データから得られた人の移動情報をもとにして回遊行動のシミュレーションを行い，それに基づいて最適な場所に施設等を設置する研究をスマートプランニングと題して行っている。国土交通省都市局（2018）にはさまざまな事例が掲載されているが，たとえば，岡山市の事例では，駅前の再開発を行った場合と，再開発に加えて歩道拡幅やオープンカフェを設置した場合の延べ滞在時間や延べ立ちより回数，そして延べ回遊距離の違いを推定した結果や，駐車場の移転の効果を推定した結果が紹介されている。

　このように，シミュレーションは実際には試してみることのできないことの効果を推定する上では参考になる。しかしシミュレーションに投入されるデータが，必要な変数を網羅しており，現在検討している地域と同質であることが前提となる。すなわちデータ取得時点や前提が実際と異なると予測の精度は低くなると考えられる。

　以上は，各政策案を実施した際の有効性を政策の実施前に評価するために使用する分析方法である。

---

1）国土交通省ウェブサイト https://www.mlit.go.jp/toshi/tosiko/toshi_tosiko_tk_000031.
　html（2020/04/01参照）

### 仮想的な場面を設定して調査の実施

　具体的で個別的な人の判断や行動については，仮想的な場面を設定した調査を用いてある程度は推定することが可能である。

　たとえば，消費者庁が2017年に行った「打消し表示に関する実態調査」がその例である。この調査では，Webアンケートを用い，1000人の対象者に打消し表示（たとえば「ポイント5万円分プレゼント」という大きな表示の下に小さく「スマホ超割に加入する必要があります」と表示するなど）に関する日ごろの態度を計測するだけではなく，「打消し表示が含まれる動画（3点），Web画面（2点），紙面（1点）の合計6点」について「強調表示の文字と打消し表示の文字の大きさのバランス」，「打消し表示が含まれる画面の表示時間，複数の場面で内容の異なる複数の強調表示と打消し表示が登場する場合」「打消し表示の文字の大きさ，強調表示と打消し表示が1スクロール以上離れている場合」などの要因を操作して，各表示例の打消し表示を回答者が認識できたか否かについて検討を行っている。

　この調査自体は，(1) 独立変数（フォントサイズや表示時間）と表示位置が交絡[2]している（表示時間ではなく，表示位置等の影響が完全には否定できない），(2) 独立変数（フォントサイズや表示時間）と表示内容が交絡している（フォントサイズではなく内容の違いによる影響が完全には否定できない），などの問題があり，エビデンスとしての因果関係の推定力は高くないが，実際のフィールドでは行うことのできない調査を架空の場面を想定することで検証し，規制の方針作りに役立てている例と言えよう。

　このような場面想定法（経済学では表明選好法，または仮想評定法（Contingent valuation method）と呼ばれることもある）は便利な方法であるが問題点も指摘されている，第一に，本音と建て前ということばがあるように，嘘をつくつもりがなくても，聞かれて答えることと実際の行動とは異なることがある。社会的望ましさや主張といったバイアスが入る余地が大きいからである。第二に，第一とも関係するが，人びとは，ある状況に直面したときにどう行動するかといったことを，その状況にいないときに想像するのが一般に苦手である。特に，

---

2) 複数の要因が同時に変化しているため，どの要因が原因かの分離ができないこと。

時間的，状況的に現在から遠ければ遠いほどこの傾向は強くなる。そのため，ここに高速道路ができた場合にあなたの行動はどう変わるか，といったような，環境そのものが大きく変わった場合の自分の行動や感情の推定を人は正確に行うことはできない。

　以上のように，各方法にはそれぞれさまざまな限界があるが，限界を踏まえたうえで，組み合わせて実施し，よりよい判断を行うことが必要である。

### 引用文献

林正義（2020）．課税政策における EBPM：労働所得税とマイクロシミュレーションの活用を中心に　大橋弘（編）EBPM の経済学：エビデンスを重視した政策立案，pp. 241-270　東京大学出版会

Johnson, E. J., & Goldstein, D. (2003). Do defaults save lives. *Science, 302,* 1338-1339.

金森亮（2013）．名古屋市の総合交通戦略の導入評価　平成 24 年度特別報告書 http://www.nup.or.jp/nui/user/media/document/investigation/h24/tokubetu.pdf

国土交通省都市局都市計画課都市計画調査室（2018）．スマート・プランニング実践の手引き〜個人単位の行動データに基づく新たなまちづくり〜【第二版】http://www.mlit.go.jp/common/001255640.pdf

三善由幸（2020）．社会資本整備分野の EBPM における予測モデルの役割と不確実性の直視　大橋弘（編）EBPM の経済学：エビデンスを重視した政策立案，pp. 223-240　東京大学出版会

Ryan, M. (2016). Qualitative comparative analysis for reviewing evidence and making decisions. In G. Stoker & M. Evans (Eds.). *Evidence-based policy making in the social sciences: Methods that matter.* Bristol: Policy Press.

消費者庁（2017）．打消し表示に関する実態調査報告書　https://www.caa.go.jp/policies/policy/representation/fair_labeling/pdf/fair_labeling_180921_0001.pdf（2020/04/01 確認）

氏家慶介・角田恵里・正木朋也（2019）．ODA 事業における質的比較分析（QCA）の応用可能性：JICA インド森林事業の事例 https://www.jica.go.jp/activities/evaluation/ku57pq00002kz97k-att/indian_afforestation_project_01.pdf

（荒川　歩）

## 2-4-2　RCT ができない場面

たとえフィールドで調査ができるにせよ，常に RCT（ランダム化比較試験）が可能なわけではない。特に政策の領域では RCT の実施が困難である。ランダム化（randomized）ができない場合，比較対照群（controled）が設置できない場合の 2 つにわけて整理しよう。

### ランダム化できない場合

ある政策を実施する群と実施しない群を一時的に作ることができる，すなわち比較対照群が設置できるが，各群の対象者を完全にランダムにするのが難しいという事態はしばしば存在する。たとえば，あるサービスの利用者と非利用者の比較というのが考えられよう（このようにランダム化はしていないが処置を受けた群とそうではない群で比較することを，準実験と呼ぶことがある）。

しかし，たとえば，大学で学ぶことの学習効果を調べようとして，大学に合格して学んだ人と不合格であったため学ばなかった人を比較するのは適切ではない。入学時点で，入学者の平均のほうが不合格者の平均を上回るため，たとえ 1 年後に同一テストを課してその成績に差があったとしても，その差の原因を大学授業を受けたことに帰属することはできないだろう。このような対象者の偏りを選択バイアスという。

選択バイアスがある場合，両群の政策目標にかかわるアウトカムの数値をただ単に比較しても，その政策の効果として推定することはできないため，代替的な別の方法が用いられる。

### マッチング法

1 つの方法は傾向スコアマッチングである。処置群と非処置群があらゆる点で同質であると想定できない際には，同質になるように標本をとってマッチングし，そのペア群を比較することで，両群の質の違いを減殺し，効果を評価しようとすることがある。たとえば，特定健康診査・特定保健指導の効果を検討した福田（2011）の研究では，平成 20 年度に山口県で保健指導の対象になった 8183 人について調査を行い，保健指導利用者，保健指導非利用者で，21 年

度検査での変化を比較した。その際，単純に比較すると，もともと年齢や性別に違いがあり，それが21年度の検査結果に影響を与える可能性があったので，両群ができるだけ同質になるように，保健指導利用者と地域，性別，年齢階層等において等しい保健指導非利用者をそれぞれ2人ずつわりあてて，選択バイアスを低減させたうえで比較し，保健指導利用者の方が体重，BMI，腹囲，HDLコレステロールの減少だけが有意であったことを報告した。

　この研究では乱数でマッチングを行っているが，近年では，傾向マッチングスコアと呼ばれる，介入群に該当する特徴を有している程度を示すスコアを対照群において算出して，統計的にマッチングする手法がとられることもある。この方法の場合には，何を同質性を担保する指標とするかの設定が重要であり，適切なものが選択されていなければ，選択バイアスは解消されないことになる。

## 差分の差分分析

　よく使われるもう1つの方法が，差分の差分分析（Difference-in-differences）である[3]。この差分の差分分析では，政策実施後のデータだけではなく，政策実施前のデータが必要になる。図20はA市とB市の健康意識の指数の変化だと考えてみよう。これを見てみると，両市の市民とも健康意識が向上しているが，政策を実施したA市の市民の方がその上昇具合が大きいのが見て取れる。差分の差分分析では，対照群の変化量と介入群の変化量の差分を評価する。すなわちこの場合，対照群の平均の変化量は50－35＝15であり，政策実施群の平均の変化量は，90－60＝30である。政策実施群も対照群も外部からの同様の影響を同程度受けているなら，その上昇幅は15であるはずであり，のこりの15は政策実施の影響だと推定される（実際にはこの平均15の変化が誤差で，もう一度実施したら効果が期待できない性質のものなのか，それとも大規模に実施しても効果が期待できるものなのかは分散も踏まえて統計的に検定される）。これが差分の差分分析の基本的な考え方であり，ここでは，A市とB市におけるアウトカムの自然増加（減少）傾向は同じであること（並行トレンド仮定：たとえ

---

3）差分の差分分析と似た手法として，分散分析の反復測定がある。分散分析の反復測定では，個人の政策実施前，実施後のデータを必要とするが，その分検定力は強い。逆に言えば差分の差分分析では，前後で個人の紐づけが不要である。

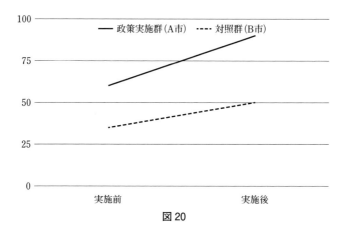

図 20

ば A 市で健康意識の増進が政策に関係なく進んでいるということがない），片方の
市に特に大きな影響を与えるような外的事情がこの間存在しないこと（共通ショック仮定：たとえば B 市で制定された最近の条例が健康意識の低下を引き起こしている）が条件になる。

**比較対照群が設置できない場合**

　比較対照群が設置できない場合として，（1）受益者の公平性が損なわれる場合，（2）介入の影響範囲を限定することができない場合（高速道路の無料化など）の 2 つが考えられる。このうち 1 つ目の受益者の公平性は，公共政策において非常に重視されるため，RCT 実施の障害になっている。このような場合，従来は前後比較分析が用いられ，政策の導入前と後でアウトカムを比較する方法がとられてきた。しかし，この方法では，政策の導入前後と同時期にアウトカムに別の変数が影響を与えた可能性が否定できない。

　たとえば，ある疾患の罹患者の比率に予防政策が与える効果を考えてみよう。ある年の 6 月にその伝染性の疾患の罹患者数は全国平均で各県 10 人だったとしよう。ところが予防政策が実施された次の月には各県 20 人になっていたとしたら，この予防政策には効果がないといえるだろうか。予防政策に効果がないのではなく，そもそも罹患者数が急増したから政策を実施したと逆の因果関係を推定したほうが正しそうである。あるいは，季節が変わってその疾患が流

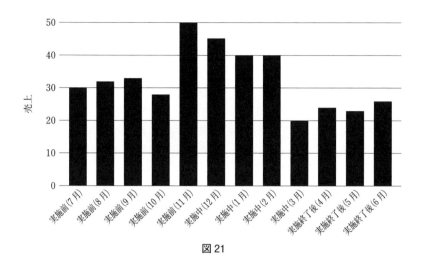

**図 21**

行しやすい状況になったからかもしれない。このように前後分析では，原因と結果の関係や，第三の要因の影響を排除することはできない。

このような場合に，少しでも他の要因を排除して，因果関係を推定する方法の１つとして ABA デザインでの実験がある。これは，ある政策を実施する前の政策目標のアウトカム，一時的に実施した際の政策目標のアウトカム，その政策を休止した際のアウトカムを比較することで，政策の効果を推定する方法である。たとえば，高速道路無償化が地域活性化に与える影響を検討するために，実施前，実施中，実施終了後の３つのフェーズにわけてアウトカムの調査を実施し，都市部周辺地域の観光業の平均売り上げ高が図 21 のように変化したと仮定してみよう。この図からは，高速道路無償化の期間中だけ地域の観光業の売り上げが伸びていることが読み取れる。

もちろんこの場合も，たとえば季節的な変動のように，この実施期間に連動する第三の要因があった場合には，この推定の正確性が損なわれる。また，政策が，一時的な行動変容ではなく，その政策終了後にも影響をもたらす場合にも影響を正しく推定することが難しくなる。たとえば，この高速道路無償化期間に利用した人々の中で地域への愛着が生まれ，有償に戻った後も，足しげく通うようになったならば，図 21 のように政策実施終了後の減少が見られなく

なる。

　本節では，いくつかの方法を紹介したが，このような分析方法は，操作変数法や回帰不連続法，マッチング法など数多く存在する（中室・津川，2017）。いずれにせよ。本節で紹介した方法は，RCT より他の要因の影響を受けやすく，因果関係の推定という点では劣るものであるが，それはあくまでも相対的なものである。必要に応じて，より因果関係の推定力の高い方法を用いることが求められる。

**引用文献**

福田吉治（2011）．特定保健指導の評価（2）：国保データによる準実験デザインを用いて
　　日本衛生学雑誌，*66*, 736-740.
中室牧子・津川友介（2017）．原因と結果の経済学　ダイヤモンド社

（荒川　歩）

# 2-5 ナッジや行動インサイトは無敵の理論？

## 2-5-1　ナッジや行動インサイトへの批判と反論・対応

　ナッジや行動インサイトには批判や懸念もある。本節ではとくに重要と思われる指摘、「透明性の欠如」「主体性の侵害」「実施者の意図と能力に依存する」「方向性を誤っている」「本質的な問題には向き合っていない」「効果が小さい、持続しない」を取り上げて内容を精査し、とくに重要な問題にはどう反論、あるいは対応できるかを検討する。

### 透明性の欠如

　ナッジは「隠れて行われる」と批判されることがある。これは、ナッジが人々の知らない間に影響を及ぼしているとの指摘である。その前提には、課税や罰則などの明示的なインセンティブに比べて、ナッジの存在や目的が分かりにくい（Glaeser, 2006）との認識がある。この認識はしたがって、ナッジを実施する際には人々の同意を求めるべき、との批判につながってくる。

　まず前者、ナッジの存在や目的が分かりにくいとの指摘は、すべてのナッジにあてはまるものではなく、これをタイプ別に検討することが必要である。たとえば、リマインダー、社会規範、ラベル表示など[1]、透明性をもつナッジ（行動インサイト）は一定数ある。これらは分かりにくければ機能しない（Sunstein, 2019; Sunstein & Reisch, 2019）。情報を伝達することによって効果を発揮するタイプのナッジ（行動インサイト）だからである[2]（Halpern, 2015）。そうではない、存在や目的が分かりにくいナッジの代表例としては、選択肢の構築、行動障壁、デフォルト[3]などが挙げられるだろう。上記の批判はこうしたタイプのナッジに対するものといえる。

　次に後者の指摘、つまり、そのようなタイプのナッジが実施されることについて、人々は同意・不同意の表明機会を与えられるべき、との指摘はどう理解すればいいだろうか。人々に同意・不同意を尋ねるということは、ナッジをこれから実施する旨と、その概要を人々に伝えることを含意している。学術研究

1）それぞれの概要と事例は表5（p. 179）を参照。
2）そのため「事実」を伝えることが不可欠となる。
3）それぞれの概要と事例は表5を参照。

として調査や実験を行う際には，これから協力をお願いする相手に研究概要を伝え，参加の同意を求めることは，常識的にも，また倫理の観点からも必須とされている[4]。しかし，研究と政策・施策ではいくつかの前提が異なる。まず，調査や実験の対象となるのは当該地域の一部の人に限られるのに対し，政策・施策が導入される際に対象となるのは地域すべての人である。また通常，調査や実験と違って政策・施策はより頻繁に実施される。その都度文書で全員の同意を得ることができればそれが最善ではあるが，ナッジの効果をはるかに上まわる費用と手間がかかりうるし，たとえば行政レターの封筒色を変えるといったレベルまで含めて説明と同意を必須とするならば，実際問題それはほとんど不可能といっていいだろう。

　実現可能性も考慮した場合，理想的といえるのは，次項で示すような中立的な会議体を設置して実施の是非を審議し，その結果や概要を開示することであろう。それも難しければ，ナッジを実施したあと，効果検証の結果も含めてその事実を公開することは最低限望まれる。そのような形でナッジ情報を開示することは，少なくとも「知らないうちにナッジの影響を受けたくない」と考える人のニーズにはある程度かなうものである。以上のように，透明性の欠如が懸念されるナッジは全体の一部ではあるが，現時点でこの問題に対する完全な答えはみつかっていない（Halpern, 2015）。できることから着手するしかないだろう。

## 主体性の侵害

　ナッジはしばしば，個人の主体性を侵害する操作だと批判される（Halpern, 2015）。ナッジの存在が分かりにくいという前項の指摘と通底する問題といえるだろう。この指摘は主として二重過程理論（Chaiken & Trope, 1999）にもとづいている。二重過程理論とは，我々の情報処理プロセスに，直観的で素早く

---

4）ただし，テーマによっては，目的や方法などの詳細を事前に伝えることによって，人々の自然な反応を引きだすことが難しくなる。人々はなかば無自覚のうちに，研究者の期待どおりに回答したり（注：実験者効果，ホーソン効果として知られる），あるいは反発して本心とは違う回答をしたりする（注：心理的リアクタンスと呼ばれる）からである。こうした問題への一般的な対処としては，研究の具体的な目的や方法を，調査・実験が終わったあとに伝えるやり方がある。

自動的なシステム１と，熟慮的で時間がかかる制御的なシステム２を仮定する考え方である。このうちナッジは迅速で自動的なシステム１を利用していると考えられており，それゆえナッジは操作だと認識されやすい（Halpern, 2015）。

　この指摘を検討するうえでもやはり，システム１に依存しているのはどのタイプのナッジであるかをまず明確にする必要がある。たとえば，コミットメントや開示・ラベル表示はこれに該当しない。これらはむしろ人々にシステム２の利用を促すものであり，こうした「考えること」を人々に求めるナッジ（行動インサイト）は一定数存在する（John et al., 2019）。だとすれば上記の指摘もやはり，デフォルトなど特定のナッジに限られることになる。

　この場合，とりうる対応として次の二点を挙げることができる。ひとつめは，予定されているナッジが人々の主体性を脅かす恐れがないか，一定の条件に該当する場合には，（行政以外の）中立的組織が審査する方法である。具体的には，新しい種類の会議体や第三者機関（大学などの IRB に相当すると考えられる。2-6-2・2-6-3参照）の設置が提案されている（Halpern, 2015; John et al., 2019; Sunstein et al., 2017; Sunstein & Reisch, 2019）。これらの場で議論・審議された内容を開示することによって，前項でとりあげた透明性の問題にも対応することができるだろう[5]。

　ふたつめは，批判に対する抜本的な対応というよりは，側面的な対応にとどまるが，ナッジされている決定や行動とは異なる選択肢を常に確保し，それを明示することである。たとえオプト・アウトの権利が用意されていたとしても，それが使いにくいものであったり隠されていたりすれば，選択の自由や主体性が保障されているとはいい難い（Sunstein & Reisch, 2019）。別の選択肢や代替行動があることをわかりやすく示すことは，ある種のナッジではとくに必要な

---

5）ただし，このやり方には問題もある。とくに存在や目的が分かりにくいナッジの場合，人々がそれらを知ることで効果が減じる可能性がある（Ruggeri, 2019b）。透明性や主体性の確保とナッジの有効性というトレードオフ問題については，その前提である「ある種のナッジはその存在や目的を知られることで効果を失うのか」との問いをまず検証する必要があるだろう。現時点でこれを検証した研究は少数であるが，ナッジの存在や目的が知られても効果は低下しない，との報告がある（Bruns et al., 2018; Loewenstein, 2015）。これは引き続き実証的に検討し，ナッジのタイプ別に結果を蓄積していくことが期待されるテーマである。

配慮だと考えられる。

　なお，セイラーとサンスティーン（Thaler & Sunstein, 2008）は，元来ナッジが働いていない環境などほとんど存在しないと指摘し，主体性を侵害しうるという批判はそうした前提を度外視したものだと反論している。特定のナッジが争点となっているときには，そのような観点から批判の妥当性そのものを吟味することも必要だろう。


## 実施者の意図と能力に依存する

　ナッジや行動インサイトに対しては，これを実施する人間や組織が，自己利益のために不正利用したり，誤った使い方をしたりするのではないか，との懸念が寄せられることもある。この懸念を詳しくみてみると，ナッジを適切に活用しようという意図と，それを実行に移すための能力のいずれか，あるいは両方への危惧が存在している（Schwartz, 2014）。これらの懸念は多くの場合，政府や行政に対して向けられる[6]（Sunstein, 2019; Sunstein & Reisch, 2019）。

　人々がナッジを政策上の有益な手段とみなしているとき，「ナッジ実施者は社会や人々にとってなにが最適かを（本人よりも）把握しており，さらにそれを正しく実行する意図と能力を備えている」との信頼を前提としている（Halpern, 2015）。時代や国・文化によっては，こうした信頼を無条件に抱けないことも当然あるだろう。仮に実施者が意図と能力を備え，人々が信頼を寄せる存在であったとしても，企業や団体などの第三者が巧みに働きかけて利益誘導することへの懸念は残る（Rayner & Lang, 2011; Sustein, 2014）。

　政府や行政への不信に由来する上記の懸念への一般的な反応は，「ナッジや行動インサイトに限った話ではなく，あらゆる政策に共通する問題だ」というものであろう。もし政府や行政が信頼できないとすれば，強制や罰則，課税，助成など従来から行われてきた政策こそ問題視しなければならなくなる（Sunstein, 2019; Sunstein & Reisch, 2019）。ナッジには他に選択肢がある分，これら

---

6）ナッジを悪用して人々を搾取する個人や組織が現れるのではないか，との懸念はビジネスの世界に寄せられることもある（Thaler, 2018）。実際上，デフォルトなどはすでに多くの営利活動で活用されているし，複数の心理学の知見はマーケティング技法としてひろく知られている。

の政策より安全ですらある（Sustein, 2014）。

　ただし，「ナッジを適切に活用する能力」への疑問に対しては，政府や行政は一定の形式で応答することが求められるだろう。実施されたナッジに効果があったかどうか検証することは，とくにコストがかかったナッジの場合，他の政策の効果検証と同じく不可欠である。この検証手続きは，効果のないナッジ，副作用や逆効果をもたらすナッジと，効果のあるナッジを見極めるために行われる。ここで留意すべきなのは，「実施者が有能であればすべてのナッジが成功する」わけではけっしてないということである。人間と政策のダイナミクスは複雑であり，理論的に正しく，他の国や地域で成功したナッジだからといって，当該地域でもうまくいくとは限らない（2-7-1・2-7-2 参照）。また政府や行政の関係者も人間である以上，確証バイアスなどから逃れることは難しい（John et al., 2019）。日本の場合，公務員の能力を疑問視する風潮よりはむしろ，「行政は無謬である（べき）」というイメージの方が強いようにも思われる。こうしたイメージに逆らって，当然ありうる失敗や非成功例を報告することはとくに初期において困難を伴うだろうが，政策の実効性を確保するうえで，主たるナッジ（行動インサイト）の効果検証はやはり不可欠であろう。

## 方向性を誤っている

　ナッジや行動インサイト，とりわけナッジの特徴のひとつは，人間が体系的で予測可能な逸脱に陥ることを所与としたうえで，個人と社会に望ましい結果を得るために，人間ではなく環境の側を変えようと試みる点にある（1-2-1 参照）。これに対して，「人々はナッジされるより教育されるべき」との意見（Graeser, 2006）や，「人間は失敗から学ぶ存在であり，ナッジは人々がエラーを経験する機会を奪っている」との意見（Schwartz, 2014; Williams, 2016）が提起されている。

　これらの指摘に対して，ナッジの提唱者の一人であるサンスティーン（Sunstein, 2019; Sunstein & Reisch, 2019）は，選択肢の構築やデフォルトなど，非教育的（システム 1）なナッジはたしかに存在する一方で，リマインダーやアラートなど，人々が主体的に判断するべくデザインされた教育的（システム 2）なナッジもあると反論している。そして前者について，望ましい効果がある限

り，人々はこうした非教育的なナッジも受容する可能性が高いと指摘する。後述するように，サンスティーンとライシュ（Sunstein & Reisch, 2019）はナッジに対する意識調査を各国で行っている。そのなかには，上記の点を検証することを目的としてアメリカで行われた調査も含まれている。ここでは，望めばオプト・アウトできる年金の自動加入など，システム１に依拠する非教育的なナッジと，被用者が職場で受けられる財務リテラシーを強化するための教育プログラムなど，システム２に依拠する教育的なナッジへの選好を尋ねた結果，57％の人が教育的なナッジのほうを好んだ。しかし，「非教育的なナッジは統計的により大きな効果をもつ」との一文を加えたところ，今度は逆に55％の人が非教育的なナッジを好むと回答した。同様の結果は別の複数のテーマでも確認されている。この結果から導きだされるのは次のような結論である。すなわち，どちらを好むかといえば，人々は教育的なナッジを好む。しかし，非教育的なナッジのほうが効果的だと分かれば，人々は教育機会よりも効果のある非教育的なナッジのほうを好む（Sunstein & Reisch, 2019）。

　このように，人々の志向や選択を実際に尋ね[7]，その結果をふまえて非教育的なナッジの可否を判断するのはひとつのやり方だろう。そのような手段を通して社会的な合意が得られると判断されたならば，非教育的なナッジは，とくに判断ミスした場合のコストが高くつくような決定や行動に適用できる可能性が高まる。

## 本質的な問題には向き合っていない

　ナッジや行動インサイトには次のような批判もある。いわく，飢餓や失業，貧困，気候変動などは本来「構造的」な問題である。こうした問題に対しては，たとえば失業対策として，公共事業への巨額投資などの抜本的な対策をとる必要がある。しかし，ナッジはこうした構造的な問題を放置して表面的な事柄に

---

7) 調査によって人々の志向を特定する際には，それぞれの選択肢のトレードオフを明らかにする必要がある。つまり，教育的である反面，政策上の即効性は期待できないとか，即効性は期待できるが教育を受けたり失敗したりする機会は損なわれるといった，正負両面を明らかにする設問にしなければ，結果は単なるフレーミング効果の表れとなってしまう。

終始しており，真にやるべきことから注意を逸らしている（Rayner & Lang, 2011），と。

　この指摘に対しては，確かにナッジは構造的な問題を解消できないが，それは従来の政策も同様であり，構造的な問題がもたらすダメージを緩和することができれば達成とみなされるべき，との反論や（Sunstein, 2019; Sunstein & Reisch, 2019），機能するならあらゆる手を打つべきで，とくにコストが最小で済むのであればなおさらそうだとする意見（Halpern, 2015）が提起されている。上記の批判はそもそも，「ナッジは有益な政策ツールである」との言説を，「ナッジさえ導入すれば，公共事業への投資など既存の政策や手段はとらなくてよい」というふうに誤って認識している可能性がある。今では少なくとも，ナッジや行動インサイトは既存の政策や手段にとって代わるものではなく，それらを補完するツールである，との見解がより一般的である（Loewenstein & Chater, 2017）。

## 効果が小さい，持続しない

　ナッジや行動インサイトに対しては，効果が小さい，持続しない，という限界が指摘されることがある（Halpern, 2015; John et al., 2019; Ruggeri, 2019b; Sunstein, 2017）。この指摘はとくに，デフォルトほど粘着力のない，リマインダーや社会規範，社会的比較といったタイプにあてはまるだろう[8]。

　このうち効果が小さいという問題は，次のいずれかを含意している。第一に，ナッジや行動インサイトが一部の人にしか効いていなかったり，また同時にある人々には逆効果となっており，相殺されて全体の効果が小さくなっていたりすることがある。第二に，ナッジや行動インサイトが全体的に少しの効果しかもたらしていないことがある。

　前者の場合，対象となる人々をなんらかの特徴で層化し，それぞれ違う方法でナッジすることなどが有効だろう。とくに社会的比較を用いたナッジ（行動インサイト）ではこの層化を考慮する必要がある。たとえば節電を目的として，各世帯の電力使用量を近隣の同規模世帯の平均使用量と併記して通知するナッ

---

8）一方，デフォルトが予想より効果をもたない場合の理由について，サンスティーン（Sunstein, 2017）は 5 つのポイントと 3 つの対処を示している。

ジを行った場合，効果が見込めるのは主として，平均より電力消費が多かった世帯に限られる。もともと電力消費が平均以下であった世帯にとって，そうした通知はこれまでの努力を解除する方向に働くからである。そこで，この問題に対処するために，電力消費が平均以上の世帯には困り顔のマークを，平均以下の世帯には笑い顔のマークを添えて通知したところ，平均以下の世帯の電力使用の増加を抑えることにつながった（Schultz et al., 2007）。このように対象者を層化し，グループ別にナッジをカスタマイズする方法はときとして有効である。

　効果が全体的に小さいという後者の指摘は，とくに学術研究の立場からありそうな批判かもしれない[9]。実際，フィールドで効果検証されたナッジ・行動インサイトの一覧（John et al., 2019; Ruggeri, et al., 2019a）をみると，コミットメントや開示などによって望ましい行動が生じた割合は，統制群とくらべて最大5%多い程度とけっして大きいとはいえない。しかし，この差が仮に1%ほどであったとしても，政策がターゲットとしている対象者の人数は数万からときに億単位に及ぶため，その実質的なインパクトは大きい。このことは，介入にかかる事実上のコストがゼロである場合いっそう顕著となるだろう（Halpern, 2015）。これは学術研究にはあまりない視点である。もちろん，適切なナッジが使われていなかったり，ナッジがそのポテンシャルを発揮するための条件が揃っていなかったりして，小さい効果にとどまっている可能性もある。

　効果の持続性については，次のように考えることができる。第一に，ある種のナッジや行動インサイトには，デフォルトによる年金加入など，一度働きかければそれで済むものがある。効果が持続しないという批判はこれらのタイプにはあてはまらない。第二に，食事や運動，納税，投票など，くり返しの努力を要する行動については，ナッジによる介入が新しい習慣をもたらしたり，自己認知・自己イメージ（1-3-2参照）や周囲のふるまいが変化したりすることで長期的な行動変容につながることが期待されている。たとえば，勧誘やコミ

---

9）学術論文では一般的に，統制群と介入群のあいだに統計的な有意差があることに加えてその差の大きさが重視される。これは，統計的な有意差が，標本サイズが大きくなるほど出やすくなることをふまえて，擬陽性，つまり実際は効果がないのにあるようにみえてしまうことを警戒するからである（2-8-2参照）。

ットメントなど，アメリカで行われているさまざまな投票促進活動は，選挙のないときでも政治や投票についての意識を高め，議論を促進することをめざしたものである（Halpern, 2015）。

　第三に，テーマによっては，ナッジや行動インサイトを一回限りではなくルーティン化することで，持続する効果を得ようとするやり方が提唱されている（Balu et al., 2019）。このやり方には一定の効果が確認されており，環境省が2017年末から行っている省エネルギーのためのナッジ（行動インサイト）[10]では，対象世帯に毎月あるいは隔月の間隔で働きかけることで，平均2%の節電効果が続くことを見いだしている（環境省，2020）。またイギリスでは，期日どおりの納税を促すリマインダーを，それまでは主に手紙という形式で行ってきたが，スマホの浸透などにより電子メールやアプリで一斉送信する試みを行っている。このやり方ならば，送信内容を相手に応じてカスタマイズすることも可能となる。

　一方で，これは必ずしも現時点で批判として述べられているわけではないが，同一のナッジや行動インサイトをさまざまな場面で多用することで，当初は機能していたものが，やがて効果を失うケースが出てくるかもしれない。たとえば，社会規範は今や世界中の行政レターで活用されており[11]，その効果の持続力は未知数である。ナッジや行動インサイトの政策活用は歴史が浅く，その持続力の検証は先行する海外でもはじまったばかりである。時間の経過に伴う変化を明らかにしていくことは，その意味で，ナッジや行動インサイトの今後の課題のひとつであるといえるだろう。また，効果が小さい，あるいは持続しなかった事例も含めて結果を集積していくことは，各ナッジや行動インサイトが機能するための前提条件を明らかにしたり，個々の自治体や府省庁を越えて知見を共有したりすることを可能にするだろう（3-3-2参照）。これからナッジや行動インサイトを実施しようとする際には，効果や持続性の検証も想定した政策デザインを設計することが期待される。

---

10）ここでは毎月の電気・ガス使用量に関する社会的比較や，損失回避といったナッジ（行動インサイト）が用いられている。

11）ハルパーン（Halpern, 2015）は社会規範の使用が多い状況に照らして，やがて10中9の公的機関が社会規範メッセージを使う事態になるだろう，と述べている。

## ナッジや行動インサイトへの人々の態度

　ここまで検討してきた内容から，ナッジや行動インサイトへの懸念や批判のうち一定数は，デフォルトをはじめとする特定の種類に向けられていることが明らかになった。これらのナッジはその存在や目的が分かりにくく，また自動的なシステム 1 に依拠しているという意味で非教育的でもある。そこで最後の論点として，こうしたタイプのナッジに対する人々の態度を検討したい。

　サンスティーンとライシュ（Sunstein & Reisch, 2019）は 17 か国で調査を行い，人々がナッジや行動インサイトに対してどのような態度を示すかを検討している（1-2-1 も参照）。この結果から複数の示唆が導かれているが，本節ではとくにデフォルトを中心に，「多数派の価値観や利益にかなっていると人々が考えるナッジ（デフォルト）は支持される」と「人々はナッジ（デフォルト）がもたらす結果を不当とみなす場合，これを支持しない」というアメリカで得られた二点の原則に着目する。

　一点目では，デフォルトが誘導する行動や結果を，社会の「大多数」が受容しているか（受容しそうか）が重要になってくる。この点について，サンスティーンとライシュ（Sunstein & Reisch, 2019）は，婚姻届の書式で女性の苗字を初期設定にすることへの支持が低い（支持率 24％）一方で，年金の自動加入が支持されている（同 80％）ことを例に挙げる。ここからは，「デフォルトになっている選択肢を多くの人が選ぶ（選びそうな）場合，そのデフォルトは支持される」との原則が導きだされる。

　これは価値観のみならず利益についてもあてはまる。多くの人の利益を損なう（損ないそうな）ナッジは支持されにくい。たとえば，税金還付を受けた人を対象に，還付金の中から一定額を赤十字などに寄付することをデフォルトとするナッジは不人気である（支持率 27％）。この結果からは，ナッジが経済的その他の損失をもたらす，と考える人々が多数派である場合，そうしたナッジは支持されない，という原則が導きだされる（Sunstein & Reisch, 2019）。

　二点目の「人々はナッジがもたらす結果を不当とみなす場合，これを支持しない」が意味しているのは，テーマによってはデフォルトの使用そのものが拒否されるということでもある。たとえば，投票用紙で特定政党への支持を初期設定とすることへの支持率は低い（26％[12]）。ここでは恩恵が多数派に及ぶか

どうかよりも，デフォルトの使用を認めてよいテーマであるか否か，という観点からその是非が判断されている。

ここまで検討してきた内容を表5にまとめた。

## 残る問題にどう対応するか

ナッジ・行動インサイトと一口にいっても，コミットメントからデフォルトまでその範囲はひろく，依拠する理論やアプローチも大きく異なっている。そのため批判する場合でも，それらに反論あるいは対応する場合でも，ナッジ全般に共通する事柄と，各タイプに固有の問題とに区別して吟味することが必要である。同様に，ナッジ実施の可否は，どのような目的で，またどういった文脈で行うかをケースバイケースで判断することが望ましい（Yeung, 2012）。すでにみてきたように，多くの場合，ナッジを採用することの正当性は，めざす目的や得られる効果と，場合によってはナッジによって損なわれる側面とを，それぞれどう重みづけるかによって評価される。その意味でナッジは，他の政策同様，トレードオフも含めて総合的に判断されるべきテーマといえる。

ナッジや行動インサイトの実施にあたっては，社会調査などの手段を用いて，ナッジや政策目的に対する人の意識を事前に把握することが推奨されている（Sunstein & Reisch, 2019）。こうした手続きによって，人々がナッジによる損益をどう重みづけているか，そもそもそのテーマがナッジにふさわしいと考えているか，ナッジ以外の方法を支持していないか，政策の目的そのものに合意しているか，などをある程度明らかにすることができる。他国や他の地域で支持されたからといって，当該国や地域でも支持されるとは限らないことにはとくに注意が必要である。

たとえば，オランダの下院議会は2016年，臓器提供者（ドナー）を増やすことを目的にデフォルトを採用し，本人の提供同意を初期設定，提供非同意をオプト・アウトとする推定同意方式と呼ばれる法案を可決した。可決直後に行われた署名運動では，提供しないと意思表示した人が，提供すると意思表示した人の約6倍に上るなど，これに対する国民の反発は強く，法案は結局いくつ

---

12) 当該政党の支持者であったとしても支持率は 32% とけっして高くはない。

**表5　主たるナッジ・行動インサイトの概要と配慮が求められる事項**

| ツール | コミットメント | リマインダーやアラート | 社会規範 | 社会的比較 | 開示やレベル表示 | 選択肢の構築 | 行動障壁 | 損失回避 | デフォルト |
|---|---|---|---|---|---|---|---|---|---|
| 概要 | 実行意図により行動を特定方向に誘導する | 予定の直前にメッセージを流し、特定の行動を促す | 他者のある望ましい行動を示し特定方向に誘導する | 他者の遂行状況を明示し行動を特定方向に誘導する | 特定の行動の帰結を明示し熟慮を促す | 選択肢の配置によって行動を特定方向に誘導する | 特定の行動にコストを課すことで抑制する | 特定の行動にコストを課すことで別の行動に誘導する | 初期設定によって行動を特定方向に誘導する |
| 事例 | 予防接種を受けに行く日時ややり方を尋ね、接種率を上げる | 服薬の時間であることをスマホのアプリで知らせ、服薬順守を高める | 「10人中9人が納期日どおりに納税しています」の一文を加えて納税率を上げる | 近所の同規模世帯の平均的な電力利用量を伝えて電力消費を抑制する | 飲食店のメニューでカロリー表示を必須とすることで肥満を抑制する | ビュッフェで健康的な食品（サラダなど）から皿を配置し、肥満を抑制する | 薬局で販売する鎮痛剤のタブレット数を減らし服毒自殺を抑制する | ビニール袋の有料化によってエコバッグ持参を推奨する | 加入を初期設定とすることで年金加入率を上げる |
| 透明性を確保するために | – | – | | 事実を伝える | 実施の概要と結果を開示する | | | – | – |
| 主体性を確保するために | – | 本人の意思で解除できる | 一定条件に該当する場合、実施の可否を第三者機関（審査委員会など）に諮り、審議の概要を開示する | | | 通常使用の便宜を損なわない | – | 非選択行動も選択できる | 離脱方法を用意し明示する（オプト・アウト） |
| 効果を確保するために | ・効果検証し、随時やり方を見直す　・対象者を層化しカスタマイズする　・望ましい決定や行動の習慣化をめざす。ルーティン化をはかる　・結果を蓄積・共有し、より大きな原則を探る | | | | | | | | |
| トレードオフが顕在化したら | ・ナッジや行動インサイトの損益に対する人々の望ましさが社会的に合意されているか把握する | | | | | | | | |
| 前提事項 | ・誘導している行動やその結果の望ましさが社会的に合意されている　・多くの人々が「ナッジすべるべきでない」と考えるテーマは除外する | | | | | | | | |

かの重要な修正[13]を加えられて上院を通過した（Gill, 2018）。ヨーロッパでは
すでにベルギーやフランスなど複数の国々で推定同意方式が導入されている
が[14]，オランダの人々は，そうした趨勢とは関係なく自分たちの意思を表示
したわけである。とくに影響の大きいナッジや行動インサイトを実施するにあ
たっては，政策の目的や手段と人々の態度とに乖離がないことを確認しておく
ことが有効だろう。

　本節を閉じるにあたり，「行動科学者のための倫理的要点」としてまとめら
れた6つのポイント（Jachimowicz et al., 2017）を以下に示す。これは主として，
フィールドで実験を行おうとする行動科学者に向けられた要点である。医学や
心理学，経済学など，人間を対象に実証的研究を行う学問分野では，研究機関
や学会ごとに研究倫理が規定されている。以下では，ナッジや行動インサイト
を用いて介入する際に，通常の研究倫理に加えて，あるいはその中でもとくに
留意すべき事柄が挙げられている。


1. 利害：関係者の利害は一致しているか？
2. 透明性の過程：参加者にとって透明性のある研究プロセスになっている
   か？　改善余地はないか？
3. 厳格な評価：研究デザインと分析計画は研究の効果を評価できるものに
   なっているか？
4. データのプライバシーと安全性：参加者のプライバシーと匿名性を保護
   する管理計画となっているか？
5. オプト・アウトの容易さ：参加者は研究を容易にオプト・アウトできる
   か？
6. コスト・ベネフィット分析：研究の潜在的なベネフィットは潜在的な害
   を上まわるか？

---

13) 最終的に遺族の同意を必須とする条件などが追加された。
14) これらの国々でも，現場では必ずしも推定同意方式が厳格に運用されているわけではな
   く，医療従事者は依然として遺族の同意を確認しているという（Thaler, 2016）。

# 引用文献

Balu, R., Dechausay, M., & Anzelone, C. (2019). Chapter11: An organizational approach to applying behavioral insights to policy. In K. Ruggeri (Ed.). *Behavioral Insights for public policy: concepts and cases*. Routledge. pp. 200-217.

Bruns, H., Kantorowicz-Reznichenko, E., Klement, K., Jonsson, M. L., & Rahali, B. (2018). Can nudges be transparent and yet effective? *Journal of Economic Psychology, 65*, 41-59.

Chaiken, S., & Trope, Y. (1999). *Dual-process theories in social psychology*. The Guilford Press.

Gill, D. (2018). How to spot a nudge gone rogue. UCLA Anderson Review. https://www.anderson.ucla.edu/faculty-and-research/anderson-review/rogue-nudges（2020 年 5 月 30 日参照）

Graeser, E. (2006). Paternalism and Psychology. *The University of Chicago Law Review, 73*, 133-156.

Halpern, D. with Owain Service and the Behavioural Insight Team (2015). *Inside the Nudge Unit: how small changes can make a big difference*. WH Allen.

Jachimowicz, J., Matz, S., & Polonski, V. (2017). The behavioral scientist's ethics checklist. https://ethicscenter.web.illinois.edu/wp-content/uploads/2018/01/The-Behavioral-Scientist%E2%80%99s-Ethics-Checklist-Original-article.pdf（2020 年 5 月 30 日参照）

John, P., Cotterill, S., Moseley, A., Richardson, L., Smith, G., Stoker, G., & Wales, C. (2019). *Nudge, nudge, think, think: Experimenting with ways to change citizen behavior 2th edition*. Manchester University Press.

環境省（2020）. 2021 年度エネルギー対策特別会計概算要求事業概要資料 http://www.env.go.jp/earth/earth/ondanka/energy-taisakutokubetsu-kaikeir03/matr03-26.pdf（2020 年 11 月 5 日参照）

Loewenstein, G., & Chater, N. (2017). Putting nudges in perspective. *Behabioural Public Policy, 1*, 26-53.

Loewenstein, H. (2015). Warning: you are about to be nudged. *Behavioral Science & Policy, 1*, 35-42.

Rayner, G., & Lang, T. (2011). Is nudge an effective public health strategy to tackle obesity? NO. *British Medical Journal, 342*, 2177

Ruggeri, K. (2019a). *Behavioral Insights for public policy: concepts and cases*. Routledge.

Ruggeri, K. (2019b). what is impact? In K. Ruggeri (Ed.). *Behavioral Insights for public policy: concepts and cases*. Routledge. pp. 218-236.

Schultz, P. W., Nolan, J. M., Cialdini, R. B., Goldstein, N. J., & Griskevicius, V. (2007). The Constructive, Destructive, and Reconstructive Power of Social Norms. *Psychological Science, 18*, 429-434.

Schwartz, B. (2014). Why Not Nudge? A Review of Cass Sunstein's Why Nudge. BEHAVIORAL scientist. https://behavioralscientist.org/nudge-review-cass-sunsteins-whynudge/（2020 年 5 月 30 日参照）

Sunstein, C. (2017). Nusge that fail. *Behavioral Public Policy, 1*, 4-25.

Sunstein, C. R., Reisch, L. A., & Rauber, J. (2017). A worldwide consensus on nudging? Not quite, but almost. *Regulation & Governance, 12*, 3-22.

Sunstein, C. R., & Reisch, L. A. (2019). *Trusting NUDGES: Toward a bill of rights for nudging.* Routledge.

Thaler, R. H. (2016). *Misbehaving: The Making of Behavioral Economics.* W. W. Norton & Co Inc.（遠藤真美（訳）(2020). 行動経済学の逆襲　早川書房）

Thaler, R. H. (2018). Nudge, not sludge. *Science, 361*, 431.

Thaler, R. H., & Sunstein, C. R. (2008). *Nudge: Improving decisions about health, wealth, and happiness.* Yale University Press.（セイラー，R. & サンスティーン，C.　遠藤真美（訳）(2009). 実践行動経済学：健康，富，幸福への聡明な選択 日経 BP）

Williams, R. (2016). Conclusion: Behavioral economics and policy interventions. In S. Abdukadirov (Ed.). *Nudge theory in action: behavioral design in policy and markets.* Palgrave Macmillan. pp. 317-329.

Yeung, K. (2012). Nudge as fudge. *The Modern Law Review, 75*, 122-148.

（白岩祐子）

## 2-5-2 ナッジや行動インサイトのタイプ別の向き・不向き

　他の政策同様，ナッジや行動インサイトもまた必ずしも万能ではなく，その特徴から向き不向きがあるといわれる政策ツールである。たとえばサンスティーン（Sunstein, 2016）は，デフォルトが強制選択，つまり初期設定なしの選択肢よりふさわしい場面として，「選択肢が複雑で，専門的で，なじみがない」「自分で積極的に選びたくない」「その場限りで学習効果が見込めない」「対象者の特性がある程度均一である」といった特徴を例示している。前節でみたように，従来のナッジや行動インサイトには，デフォルトに代表されるシステム1を活用した非教育的なタイプと，開示などに代表されるシステム2を活用した教育的なタイプ，さらにはリマインダーやアラートなど，エラーを前もって回避する予防的なタイプが存在する。本節では，これらのタイプ別に，相性が良いケース，あるいは良くないケースの特徴をそれぞれ検討する。

### 特定のナッジ・行動インサイトと相性が良いケース

　難易度が高く，知識や専門性が求められる複雑な選択や決定において，ナッジや行動インサイトはとくに効果的だと考えられている（Thaler & Sunstein, 2008; Sunstein, 2016; Yeung, 2012）。たとえば，自分に合う住宅ローンや携帯電話の契約，治療法など，複雑な選択肢からひとつを選ぶような状況が上記にあてはまるだろう。こうした場面で，我々は必ずしも同時に複数の選択肢に目配りを行き届かせることができるわけではない。また，メリットや，スマホ本体の値段など短期的な事柄にばかり目が向き，デメリットや，契約解除時の違約金など長期的な事柄についての考慮がおろそかになることもある。

　このように難しい課題に直面したとき，それが携帯電話の買い替えなど，くり返し経験する事柄であれば，その場しのぎの非教育的なタイプよりも教育的なタイプ，たとえば情報開示のほうが向いている。開示された情報が一覧化されると利便性はさらに向上するだろう。契約ごとにメリットとデメリットについての諸項目が一覧になっていると，他の選択肢やトレードオフという，我々が見落としがちなポイントを補ってくれるからである[15]。また，社会的比較や社会規範などの他者情報は，標準的な選択を簡便に行えるという点で個人に

利益をもたらすだろう。年齢や，通話，アプリの利用時間といった属性において，その人とよく似た他者がどのような契約や治療を選択しており，その結果をどう評価しているかを知ることは，難しい決定を易しくしてくれるものである。このように，くり返し経験する難易度の高い決定に際しては，情報開示や他者情報など，可視性を高め，熟慮的なシステム 2 を援助・補助するような教育的タイプのナッジや行動インサイトがふさわしい。

　一方で，我々がそう何度も経験しないその場限りの決定や選択が求められるとき，教育効果はそれほど問われないかもしれない。経験から学ぶ機会よりも，自分や社会にとってよりよい決定を下すことが重視される場合，サンスティーン（Sunstein, 2016）がいうとおり，デフォルトなどの非教育的なタイプが有益なツールになるだろう。同じように，判断ミスが招くコストがあまりに大きく，個人や社会にとって損失につながることが見込まれる場合，やはりデフォルトは有用である。たとえば，年金に加入し損ねて老後に困窮するようなケースがこれに該当するだろう。

　予防的なタイプは，こまごました雑多なタスクで生じやすいミスを防いでくれる。日々の生活は情報過多であり，我々は認知的な負荷が高い状況で暮らしている。そうした日常生活の中でくり返し経験するタスクや行動はエラーを伴いやすい[16]。薬を服用し忘れる，メールにファイルを添付し忘れるなど，よくあるうっかりミスに対しては，アラートやリマインダーなどの予防的タイプが向いている。Google はこの点を認識しており，Gmail というメールサービスで，利用者がメール中に「添付」という用語を用いているにもかかわらずファイルを添付していないとき，送信時に確認メッセージを表示するようにしている。このようにルーティン化されたアラートやリマインダーは，くり返し経

---

15）選択や決定の質全般を高めるには，知識を増やすことに加えて，決定にかかる時間的余裕をもつことや誤った将来予期を修正することなども有効である（Ubel, 2013）。

16）たとえば，ATM でお金を引きだした後にキャッシュカードを取り忘れるなど，我々は主たるタスクを終えると関連するタスクを忘れてしまう傾向をもっている。これは完了後エラーと呼ばれる（Byrne & Bovair, 1997）。この傾向をふまえて，ATM や駅の自動券売機では，キャッシュカードなどを取りだすまでアラートを出し続けたりお金を出さない仕組みになっている。

験する雑多なタスクや行動の中で我々がミスすることを防いでくれる。

　人々がはっきりしたこだわりや選好をもたないようなテーマについてもナッジ・行動インサイトは有効である。こうした状況で選択・決定を下すことは難しい。そのため，我々をそっと後押しして適切な選択肢を示唆してくれるようなナッジや行動インサイトの存在は大きな助けになる（Sunstein, 2019）。たとえば，パソコンのウィルス対策ソフトの設定に強い利害や選好をもつ人は少ないだろう。このソフトをインストールするとき，画面に現れる選択肢を一つひとつ吟味し決定していくのは多くの人にとって気の進まない作業である。このような場合，デフォルト，つまり，一般的に推奨される選択肢や，多くの人が選んでいる選択肢が初期値になっていると負担は確実に小さくなる（Thaler & Sunstein, 2008）。

　以上をまとめると次のように総括することができる。すなわち，知識や専門性が求められる難しい決定のうち，発生頻度が高いものについては情報開示や一覧化などの教育的なタイプが，その場限りの選択であったり，判断ミスによるコストが大きかったりするときには非教育的なタイプ，すなわち効果の強いデフォルトなどとの相性がよい。デフォルトはまた，人々が進んで選びたがらない選択肢，明確な好みや意思といったものが存在しないような決定にも向いている。さらに，日々の雑事に埋もれて忘れやすいタスクや行動には，アラートやリマインダーなど予防的なタイプがふさわしい。今後，ナッジや行動インサイトの国内活用例が増えてくるにしたがい，タイプ別「相性のよいケース」の特徴はさらに明確になっていくだろう。

### 特定のナッジ・行動インサイトと相性が良くないケース

　ナッジとあまり相性が良くないテーマにはどのような特徴があるだろうか。ナッジ全般というよりは，そのうち非教育的なタイプ，つまり，効果が比較的強いデフォルトや選択肢の構築は，次のような状況には不向きかもしれない。

　第一に，ナッジによって導こうとしている行動や結果を，人々が必ずしも受容していなかったり，意見が割れていたりするとき，デフォルトのように選択や決定への影響力が強いタイプを用いることは適切でないといえるだろう。このことは，前節で挙げた臓器提供におけるオランダの推定同意方式の例でも明

らかである。元来，考慮するべき観点が多く細心の注意を払うべきデリケートな問題に対してデフォルトは向かないといわれるが（Sunsetin, 2016），臓器提供や移植の問題もまた生命身体や死者・生者の尊厳をめぐるデリケートな問題であり，文化的・宗教的な価値観[17]などが密に関わってくるテーマでもある。

　前節では，婚姻届の初期値を女性の苗字にするというデフォルトが支持されなかったことを紹介した。アメリカでは，男性が女性の苗字に変えるのは全体の3％にとどまる（Shafer & Christensen, 2018）。男女同権の観点に立てば，結婚後に男性が女性の姓を名乗るケースが増えることは望ましいといえるかもしれないが，上記した現状や，すでにひろく受容されている社会常識などに照らした場合，このようなデフォルトが多くの人々から支持されないことは明らかだろう。

　以上のように，決定や結果の望ましさについて人々のあいだに合意が形成されていなかったり，意見が割れていたりする場合には，デフォルトなどによって特定の行動を誘導するやり方は社会的な支持を得られない可能性が高い。人々の意識やそれまでの常識に働きかけ，別の選択肢に対する抵抗感を減らすなど，新しい社会的態度を醸成することが政策の目的であるならば，ナッジのなかでもとくに教育的なタイプや，経済的・非経済的なインセンティブを見直すことのほうが支持を得やすく，また効率的といえるかもしれない。

　第二に，多くの人がすでに明確な選好をもっている場合，あるいは熱意とこだわりをもって選択・決定するような場面において，デフォルトや選択肢の構築といった効果の強いナッジは不適切となる（John et al., 2019; Sunstein, 2016, 2017）。たとえば，我々の多くは長期休暇の過ごし方や旅行先にこだわりと熱意をもち，この問題に深くコミットしている。そのため，決定に必要な情報や知識は放っておいても自ら収集しようとするし，自身や友人・家族の好みや判断を決定に反映させたいと願う。このような場合，デフォルトや誘導するような選択肢の構築は不要であるし，設定次第では不適切で非効率的なものになってしまう。

　このように，多くの人が時間や注意を優先的に振り向けるようなテーマ，情

---

17) 特定の宗教を信仰する人の中には，遺体の損壊を死者への侮辱とみなす傾向がある。

報や知識をもっているテーマ，あるいはすでに選好が確立しているテーマについて，デフォルトなどの非教育的なナッジを導入する必要性は低い。人々の好みが必ずしも均一でなく，多岐にわたる選好が存在していたり，変化が激しく人々の好みが移ろいやすい事柄についてもやはり，デフォルトはふさわしいとはいえないだろう。

　第三に，政策の目的が教育や教育機会を提供することにある場合，デフォルトに代表される非教育的なナッジよりも教育的なナッジや行動インサイトのほうが適している（Sunstein, 2016）。試行錯誤しながら身につけた判断力や主体性，責任感は，状況や場面が変わっても持ち運びできる資質，いわばポータブルな財産である。この点，デフォルトに代表される，その場限りの判断が求められる際に有用なある種のナッジは，上記の目的にとって最適であるとはいい難い。この場合には，熟慮的なシステム2に焦点化するタイプの教育的ナッジや行動インサイトが向いている（Sunstein et al., 2017; Sunstein & Reisch, 2019）。たとえば情報開示やラベル表示などがこれに該当するだろう。

　近年，人々の思考や熟慮を促進し，より長期的で安定した行動変容をめざす働きかけとして，think（John et al., 2019）や boost（Crow, 2017; Grüne-Yanoff & Hertwig, 2016; Grüne-Yanoff, 2018）といった概念が提唱されている。think や boost は，思考を深めたり，個人の主体性や責任を育んだりすることを目的としており，とくに boost はもともとナッジと対立する概念として提唱された（Grüne-Yanoff & Hertwig, 2016; Grüne-Yanoff, 2018; John et al., 2019）。しかし，ここまでくり返し述べてきたように，ナッジや行動インサイトには教育的なタイプもあり，サンスティーンとライシュ（Sunstein & Reish, 2019）がそれらを boost と呼んでいるように，think や boost はいってみれば，システム2に依拠する教育的なナッジ・行動インサイトの一部と位置づけることができる。いずれにせよ，教育や学習機会を提供し，各種リテラシーを育むことが政策の目的である場合，自動性と直観に依拠した非教育的なタイプよりも，考えること，自己制御することに焦点化した教育的なタイプ（ないし think, boost）のほうが目的にかなっている。

　以上を総括すると，ナッジのうち，とくにデフォルトや選択肢の構築などの非教育的なタイプが不向きなテーマとして，次のような特徴を挙げることがで

きる。まず，社会的合意が形成されていない，あるいは意見が割れているテーマ，細心の注意をもって吟味すべきテーマに対して上記のナッジは不向きである。また，人々に明確な選好があったり，人々が進んで選択・決定したがるテーマ，あるいは多岐にわたる好みが存在したり，はやり廃りのあるテーマについて，上記のナッジを用いる必要性は低く，場合によっては不適切，非効率となりうる。同様に，判断力や主体性の涵養など，政策目的が教育や教育機会の提供にある場合，あるいは熟慮や社会的な議論を喚起することが目的である場合，相性がいいのはシステム1に依拠したナッジよりも，システム2に依拠した教育的なナッジや行動インサイトといえるだろう。効果の大きさやトレードオフ，性質，適性においてナッジや行動インサイトはけっして一様ではない。目的と場面に応じて各タイプを使い分けることが肝要である。

## 引用文献

Byrne, M. D., & Bovair, S. (1997). A working memory model of a common procedural error. *Cognitive Science*, *21*, 31-61.

Crow, R. (2017). *Nudge & Boost for Better Living: Insights from Behavioral Science You Can Use Every Day*. CreateSpace Independent Publishing Platform.

John, P., Cotterill, S., Moseley, A., Richardson, L., Smith, G., Stoker, G., & Wales, C. (2019). *Nudge, nudge, think, think: Experimenting with ways to change citizen behavior 2th edition*. Manchester University Press.

Grüne-Yanoff, T. (2018). Boosts vs. Nudges from a welfarist perspective. *Revue d'économie politique*, *128*, 209-224.

Grüne-Yanoff, T., & Hertwig, R. (2016). Nudge Versus Boost: How Coherent are Policy and Theory? *Minds and Machines*, *26*, 149-183.

Shafer, E. F., & Christensen, M. (2018). Flipping the (surname) script: men's nontraditional surname choice at marriage. *Journal of Family Issues*, *39*, 3055-3074.

Sunstein, C. (2016). *Choosing not choose: understanding the value of choice*. Oxford University Press.

Sunstein, C. (2017). Nudge that fail. *Behavioral Public Policy*, *1*, 4-25.

Sunstein, C. R. (2019). Prologue. In John, P., Cotterill, S., Moseley, A., Richardson, L., Smith, G., Stoker, G., & Wales, C. (2019). *Nudge, nudge, think, think: Experimenting with ways to change citizen behavior 2th edition*. Manchester University Press, pp. xix-xxxi.

Sunstein, C. R., & Reisch, L. A. (2019). *Trusting NUDGES: Toward a bill of rights for nudging*. Routledge.（サンスティーン，C. & ライシュ，L.　大竹文雄（監修・解説）遠藤真美（訳）(2020)．データで見る行動経済学　全世界大規模調査で見えてきた「ナッジ

（NUDGES）の真実」日経 BP）

Sunstein, C. R., Reisch, L. A., & Rauber, J. (2017). A worldwide consensus on nudging? Not quite, but almost. *Regulation & Governance*, *12*, 3-22.

Thaler, R. H., & Sunstein, C. R. (2008). *Nudge: Improving decisions about health, wealth, and happiness*. Yale University Press.（セイラー, R. & サンスティーン, C.　遠藤真美（訳）(2009).　実践行動経済学：健康, 富, 幸福への聡明な選択 日経 BP）

Ubel, P. (2013). Beyond comprehension: figuring out whether decision aids improve people's decisions. In E. Shafir (Ed.), *The Behavioral Foundations of Public Policy*. New Jersey: Princeton University Press. pp. 351-360.（シャフィール, E.　谷辺哲史（訳）(2019).　理解を越えて：判断補助は人々の意思決定を向上させるのか 白岩祐子・荒川歩（監訳）(2019).　行動政策学ハンドブック：応用行動科学による公共政策のデザイン　福村書店 pp. 470-482）

Yeung, K. (2012). Nudge as fudge. *The Modern Law Review*, *75*, 122-148.

（白岩祐子）

# 2-6　審査を受ければ「倫理上の問題」はクリア？

## 2-6-1　人を対象とする研究での注意点

　　ある自治体では，健康診断の受診率が他の地域と比較して著しく低いことに悩んでいた。病気予防に対する健康診断の効果や重要性の理解を促すための啓発活動もほとんど効果を示さない。そのようなとき，担当職員がナッジのことを知り，受診率向上に使えるのではないかと考えた。そこで，住民を4つのグループに分類し，グループAには健康診断を受けないと寿命が短くなる可能性があるとのメッセージ，グループBには健康診断の本来の費用はこれだけかかっており受診しないと損するとのメッセージ，グループCには近所の○○さんは毎年受けているとのメッセージ，グループDには健康診断を受診すると使い捨てマスクがもらえるとのメッセージ，をそれぞれ書いた受診票ハガキを郵送することにした。その結果，その年の受診率は例年と比較し2倍に増加した。

　　これは架空の話であるが，ナッジの効果検証として好事例と思われるだろうか。結果だけ見ると受診率が向上したのだから目的が達成されたと見る人もいるだろう。しかし，この効果検証には様々な問題点が潜んでいる。

　　まず，グループAのメッセージは住民の不安を不必要に煽り，不安にさせている可能性がある。不快に思う人もいるだろう。また，健康診断の受診の有無と寿命の因果関係についての言及が科学的な根拠に基づいているかどうかの確認も必要だ。グループCのメッセージは特定の近所の人の受診状況を共有している点でプライバシー保護の観点から問題があるかもしれない。マスクの配布をグループDのみにするのであれば他のグループとの間で公平でない。また，統制群（コントロール）を置いていないため，どのメッセージがどの程度効果があったのかを分析することが困難である。さらに，全体として受診率が向上したとしても，いつもと違うデザインのハガキになったことで受診票であることに気がつかなかった人がいるかもしれない。そして，効果検証を行う前に住民に同意を取ることの是非について，少なくともなんらかの検討を行う必要があった可能性もある。

　　ナッジの効果検証，あるいは社会実装を行う際には，倫理面での事前の検討，

特に，対象者の心身に与える影響をしっかりと考慮した上で，「自分自身にとってより良い選択ができるように人々を手助けすること（Thaler, 2018）」というナッジの目的に照らし，個人の意思決定権が担保されることが重要である。

　このような，実証的研究における倫理面の検討は，特にヒトを対象とした場合には「研究倫理」と呼ばれており，第二次世界大戦下でのナチスドイツの人体実験への批判を契機として長年にわたって議論が進められてきた。ここで少し歴史的な経緯に触れておきたい。大戦後に人体実験に関わった医師等を裁く裁判，通称ニュルンベルグ裁判において，ヒトを対象とする研究はこのようにあるべきだというニュルンベルグ綱領が生まれ，「許容されうる医学実験」として，研究参加者の自発的な同意が必要であることや，不必要な身体的あるいは精神的な苦痛は避けなければならない，といった10項目の原則が盛り込まれた（US Department of Health and Human Services）。しかしながらその後も非倫理的な人体実験は止まず，米国の公衆衛生局が梅毒の有効な治療法が開発されてからも黒人を研究参加者とした梅毒感染者の経過実験を40年にわたり継続していたことや（タスキギー事件），ニューヨーク州の知的障害児施設で入所者に肝炎ウイルスを注入する実験を行っていたこと（ウィローブルック肝炎研究）等が明らかとなった。これらの事件を経て，米国では「国家研究法」が1974年に成立，そして生命医学倫理の4原則として，①自律の尊重（自らの意思決定を尊重し，また支持すること），②無危害（危害の原因を避けること），③善行（危害を和らげ，低減させ，防止し，そして利益を与え，リスク・コストに対する利益確保のバランスをとること），④公平・正義（利益とリスク・コストを等しく分配すること）の4項目が掲げられ（Beauchamp and Childress, 2009），現在に至るまで参照されてきている[1]。

　これらは臨床研究の過激な事例でありナッジには関係がない，との指摘もあるかもしれない。しかしながら，専門家間でナッジの倫理的観点について議論される機会は増えてきている。たとえば，ナッジは個々人の積極的選択を阻害する可能性がある，行き過ぎた利便性を生み出す可能性がある，との批判がな

---

1) 他方で，研究倫理上の不正行為は根絶されず，2000年以降も，たとえば日本でも，医療機関が患者の同意を経ずに通常とは異なる用量の医薬品を投与していたこと等の事件が起こっている。

され（Schubert, 2016），そうした批判に対してナッジの概念の提唱者である
Sunstein は，ナッジにおける選択肢の構築はむしろ人の自由な選択を促すも
ので自己決定の幅を広げることになると反論している（Sunstein, 2015; Sunstein,
2016）。また，日本国内においても，日本版ナッジ・ユニット BEST の議論の
中で，

- 省エネ関連で人を対象とした実証的研究を実施する際の倫理規程は見当た
らず，現状では個別の事例毎に検討しているが，政府全体で EBPM を推
進しようとしている中で，統一的なルール（少なくともその必要性の検討）
についての議論が必要ではないか。
- ルール次第では，少なくとも短期的には EBPM の推進の速度が鈍化する
要因となり得ることを懸念する。しかし，個人への倫理的な配慮を蔑ろに
して良いということにはならない。

等の点が検討すべき点として挙げられている（日本版ナッジ・ユニット BEST,
2019）。そして，平成 29 年度・30 年度報告書において（日本版ナッジ・ユニッ
ト BEST, 2019），「ナッジ等の行動インサイトを活用したアプローチを実施する
に当たり，受け手である国民や消費者の立場に立った倫理的な観点からの配慮
が必要」と結論づけている。このように，ナッジの倫理面での検討の必要性は
増してきていると言えよう。
　これらを踏まえ，環境省では 2019 年 12 月にナッジ倫理委員会を設置，有識
者による議論を経て 2020 年 3 月に「ナッジ等の行動インサイトの活用に関わ
る倫理チェックリスト」をとりまとめ，公表した（日本版ナッジ・ユニット
BEST, 2020）。この内容については次の節で詳しく説明したい。

### 引用文献

Beauchamp, T. L., & Childress, J. F. (2009). *Principles of Biomedical Ethics*, Seventh Edi-
tion. Oxford University Press.
日本版ナッジ・ユニット BEST 連絡会議（2019）．第 8 回連絡会議資料 3　http://www.env.
go.jp/earth/ondanka/nudge/renrakukai08/ref03.pdf
日本版ナッジ・ユニット BEST（2019）．平成 29 年度・30 年度報告書 http://www.env.go.

jp/earth/ondanka/nudge/report1.pdf

日本版ナッジ・ユニット BEST（2020）．ナッジ等の行動インサイトの活用に関わる倫理チェックリスト ① 調 査・研 究 編　http://www.env.go.jp/earth/ondanka/nudge/renrakukai16/mat_01.pdf

Schubert, C.（2016）A Note on the Ethics of Nudges. VoxEU.

Sunstein, C. R.（2015）. The Ethics of Nudging. *Yale Journal of Regulation, 32*, 413-450.

Sunstein, C. R.（2016）. *The Ethics of Influence: Government in the Age of Behavioral Science*. Cambridge University Press.（サンスティーン，C. R.　田総恵子（訳），坂井豊貴（解説）（2020）．ナッジで，人を動かす：行動経済学の時代に，政策はどうあるべきか NTT 出版）

Thaler, R. H.（2018）. Nudge, not sludge. *Science, 361*, 431.

United States Department of Health and Human Services, https://www.hhs.gov/ohrp/international/ethical-codes-and-research-standards/index.html

（森　祐介）

## 2-6-2　倫理審査とはなにか

　倫理審査とは，行おうとするナッジの効果検証や社会実装が倫理的に許容されるものであるかどうかを事前に審査することであり，その重要性は前の節で説明した。ここでは，ナッジの効果検証を大学等の研究者と一緒に共同研究として行う場合と，そうでない場合に分けてどのような手続きが必要か見ていきたい。

### 大学等に共同研究者がいる場合

　学術目的でヒトを対象とした研究を行う場合には，その研究の倫理的妥当性について事前に審査が行われることが多い。この際，研究者が作成した研究計画案を研究機関内に設置した倫理審査委員会（機関内倫理審査委員会，Institutional Review Board, IRB）に提出，委員会が審査を実施する。委員会は研究機関の教職員のほか，外部の専門人材として法律家や患者団体等から構成される。学術ジャーナルでは，IRB の審査を経た研究であることが論文投稿受付の条件となっていることがほとんどであることから，本来目的である倫理面のレビューの観点はもちろんのこと，実務的にも IRB の審査は重要である。加えて，ヒトに対して侵襲的な研究や医学研究を行う場合には，文部科学省・厚生労働省による「人を対象とする医学系研究に関する倫理指針」を遵守することが求められている。そのため，たとえば大学や研究機関に所属する研究者と共同で行動インサイトに関する調査研究を実施する際には IRB での審査を経るケースが多いと考えられる。

### 大学等に共同研究者がいない場合

　大学や研究機関に所属する共同研究者がいない場合には，ナッジの実施者が独自に倫理面の審査を行うことになる。しかしながら，ナッジ事業を行う自治体や企業等の事業実施者で IRB を設置していることは稀であることや，倫理審査を外部委託する仕組みはほとんど整っていないこと，そして，そもそも倫理的な審査を行うことの必要性が浸透していなかったことなどから，倫理的な観点での審査はこれまで積極的に行われてきたとは言えない状況であった。他

方，事業実施者やアカデミアから，十分な検討がなされないまま「気軽に」ナッジ事業が行われる，あるいは行ってしまうことへの不安が聞かれるようになってきていた。こうして，事業実施者が簡便に活用可能なガイドラインに対するニーズが高まってきた。

　これを受け，2019 年末に日本版ナッジ・ユニットはその下に「ナッジ倫理委員会」（委員として，森祐介 つくば市政策イノベーション部長（委員長），神里彩子 東京大学医科学研究所生命倫理分野准教授，栗林勉 栗林総合法律事務所代表・弁護士，山根承子 株式会社パパラカ研究所代表取締役，吉高まり 三菱 UFJ モルガン・スタンレー証券株式会社チーフ環境・社会ストラテジスト（当時））を設置，ナッジを含む行動インサイトの活用にあたり，倫理面から留意すべきことのチェックリストを作成することとした。

　チェックリストは 2 つの段階からなる。すなわち，ナッジの効果を確認するための調査・研究段階に用いるチェックリスト（①調査・研究編），そして，効果が確認されたナッジを実際に社会に実装していく段階に用いるチェックリスト（②社会実装編）の 2 つである。①調査・研究編については，2020 年 3 月に発行され（日本版ナッジ・ユニット BEST, 2020a），②社会実装編については，2020 年 12 月に発行された（日本版ナッジ・ユニット BEST, 2020b）。

　ここからはすでに発行された①調査・研究編について解説する。このチェックリストでは，冒頭において，「ナッジ倫理」の必要性を「ナッジをはじめとした行動インサイトの活用は，人々の生活に介入し，行動様式に影響を及ぼすことがあります。従って，その活用に携わる人は，法律の定めるところに加え高い倫理性が求められます」とした上で，「ここで，高い倫理性とは，真摯な態度を持って，全ての人の基本的人権を尊重し，生命に対する尊厳に敬意を払い，心身の安全に責任を持ち，ナッジの対象者，その周りの人々，さらには社会全体に不利益をもたらさないように努めることを意味します」としている。そして，25 のチェック項目を A．ナッジの定義の理解について，B．調査・研究の環境整備について，C．調査・研究計画時に遵守すべき事項について，D．調査・研究終了後に遵守すべき事項についての 4 つのパートに分類し，実施体制および実施責任者の明確化，調査・研究の目的および手法の妥当性，協力者の心身の安全の担保，協力者のプライバシーへの配慮，個人情報の適切な取り

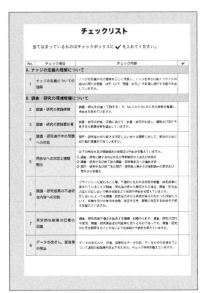

図 22

　扱い，インフォームド・コンセントの取得，データの正確性の確保等を，事業
実施者に自己点検させる構造となっている（図22）。
　ナッジ事業実施者は，調査・研究計画の作成にあたり，本チェックリストを
事前に参照し参考にした上で，計画ができあがった時点で全ての項目に丸がつ
くかをチェックする。そして，事業実施中，実施後にも再度チェックリストに
戻り，その時々で何が求められるかを再確認する。こうして，実施するナッジ
事業が倫理的に許容されるものなのかを自己点検することができる。
　このナッジ倫理チェックリストを用いて事前に倫理面の検討を行った事例も
すでにいくつか出てきている。たとえば，環境省事業を受託しているサイバー
創研株式会社は，このチェックリストを用いて「ウェアラブル端末等を用いて
ゲーム化した，健康睡眠時間の確保のためのナッジ実証事業」の実施の可否を
事前に検討した。また，つくば市では，前述（2-1-3節）の消毒ナッジの効果
検証を実施するにあたってこのチェックリストを用いて検討を行っている。

**表6** ナッジ等の行動インサイトの活用に関わる倫理チェックリスト〜調査・研究編

## A. ナッジの定義の理解について

No. 1 ナッジの定義についての理解

- ナッジの定義やその意味を正しく理解し，ナッジを含む行動インサイトの活用に関わる調査・研究（以下「調査・研究」）を計画し遂行する能力を有していますか。

## B. 調査・研究の環境整備について

No. 2 調査・研究の実施体制

- 調査・研究を計画・実施する上で，No.3 から No.8 に示す体制を整備し，手続きを定めていますか。

No. 3 調査・研究の実施責任者

- 調査・研究の計画・実施に当たり，調査・研究を統括し，権限及び責任を有する実施責任者を選定していますか。

No. 4 調査・研究遂行中の問題への対処

- 調査・研究遂行中に起きる予期しない様々な問題に対して，解決のために取り組む準備ができていますか。

No. 5 問合せへの対応と情報開示

- 以下の問合せ及び情報開示の体制及び手続きを整えていますか。
  ①調査・研究に関する問合せ及び情報開示の方法及び手続き
  ②調査・研究中及び終了後の調査・研究実施者への連絡方法
  ③調査・研究中及び終了後の調査・研究協力者からの情報開示の要求及び問合せの手続き

No. 6 調査・研究成果の不適切な内容への対処

- プライバシーに関わること等，不適切と思われる内容が調査・研究成果に含まれていることが調査・研究協力者から指摘された場合，調査・研究協力者との話し合いで解決を図るよう体制や手続きを整えていますか。
- 話し合いによっても調査・研究協力者から承諾が得られなかった内容について，指摘を受けた箇所を削除，修正する等，誠実に対応する体制や手続きを整えていますか。

No. 7 否定的な結果の隠匿の回避

- 調査・研究資金や機会を提供する機関・組織の方針や，調査・研究の目的や仮説，調査・研究実施者の利益等に反するものであっても，調査・研究の結果を隠匿することのないような体制や手続きを整えていますか。

No. 8 データの改ざん，捏造等の禁止

- データの改ざんや，捏造，恣意的なデータ削除，データ分析の手続き等について虚偽の記載等を防止するための，チェック体制を整えていますか。

## C. 調査・研究計画・遂行時に遵守すべき事項について

No. 9 調査・研究目的の妥当性

- 計画する調査・研究の目的は，当該調査・研究の社会的・技術的な意義を含めて，倫理的に妥当と言えるものですか。

No. 10 調査・研究手法の妥当性

- 計画する調査・研究の手法は，倫理的に妥当と言えるものですか。

No. 11 調査・研究協力者の心身の安全

- 調査・研究協力者が調査・研究に参加することによって，心身の問題や対人関係上の問題等を

含め，不利益を被らないように配慮・対処していますか。

No. 12　調査・研究協力者の人権の尊重

- 調査・研究協力者の人権を尊重していますか。特に，調査・研究の全過程において，年齢，性別，人種，信条，社会的立場等による偏見や差別を生じないような配慮を心がけていますか。

No. 13　調査・研究協力者のプライバシーへの配慮

- 調査・研究の実施に当たり，調査・研究協力者のプライバシーへの配慮が十分なされていますか。

No. 14　調査・研究協力者の不利益の回避

- 調査・研究協力者及びその関係者の何らかの不利益を生じる可能性について考慮し，不利益が生じた場合や，その蓋然性が高い場合には，調査・研究の継続の適否も含め，直ちに対処するよう配慮していますか。
- 例えば，統制群・介入群の間で，とりわけ介入を行わない統制群を設ける場合，統制群に含まれる調査・研究協力者にとって不利益を生じる可能性があることを念頭におき，その緩和措置を講ずるなど，慎重な対応を考慮していますか。

No. 15　個人情報の収集と保護

- 収集する個人情報は，調査・研究に不可欠なものに限定して，それ以外の個人情報は取得しないように配慮していますか。
- 収集する個人情報とそれを利用する主体・目的・方法・管理・処分に関して，可能な限りにおいて，調査・研究協力者から同意を得るよう考慮していますか。
- 収集した調査・研究協力者の個人情報は，関連する法律等に則り，保護・管理を厳重に行いますか。また，適切なタイミングで廃棄することとしていますか。
- 調査・研究協力者へは，各人の情報にアクセスする権利があることを説明し，このアクセス権を行使できることを保障していますか。

No. 16　映像における個人情報の保護

- 調査・研究協力者を含む映像を作成する場合，調査・研究協力者の肖像権に配慮していますか。

No. 17　インフォームド・コンセント

- 調査・研究協力候補者に対し，調査・研究を開始する前に，調査・研究について十分な説明を行い，当該候補者の理解を得て，調査・研究対象となることに同意を得る手続き（インフォームド・コンセントの取得）を整えていますか。
- やむをえず事前に同意を得ない場合，または，得ることが困難な場合には，そのようにする十分に合理的な理由を明確にしたうえで，補完策を講じる手続きを整えていますか。
- 調査・研究協力候補者には，調査・研究の対象として選ばれていることをできる限り説明していますか。
- 調査・研究への参加への依頼は，調査・研究協力候補者が調査・研究に対して疑念をもつことがなく，快く協力できるよう丁寧に行い，参加は強制的なものではなく任意であることを伝えていますか。

No. 18　調査・研究協力者の選択

- 調査・研究協力者を，調査・研究目的を考慮して適切に選択していますか。

No. 19　適切な介入・支援の責任

- 調査・研究協力者側の様々な問題を発見し，それに対する介入や支援が目的となる調査・研究等の場合においては，調査・研究実施者と調査・研究協力者の適切な人間関係を確立し，適切な介入・支援を行う責務を果たしていますか。

No. 20 途中でやめる権利の保障
- 調査・研究への協力を途中でやめる権利があることを，調査・研究協力者に事前に周知し，不利益を被らないようにしますか。

No. 21 調査・研究計画の中止・変更に伴う手続き
- やむを得ない理由で調査・研究を中止または変更する場合，合理的かつ十分な範囲で，調査・研究協力者等の利害関係者に中止や変更の内容を速やかに説明し，継続参加等に関する同意を得る手続きを整えますか。

### D. 調査・研究実験終了後に遵守すべき事項について
No. 22 事後説明
- 調査・研究の終了にあたり，合理的かつ十分な範囲で，調査・研究協力者に対して調査・研究に関する説明を行い，正確な理解を得るように努め，実施中及び事後の問合せへの対応を行っていますか。
- 調査・研究協力者に対して，調査・研究結果の報告を，合理的に十分な範囲で可能な限り提供する用意をしていますか。
- 調査・研究協力者の本調査・研究への貢献に対して，可能な限り，明示的に感謝の意を伝えていますか。

No. 23 データの正確性の確保
- 成果物の調査・研究結果のデータは，誤りがないよう正確性の確保に努めていますか。特に，文中や図表の数値の表示には正確さを期していますか。

No. 24 調査・研究成果公表時の個人情報の保護
- 調査・研究成果を公表する際，調査・研究協力者に不利益が生じないように配慮していますか。
- 上記にも関わらず調査・研究協力者に不利益が生じてしまった場合，的確に対応していますか。
- 調査・研究成果を公表する際，調査・研究協力者や周囲の人々，あるいは団体・組織名等が特定できる情報は匿名化・仮名化するなどの工夫をしていますか。

No. 25 調査・研究データ等の目的外使用の禁止
- 調査・研究協力者を含め，利害関係者に予め許可を得ていない目的で，調査・研究データや調査・研究で得られた成果を流用することのないように期していますか。

No. 26 調査データの管理
- 調査・研究データは，紛失，漏洩，取り違えなどを防ぐために，厳重に保管し管理していますか。
- 調査・研究データを紙媒体により保管する場合には，施錠できる場所に保管し，電子媒体により保管する場合にはアクセスできる者を限定するなどの工夫を施していますか。
- 調査・研究データの管理者の異動に際しても，調査・研究データとともに管理責任が滞りなく委譲されるようなシステムを構築していますか。

No. 27 調査・研究データの廃棄
- 個人情報を含む記録は，調査・研究が終了した時点から，インフォームド・コンセントの手続きを経て合意した期間保管した後，調査・研究実施者の責任で廃棄する準備ができていますか。
- 調査・研究記録をデータとして用いている場合，その記録の保管と廃棄についてはその調査・研究が行われた組織の規定に従っていますか。

チェックリストの利用者からは，

- チェックリストに入る前に，2〜3頁でナッジのおさらいができる。
- どのような点に気を付けて調査環境を整えたら良いかがわかる。
- 「人の行動に介入する」という実感と責任を感じる。
- 調査完了後のチェックも行うことで，データの取りまとめや報告書の作成をやり遂げることができる。

との意見も聞かれ，簡便なチェックリストとして当面の目的は果たしているものと思われる。他方，日本版ナッジ・ユニットもこのチェックリストは恒久的なものではなく随時見直す可能性があるとしているように，社会情勢等に応じて変更が加えられる可能性があることに留意が必要である。

　では，これらの審査あるいは自己チェックで問題があれば研究は行えないのだろうか。学術的な調査・研究の場合には，IRBで問題あり，とされた場合には，実施を見送る，または指摘された問題点を解決した上で再度審査に臨むことが妥当であろう。IRBは国のガイドライン等に照らして実施が妥当であるかを客観的に審査する機能を持つからであり，加えて，IRBの審査を経ずに実施した調査・研究の結果に基づいた論文は，学術ジャーナルへの投稿が受理されない場合が大にしてあるからである。他方，自治体が行う効果検証のように非学術的な調査・研究の場合には，ナッジ倫理チェックリストに基づいて倫理面の実施適切性を検討していくことになるが，このチェックリストに反する事柄があった場合には，それが解決可能なのかを検証し，解決可能ならば計画の修正を，解決不可能ならば，チェックリストに反していても実施することの正当性を証明していくことが求められる。法令上の縛りではないため，罰則等が適用されるわけではないが，倫理面の検討を行わずに，または倫理的な問題を事前に把握していたにも関わらずナッジ事業を実施した場合には，事後に相応の説明責任が生じる可能性があると考えられる。

**引用文献**
日本版ナッジ・ユニットBEST（2020a）．ナッジ等の行動インサイトの活用に関わる倫理チェ

ックリスト ① 調査・研究編　http://www.env.go.jp/earth/ondanka/nudge/renrakukai16/mat_01.pdf（最終アクセス：2020 年 5 月 29 日）

日本版ナッジ・ユニット BEST（2020b）．ナッジ等の行動インサイトの活用に関わる倫理チェックリスト ② 社会実装編　http://www.env.go.jp/earth/ondanka/nudge/renrakukai19/mat_01.pdf（最終アクセス：2020 年 12 月 18 日）

（森　祐介）

## 2-6-3　倫理審査の実際

　倫理面の審査について，現状では，2-6-2 節で説明したように大学等の研究機関に所属する共同研究者がいる場合には IRB で，いない場合には「ナッジ等の行動インサイトの活用に関わる倫理チェックリスト」を用いて自己点検することとなる。しかしながら，自己点検はあくまで自己点検であり，倫理の専門家等による客観的な評価がなされるわけではないことから，IRB と同等とみなすことはできない。また，チェックリスト自体は政府の BEST が提供するものであったとしても，事業実施に伴って生じる問題の責任は当然のことながら事業実施者にあるという点にも留意が必要である。以降，チェックリストを用いた倫理審査の実施例を説明する。なお，IRB での倫理審査については神里ら（2015）を参照されたい。

　つくば市の場合，あくまでもチェックリストは補助的なツールであるとの認識のもとで最大限活用しナッジ事業の検討を行っている。

　消毒ナッジの実施にあたっては，3 名からなる調査・研究班を組み，班内でチェックリストに沿って自己点検を行った上で部次長が事業実施許可の決裁をした。この自己点検の中で，いくつかの問題点，たとえば，実施日や担当者を書き込んでいないなど調査・研究計画書が不完全の状態で調査を開始しようとしていたこと，実施責任者を明確に定めていなかったこと，部署内でのデータの共有の仕方があいまいだったこと等が明らかとなった。そのためこれらの点を即座に改善し，再度自己点検を行った上で事業を実施した。

　チェックリストを用いた自己点検の結果，実施を見送った事業もある。イギリスの環境問題を扱う NPO により実施された，タバコの吸殻のポイ捨てを防止するための取り組み——「世界ナンバーワンの選手は？」と書いた吸殻入れの 2 つの穴に有名サッカー選手 2 人の名前をつけて投票を促したところ，タバコのポイ捨てが減少したというもの。"Ballot Bin" と名付けられたこの吸殻入れは販売もされている（Hubbub Foundation）——を模倣して，市内の酒造メーカーから寄贈されたアルコール消毒液を用いた，投票制の消毒ナッジ（酒造メーカー A と酒造メーカー B で応援している方の消毒液を使用してくださいと消毒を

促し，消費量で勝敗をつけるというもの）の実施可能性について検討したが，手指消毒率向上の目的は果たせたとしても，市役所が営利企業の優劣をつけることを煽ることについて不快に思う人もいるのではないかとの懸念が内部で示され，チェック項目 11 番（調査・研究協力者の心身の安全：調査・研究協力者が調査・研究に参加することによって，心身の問題や対人関係上の問題等を含め，不利益を被らないように配慮・対処していますか）を満たせないと判断して実施を見送っている。

　ナッジ倫理チェックリストは発行されて日も浅いこともあり，まだまだ活用の事例が少ないと思われるが，環境省の委託事業として実施されるナッジ事業は本チェックリストでの自己点検が必須になっていることから，これまで対応が不十分だった自治体や民間企業での倫理審査も充実していくことが見込まれる。

　他方，IRB と同等である必要はないが，自己点検を超えてより客観的な倫理審査を望む声も事業実施者から聞かれる。日本版ナッジ・ユニット BEST ナッジ倫理委員会にも，倫理審査の役割を担うことの期待が寄せられたが，本委員会は国の有識者会議であり，実施者に代わって倫理審査を請け負うことの法的な整理が必要であること，責任の所在が不明瞭になること等の理由から，現時点では見送っているところである。

　なお，2020 年 3 月にナッジを含む行動インサイトの普及促進を目的として一般社団法人ナッジ推進協議会が設立された。同協議会は 2020 年度のナッジ倫理委員会の事務局業務を実施しており，今後，倫理審査の外部発注の仕組み作りについても同協議会で検討されると聞いている。

**引用文献**

Hubbub Foundation　https://www.hubbub.org.uk/ballot-bin（最終アクセス：2020 年 5 月 29 日）
神里彩子・武藤香織（2015）．医学・生命科学の研究倫理ハンドブック 東京大学出版会

（森　祐介）

# 2-7　予想と結果が一致しない

## 2-7-1　理論と現場の分析における見落とし

　期待通りの成果が得られない理由として2つのパターンが考えられる。第一は，他の自治体等でうまく機能した政策を，自分の担当自治体等で施行したがうまく機能しないパターン，第二は，ナッジ等既存の理論を応用して独自に開発した政策を実施してもうまくいかないパターンである。

　本節では，第一のパターンを解説し，次節で第二のパターンについて解説する。


　他の自治体等でうまく機能した政策を，自分の担当自治体等で施行しても，うまく機能しないことがしばしばある。

　これには2つの理由が考えられる。第一は，文脈の違いである。先行自治体で政策が機能する際に下支えした諸条件が，新たに実施した自治体で十分にそろっていない（あるいは，先行自治体では存在せず新たに実施する自治体に存在する抑制要因がある）と効果を期待することができない。第二は，重要要素の変更である。実施に当たり，先行自治体で政策が機能する際に下支えした諸条件を，新たに実施した自治体で実施する際に変更してしまっていると効果は期待できない。

　両者を防ぐためには，(1) 先行自治体等でその政策が機能するメカニズムと諸条件を綿密に分析し，(2) それと同質の機能を果たすものが新たに実施する自治体にあるか，その機能を阻害する要因がないかを確認し，必要があれば同等の機能を果たすように，調整することが必要である。そのため，政策策定者には，メカニズムに対する深い理解と，新たに実施する地域についての深い理解が求められる。

　しかし，先行自治体等でその政策の機能メカニズムと諸条件を綿密に分析するというのは，容易ではない。なぜなら，人は，「自分が重要だと感じているもの」の「変化」には鋭敏にできている。だから，他者の表情の数ミリの変化，他者の返答のタイミングの数ミリ秒の遅れにも鋭敏に気づく。しかし，これは言い換えると，「自分が重要だと感じていないもの」は，あってもなくても気づかない。同じことは政策立案者にも当てはまる。

　まず先行自治体等の政策を導入することが候補に上がったら，できれば先行自治体の当該政策の担当者に話を聞き，その先行自治体に視察に行ってどのように機能しているかを生で調べ，またその政策についての文献を読むだろう。それでも，先行自治体等の担当者は，こちらの状況を知っているわけではないので，本人が重要だと思っているところを話すだろうし，先行自治体等に行っても，都市の規模や景色など政策の成否には関係しないがより強く目を引く違いに気を取られて，その政策が機能するか否かに影響する小さな違い，たとえば，バングラデシュ統合栄養プロジェクトでいえば誰が買い物に来ているか，だれが家の中で食べ物を配分しているかには気づかないかもしれない。また，文献も成功事例については，その政策に貢献したポジティブな要因だけを挙げ，そこにはなかった要因には言及されないかもしれない。

　それでも人は，認知的節約家であるので，少し油断すると合理的，システマティックに考える（システム2）よりも，感情やヒューリスティックに考える（システム1）傾向がある（Kehneman, 2011）。ヒューリスティックとは，限られた認知資源で，そこそこの正答率を出すという点では優れた方法であるが，一定程度はバイアスを含むリスクがある方法である。

　また，人には確証バイアスがあり，自分が前向きに取り入れたいと考えている政策がうまく機能すると考えられるポジティブな要素については積極的に収集して高く重みづけるのに対して，ネガティブな面には目がいかず，かつ重要ではないと考える傾向があるのが通常である。

　この問題を解決するには，大きく分けて2つのことが必要である。第一は，批判的思考の習慣づけである。ある政策を担当の自治体等で実施してもうまくいきそうだと思えば思うほど，それとは逆の可能性，つまりうまくいかない可能性（あるいは同じ政策目標を達成するうえでよりよい別の政策）を意識的に探し，冷静に比較検討することが必要となる。これは，一人で行う必要はなく，誰か他の人にその役割を担ってもらうこともできる（悪魔の代弁者，すなわち役割として批判を行ったり，異論を考えたりする人。）。

　先行自治体等でその政策が機能するメカニズムと諸条件の見落としを防ぐ上で必要な第二の点は，人間心理全体についての理解の増進である。実務家は学者ではないので，実用に直結した知識が十分あれば，それで十分であると考え

る人もいるかもしれない。しかし，断片的な知識では，その知識に含まれない「新たな，かつ重要な要因」に気づくことができないかもしれない。学問では，個々の研究は限定的な個別のことしか明らかにしないが，それを通して目指されるのは，個々の研究の間をネットのようにつなぐ理論の増進であり，それが増進することで，新奇な事象についても理解したり，予測したり制御できる可能性を増大しようとする。政策に対して人がどのように反応するのかを想像するためには，実務家においても，個別的な理論（たとえばナッジの〇〇効果）だけではなく，その背後にある全体としての人間行動の理解をしておくことが有用であろう。

**引用文献**

Kehneman, D.（2011）. *Thinking, fast and slow*. Macmillan.

（荒川　歩）

## 2-7-2 効果の弱さと適用範囲

　ナッジ等の既存の理論を応用して独自に開発した政策を実施しても期待したインパクトが見られない理由としては，以下の4つが考えられる。

1. その政策は機能しているが効果が弱い。
2. 政策はうまく機能しているが，その効果の測定がうまくできていない。
3. その政策に埋め込んだ要素がうまく機能していない。
4. その政策の効果を相殺する別の効果がある。

　まず第一の理由を検討してみよう。学術研究の多くは，実験室など外部の影響を排除した理想的な環境下で行われる。実社会は，実験室よりもさまざまな要因が人々に影響を与えているので，実社会をフィールドとして行われた研究の効果は実験室で得られた効果よりも小さくなりがちである。その結果，実際にその効果は出ていても，効果を統計的に検出するにはより多くの対象者が必要であり，RCTに参加した人数がその人数に満たない場合には誤差の範囲におさまってしまう可能性がある。その場合には，他の理論を用いて実施するか，より効果が明確になるように実施の仕方を工夫する必要がある。

　2つ目の理由もテクニカルな問題であるが，実際には政策の効果がでていても，その効果が測定指標とマッチしていない場合がある。政策の場面では，効果指標は事前に定められ，モニタリングに利用されて，事後評価に用いられるので，勝手に変えることはできないが，政策目標に照らして合理的であるならば，効果指標そのものの見直しを検討することも長期的には有用であろう。

　3つ目と4つ目の理由は，さまざまな原因で起こりうる。たとえば，一般にインセンティブは人の行動を変容するのに有用であるが，意図したものと逆の効果をもたらすことがある。たとえば，古典的な研究（Lepper et al., 1973）では，子どもに，報酬を約束して絵をかいてもらうと，報酬を約束せずに絵をかいてもらった群に比べて，そのあとの自由時間に絵を描く子どもの比率が低下した。これは一定比率で発生していた行動にインセンティブが与えられることで，自分の意思で絵を描くという自律性が損なわれ，インセンティブを辞めた

とたんにそれまでに比べて当該行動が減少した例であるといわれている。

　また，幼稚園についての別の有名な研究（Gneezy et al., 2000）では，約束の保育時間に遅れてくる養育者が多いため，保育時間から遅れた養育者に追加料金を課したところ，逆に，約束の保育時間に遅れてくる養育者が増加した。これは，そもそも養育者側に存在していた遅刻することの罪悪感が，負のインセンティブを与えられることで取り除かれたため，逆に当該行動が増加した例であるといわれている。

　3つ目の例は，インセンティブの例ではないが，有名なカリフォルニア教室実験では，学力の向上を目指して小学校の1クラスあたりの児童数を減らしたところ，逆に学力の低下が起こった。これは，1クラスあたりの児童数の減少に伴って急激に教員の増加が必要になり，経験の浅い教員が増加したため，小規模クラスによる学習促進効果が相殺されたと考えられている（Bohrnstedt & Stecher, 2002）。

　絵の例は，心理的な機能についての理解が不足していたために起こった問題，保育時間延長の追加料金の例は，対象者の心理的ダイナミクスの理解が不足していたために起こった問題，カリフォルニア教室実験の例は，随伴的に生起する制度的な変化に対する理解が不足していたために起こった問題である。以上の3つの例から，このような問題について考えるには，たとえば「インセンティブ」のような断片的な知識だけではなく，心理的効果，対象者の行動を下支えしている心理的構造，政策によって変化するシステムの影響についての少し広い知識が必要になることが読み取れる。

　特に，同じ政策でも，どのように意味付けられるかによってその効果が大きく変わる可能性があるので注意が必要である。たとえば，社会保障政策でも，それが権利だと受け取られるか，人としての自律性を損なうものだと受け取られるかによって，必要な人に届かない可能性もある。

　そもそも心理学の理論は，一見矛盾する効果を指摘するものがある。たとえば，「社会的促進」に関する理論は他者がいることで人の行動が促進することを予測し，「社会的抑制」に関する理論は他者がいることで人の行動が抑制されることを予測する。どちらが働くかは状況に依存する。この社会的促進と社会的抑制については，場面や課題の種類等に基づき，どちらが優位に働くかに

ついて詳細な検討が進んでいるが，このように一見矛盾する理論が少なくない
のは心理学が学問としていい加減だからというよりも，そもそも人には心理的
機能が拮抗していることが多いからだと考えたほうが事実に近いと思われる。
たとえば，人には独自性欲求があり，他の人から独立し，他の人と違う自己で
ありたいと思う。しかし他方で，契合希求欲求があり，他の人と同じでつなが
っていたいと思う。この2つはせめぎあい，状況によってどちらが優位になる
かは異なる。政策を検討するうえでは，その政策が人々によってどのようなも
のとして意味づけられているかについても注意が必要であろう。

## 引用文献

Bohrnstedt, G. W., & Stecher, B. M. (2002). What we have learned about class size reduc-
    tion in California (CSR Research Consortium Capstone Report). Palo Alto, CA: Ameri-
    can Institutes for Research.
Gneezy, U., & Rustichini, A. (2000). A fine is a price. *The Journal of Legal Studies*, *29*(1),
    1-17.
Lepper, M. P., Greene, D., & Nisbett, R. E., (1973). Undermining children's Intrinsic interest
    with extrinsic reward: A test of the "overjustification" hypothesis. *Journal of Personalii-
    ty and Social Psychology*, *28*, 129-137.

（荒川　歩）

# 2-8 統制群と介入群で有意差があればいい？

## 2-8-1　有意差とはなにか

　ある袋に，赤，青，黄，緑の4色のチョコレートが入っている。一袋には40個入っているが，ある袋を確かめてみると表7のような個数だったとしよう。

　実際に入っていた個数に関して言うなら赤が多くて，緑が極端に少ない。しかしこれは，一部の色の製造量がそもそも少ないこと（母集団そのものの分布の偏り）を意味しているのだろうか？　それとも実際には同じ量を生産していて，袋詰めの際に偶然こういうバラツキになっただけなのだろうか？　前者の可能性を対立仮説，後者の可能性を帰無仮説として，このようなバラツキが偶然起こる確率を，対象全体（母集団）から得られたサンプル（標本）に基づいて推定するのが統計的推定である。

　推定の方法は，データの性質によって異なるが，この例では，$\chi^2$（カイ二乗）検定という検定で推定することができる。たとえば，表7の下の欄は，本来，各色同じ量を生産していたのなら入っていると考えられる平均的な個数である。それぞれ観測値から期待値を引いて，マイナスをなくすために2乗したものを足した値は，この場合70になるが，この値は期待値から観測値が離れていればいるほど大きい値になる。さらにこれを期待度数の平均10で割った7（$\chi^2$値）は，元の観測数に依存せず偏りの大きさを表す値になる（偏りがまったくないとき（どのセルも期待値＝観測値）にはこの値は0になる）。このように算出された値が偶然出る確率は，$\chi^2$分布を用いて計算することができ，このような4セル（自由度3）の場合，約7%である。ということは，$100 \div 7$が14なので，たとえ，もともとの同じ量を生産していても袋詰めの際に偶然こんな極端なバラツキになることはおよそ14回に1回くらいの確率で存在するということになる。これがもっと極端になって，赤色が17個で緑が0個になると$\chi^2$値は15.4になり，もともと同じ量を生産していても袋詰めの際に偶然こんな極端なばらつきになる確率は，0.0015%になる。

　こうなるとそもそも「もともと同じ量を生産していたけど偶然こんな極端なばらつきになった」（帰無仮説）という方を疑って「一部の色の製造量がそもそも少ない」と考えた方が，より自然になるだろう。そこで，一定程度より帰

**表7**

|  | 赤 | 青 | 黄 | 緑 |
|---|---|---|---|---|
| 実際に入っていた個数（観測値） | 14 | 11 | 12 | 3 |
| 同数なら（期待値） | 10 | 10 | 10 | 10 |

**表8**

|  | 参加者数 | 不参加者数 | 合計 |
|---|---|---|---|
| ナッジを使った案内状 | 300 | 200 | 500 |
| 従来の案内状 | 100 | 100 | 200 |
| 合計 | 400 | 300 | 700 |

無仮説を維持するのが難しいときには，帰無仮説を棄却し，対立仮説を採用する。しかし，人には自分の都合のいいように物事を解釈する傾向があるので，偏りがあると主張したいときには15% でも偏りがあると主張し，偏りがないときには3% でも偶然であると言いたくなってしまう。そこで，社会科学では5% を基準として，5% 未満のときに統計的に有意な差があるといい（この5% は慣習であり，特に理由はない），それより大きい時に差がないという（10% 未満のときに有意傾向という言い方をすることもある）。そして，表記上は，以下のように表す。

　統計的に有意な時
　　用いた統計分布（自由度）＝統計値，$p<0.05$　（probability の略）
　　例：$\chi^2(3) = 15.4, p<0.05$
　統計的に有意ではない時
　　用いた統計分布（自由度）＝統計値，$n.s.$（non significance の略）
　　例：$\chi^2(3) = 7.0, n.s$

　$\chi^2$ 検定は，たとえば，表8のような場合にも応用できる

　このような場合，期待値は表9のようになる（参加率のそもそも高い事業だったり，各方式で発送した数に偏りがあったときに補正されるように比率で計算され

表9

| | 参加者数 | 不参加者数 |
|---|---|---|
| ナッジを使った案内状 | 285.7（400×500÷700） | 214.3（300×500÷700） |
| 従来の案内状 | 114.3（400×200÷700） | 85.7（300×200÷700） |

る。表9では小数点2位で四捨五入）。その後の計算は同様であり，この場合，ナッジを使った案内状の方が，従来の案内状より参加者数が多いことが推定される（$\chi^2(1) = 5.432$, $p<0.05$）

　上記は，観測数の偏りを検討する方法であるが，（政策のような大規模な）平均値の差を比較する場合には，分散分析が用いられる。先ほど紹介した$\chi^2$検定にせよ，分散分析にせよ，近年ではExcelや無料のウェブサイトでも十分計算できる（js-STAR[1]など）。

　たとえば，高齢者の適度な運動を推奨するための政策としてAという政策を実施した地域の高齢者一人当たりの1か月の平均外出回数14.3回（個別にはXさん8回，Yさん20回……のようなデータ），Aという政策を実施しなかった地域の高齢者一人当たりの1か月の平均外出回数8.3回（個別にはQさん6回，Zさん12回……）のようなデータを比較して，Aという政策が有効であるといえるか，それともAのほうが外出回数が多いのは単なる偶然の可能性があるのかを検証するために使う。分散分析で算出されるF値はF分布に従うので，表記上は$\chi^2$ではなく，Fという記号を用いて表す。

　要するに，統計的有意性検定は，一貫した基準で関係の有無を評価するための便宜的な方法である。有意性検定は5%を慣習的に基準にすると述べたが，これは逆に言えば，「実際には差がないもの」を「差がないとは言えない」と言ってしまう第1種の過誤と，「実際には差があるもの」を「差がないとは言えない」と言わない第2種の過誤を犯す可能性を有している。

　いずれにせよ，ここで紹介した有意性検定は，標本が大きくなると，その効果が小さくても有意になりやすくなるという特徴がある。特に政策関係で実施するような大規模調査では有意性検定にはほとんど意味がない。そのため，実

---

1) http://www.kisnet.or.jp/nappa/software/star/

務場面では，2-8-2の効果量や，臨床的有意性とよばれるように，その効果の大きさとその他のコストも考えあわせたうえで評価することが求められている。たとえば95％信頼区間とは，母集団の平均値が95％の確率で存在する範囲を示す値である。95％信頼区間のように，どの程度におさまるかの方が現場にとっては有用かもしれない。

（荒川　歩）

## 2-8-2　効果量という視点

　ナッジや行動インサイトの効果検証を行う際，統計的有意差検定を行うことがあるかもしれない。統計的有意差検定は，標本分散に基づいて，介入群と統制群の平均値の差が偶然によるものか，それとも偶然では説明が困難であるか（すなわち介入の効果によるものか）を一定基準で評価するものである。しかし，統計的有意差検定には後述のような問題点も指摘されており，これを補完・代替するものとして，効果量などの指標が提案されている。少なくとも現状の心理学系の学術誌において効果量が必ず記載されている訳ではないが（波田野ら，2015; 大久保，2016），政策の領域ではやはり，統計的有意差検定よりも効果量などに注目することが望ましいと考えられる。それは，多くの政策研究が「標本が大きい」という特徴をもつためである。

### 標本が大きいと小さい差も有意になりやすい

　一般に，因果関係を特定する方法として実験（ラボ実験やフィールド実験など）が採用される。これは，統制群と介入群を設定し，特定の指標において両群に差がみられるかを検証する方法，つまり平均値を比較するやり方である。対照比較とも呼ばれるこの方法は政策研究でも多用される（Ruggeri et al., 2019）。たとえば，従来の通知文が送付された住民（統制群）と，新たな一文が加えられた通知文を送られた住民（介入群）とで，がん検診の受診率などを比較するのは一般的な方法である。

　とくにラボ実験で得られた各群の平均値を比較する際には，$t$検定や分散分析を用いることが一般的である。これらの方法で得られる検定統計量は，最終的には $p$ 値で表される。$p$ 値とは，「設定された2群には差がない」という帰無仮説[2]が正しいと仮定した場合，標本から実際に得られた差，あるいはそれ以上の差が出現する確率を意味しており，この値が5%を切るかどうかが帰無仮説を棄却する基準となっている（2-8-1参照）。この基準以下の値が得られた場合，2群で生じた差は偶然によるものではない可能性が高い，と解釈される

---

　2）正確には，抽出された2群の標本がそれぞれ代表する対象全体（母集団）同士には差がない，というのが帰無仮説である。

わけである。

　$p$ 値は検定統計量（絶対値）が大きくなるほど小さくなる。さらに，後述するように検定統計量は標本サイズにもとづいて算出される。ようするに，標本サイズを大きくしていけば検定統計量を大きくすることができ，したがって $p$ 値を小さくしていくことが可能となる（Rosenthal & Rosnow, 1991）。仮に介入がもつ実質的な効果がごくわずかであったとしても，標本が大きいほど統計的には「両群には有意差がある」との結論が導かれやすい。対応のない $t$ 検定を例にとると，標本サイズが $n = 10,000$ であれば，後述する効果量（$ES$）[3] が 0.03 と非常に小さい値であったとしても統計的には有意ということが起こりうる（吉田，1998）。

　もちろん，ラボ実験とは違って政策には，たとえ 0.03 の差であったとしても全体として大きなベネフィットが得られるという特徴がある。たとえば 1 万円のうち 300 円にすぎない削減効果であったとしても，それが 100 万人に適用されれば 3 億円の削減効果につながる。もし，このような全体としてのベネフィットを明らかにしたいのであれば，標本サイズに依存する検定統計量だけではなく，削減コスト総額など，別の指標をあわせて用いるべきだろう。

　統計的検定は元来，標本の小さいデータで得られた偶然性の高い差が過大に意味づけされてしまうことを抑制するために用いられるものであり，標本が大きい場合には適用する意味はあまりない[4] と考えられている（吉田，1998）。ひるがえって，府省庁や自治体が介入の効果を検証するために対照比較する際には，標本は数千から数万にも及ぶことがある。もし，得られた結果に対してなんらかの統計的処理を施さねばならないときには，検定統計量（$p$ 値）に加えて後述する効果量を示すことが適切だろう。

---

3) 2 群間の平均値の差を標準偏差（2 群のデータ数の違いを考慮したもの）で除した値であり，たとえば標準偏差が 1，平均値の差が 0.03 である場合，効果量（$ES$）は 0.03 となる。

4) 明確な基準は存在しないが，目安として吉田（1998）は，標本サイズが 3 桁以上の場合には，検定結果が有意という一点でもって，「実質的に意味のある差である」との結論を下すべきではないと述べている。

## 効果量は効果の大きさを示す指標

　標本サイズが大きくて $p$ 値がほとんど役に立たない場合，他に参照できるいくつかの指標がある。効果量もそのひとつである。$t$ 検定や分散分析によって得られる検定統計量（$T$）は，(1) に示すように，標本サイズ（$f(N)$）と効果量（$g(ES)$）の各関数の積によって求められる（大久保・岡田，2012）。

$$T = f(N) \times g(ES) \quad \cdots \cdots (1)$$

　効果量とは文字どおり効果の大きさを表す指標である。$p$ 値が帰無仮説，すなわち「2群に差はない」という前提が正しい確率を表すのに対して，効果量は帰無仮説が正しくない程度を量的に表現したものである（Cohen, 1988）。すでにみてきたように，検定統計量そのもの，つまり $p$ 値は標本サイズの影響を受けるが，効果量はそれとは独立した項であることが (1) の関係式からみてとれる。

　効果量を表す指標は複数あり，明確な基準もとくに定まっていないが，おおむね二種類に大別されることが多い（Kline, 2004）。平均値の差を標準化した指標である $d$ 族と，変数間の関連の強さを示す $r$ 族と呼ばれる二種である。$t$ 検定や分散分析をはじめとする平均値差を比較するときに用いられるのは前者であり，ここでは標準偏差を単位として2群の平均値がどれだけ離れているかが明らかにされる。これに対して後者は相関係数にもとづく指標であり，値が0から1の範囲に収まるため直観的に理解しやすいという特徴をもつ（Field, 2005）。また $d$ 族の指標の値は $r$ 族の値に変換することができるため，最終的に表記する効果量としては $r$ 族の使用が推奨されている（Field, 2005）。それぞれの計算式や効果量の大きさの目安について，日本語で書かれた論文・文献としては，小野寺・菱村（2005）や水本・竹内（2008），大久保・岡田（2012）などが詳しい。実際に計算する際には Excel や手計算，あるいは R や HAD などの統計ソフトを使用することができる[5]。

　以上のように，効果量は標本の大きさに関わらず，介入による純粋な効果を

---

5）平均値と標準偏差を入力して簡易に概算できる専用サイトもいくつか開設されている。

測定できるという利点をもつが，これ以外にも利点はある。効果量は測定単位に依存しない指標であるため，測定単位の異なる複数の研究における効果の大きさを比較することが可能となる（南風原，2007）。つまり効果量はメタ分析の有力な指標にもなるのである。

メタ分析とは，平均値の比較などの定量的な研究を複数集め，独立変数（介入）が研究全体でどれほどの効果をもつかを明らかにする分析手法である。標本の特徴に結果が依存しうる一回の実験に比べて，複数の研究がもつ全般的な傾向を明らかにするメタ分析は，介入がもつ効果の頑健性について有益な情報を与えてくれる。政策や施策の効果を検証した際には，報告書や論文などにあわせて効果量を表記しておけば，同一の政策や施策の効果検証が一定数蓄積された段階でメタ分析を行うことが容易になる。メタ分析の理論や実例は山田・井上（2012）や大久保・岡田（2012）などに詳しい。

### その他の指標や統計手法：信頼区間，ベイズ

American Psychological Association（2009）や日本心理学会（2015）は，それまで依存してきた $p$ 値にもとづく有意差検定だけでなく，効果量，さらには信頼区間を算出して論文に記載することを推奨している。

信頼区間とは，母集団の平均値が高い確率で存在する範囲を表す指標であり，慣例として95％という値が用いられる。平均値などが母集団を代表する点の推定，すなわち「点推定」であるのに対して，信頼区間は点推定のばらつきを推測し，母集団の代表値が存在する区間を推定する「区間推定」と位置づけられる。端的にいえば，100回の推定を行った際，95回はそこに収まる範囲であることを意味している。信頼区間は，効果量と同じく Excel や手計算で算出することができる。また R や HAD，SPSS などの統計ソフトを使って計算することもできる。

最近ではベイズ統計という手法も注目されている。$p$ 値に依拠した従来の帰無仮説検定や，信頼区間を重視するアプローチは，母数，すなわち母集団の平均や分散を定数，実際に得られた標本を母集団から無作為に抽出された確率変数とみなす立場をとる。ベイズ統計はこれとは逆の立場をとり，母数のほうを未知で不確実な確率変数とみなし，手元にある標本を定数と考える。そのため

ベイズ統計を用いることで，手元にある標本データを前提に，本来知りたい「仮説そのものが正しい確率」を得ることができる（大久保・岡田，2012）。この方法を採用する利点は，帰無仮説検定で問題となった「標本サイズが検定統計量に与える影響」を考慮しなくていいところにある。むしろ，一般に標本サイズが大きくなるほどその推定は正確になると考えられている（大久保，2016）。ベイズ統計は現時点で一般的な統計解析とはいい難いが[6]，標本の大きさという特徴がついてまわる政策関連の検証では，今後有力なツールになる可能性がある。

　ところで，ここまで取り上げてきたのは仮説検証を主たる目的とする指標や検定手法であった。しかし，政策場面では必ずしもこうしたアプローチが必須というわけではない。検証の目的によっては，政策の実施に要したコストに見合うだけの効果が得られているかという観点，つまり費用対効果が問われることも多いだろう。

　たとえば，アメリカのSBST（1-2-3参照）が国防省と共同で行った，現役軍人に年金加入を勧める電子メールの送信キャンペーンは，費用対効果という指標の重要性を示す例として挙げることができる。ここでは，なにも送信しなかった統制群の加入率1.1％に対して，介入群は1.6％から2.1％と，増えはしたが加入率の変化それ自体はそれほど大きいものではなかった。しかし，メールの送信にかかるコスト増が5千ドルであったのに対して，メールがもたらした効果は介入一か月後，金額にして約130万ドル増の積み立てにつながった。つまり，ここではコスト1ドルあたり260ドルの効果を得たことになる。これは，年金加入に対する税制控除という，政府が従来行ってきた政策のおよそ100倍に相当する費用対効果であった。

　この事例をレビューしたベナルチら（Benartzi et al., 2017）は，政策場面で用いられるナッジや行動インサイトが，学術研究で重視される絶対的に大きな変化量，すなわち2群間の大きな差をもたらす必要は必ずしもなく，コスト効率という観点からその有効性が評価されるべきだと指摘している。$p$ 値に代表さ

---

6）比較的新しい手法が多く，必ずしも評価が定まっていない，解析できる統計ソフトが限られる，などの問題点が挙げられている（大久保，2016）。

れる有意差検定だけでなく，臨床的有意性，つまり費用便益分析などをはじめとするコスト効率性はとくに政策場面で重要な指標といえるだろう。

## 引用文献

American Psychological Association (2009). *Publication manual of the American Psychological Association* 6th ed. American Psychological Association.

Benartzi, S., Beshears, J., Milkman, K. L., Sunstein, C. R., Thaler, R. H., Shankar, M., Tucker-Ray, W., Congdon, W. J., & Galing, S. (2017). Should governments invest more in nudging? *Psychological Science, 28*, 1041-1055.

Cohen, J. (1988). *Statistical power analysis for the behavioral sciences* 2nd ed. Routledge.

Field, A. (2005). *Discovering statistics using SPSS* 2nd ed. Sage Publications.

南風原朝和 (2007). 心理統計学の基礎：統合的理解のために 有斐閣

波田野結花・吉田弘道・岡田謙介 (2015). 『教育心理学研究』における $p$ 値と効果量による解釈の違い 教育心理学研究, *63*, 151-161.

Kline, R. B. (2004). *Beyond significance testing: reforming data analysis methods in behavioral research*. American Psychological Association.

水本篤・竹内理 (2008). 研究論文における効果量の報告のために：基礎的概念と注意点 英語教育研究, *31*, 57-66.

日本心理学会 (2015). 執筆・投稿の手引き https://psych.or.jp/manual/ (2020年6月20日参照)

小野寺孝義・菱村豊 (2005). 文科系学生のための新統計学 ナカニシヤ出版

大久保街亜 (2016). 帰無仮説検定と再現可能性 心理学評論, *59*, 57-67.

大久保街亜・岡田謙介 (2012). 伝えるための心理統計：効果量・信頼区間・検定力 勁草書房

Rosenthal, R. & Rosnow, R. L. (1991). *Essentials of behavioral research: methods and data analysis* 2nd ed. McGraw-Hill.

Ruggeri, K. (Ed). (2019). *Behavioral Insights for public policy: Concepts and cases.* Routledge: London and New York.

山田剛史・井上俊哉 (2012). メタ分析入門：心理・教育研究の系統的レビューのために 東京大学出版会

吉田寿夫 (1998). 本当にわかりやすいすごく大切なことが書いてあるごく初歩の統計の本 北大路書房

（白岩祐子）

## 2-9　効果が得られた政策を採用するのが EBPM?

## 2-9-1　価値判断の必要性

EBPM において，エビデンスは意思決定の判断材料の1つであることは，1-1-1 で紹介した。本節では，政策を決定する際にエビデンスに加え，その他の要因も考慮して総合的に判断し，政策を決定した事例を2点紹介する。

1つ目の事例は，広島県の災害時における避難行動を促進するナッジメッセージについてである（日本版ナッジ・ユニット，2019a）。広島県では大規模な河川の氾濫，浸水，土砂災害を引き起こす大災害が近年頻発しており，2018 年7月の豪雨では死者・行方不明者が 138 名にも及んだ。このとき避難勧告が発令されたものの，実際に避難した県民はわずか 0.74% であり，避難行動には繋がらなかった。防災や減災に関する取り組みは様々行われていたが，こうした事態に対し広島県知事は「忸怩たる思い」であったという。

そこで，どのような要素が早めの避難行動につながるのかに着目した新しい取り組みとして，防災や行動科学等の有識者で構成される研究チームを発足し，県民の避難行動に関する調査を実施して詳細に分析した上で，より効果の高い被害防止策を構築しようとした。広島県では実際に避難行動を取る割合は 0.3% と限りなくゼロに近い状態であった。そのわずかながらも難を避ける行動をとった住民に対し，面接調査によりなぜ避難したかを質問したところ，予防的避難をした人の多くは周囲の避難行動や呼びかけがきっかけになっていたことが判明した。そして，周囲の行動に人々は影響されるという社会規範の効果を確認するため，県内 18 歳以上の男女一万人を対象にした意識調査で，社会規範メッセージを含む6種類のメッセージの中から無作為に1つのメッセージを見せた上で，豪雨が発生したという仮想的な状況の下で，避難勧告が出された場合の行動を質問した。具体的なメッセージの中からいくつか例を以下に抜粋する。

A　これまで豪雨時に避難勧告で避難した人は，まわりの人が避難していたから避難したという人がほとんどでした。あなたが避難することは人の命を救うことになります。

B　これまで豪雨時に避難勧告で避難した人は，まわりの人が避難していた
　から避難したという人がほとんどでした。あなたが避難しないと人の命を
　危険にさらすことになります。

F　毎年，6月始め頃の梅雨入りから秋にかけて，梅雨前線や台風などの影
　響により，多くの雨が降ります。広島県でもこれまでに，山や急な斜面が
　崩れる土砂崩れなどの災害が発生しています。大雨がもたらす被害につい
　て知り，危険が迫った時には，正しく判断して行動できる力をつけ，災害
　から命を守りましょう。

　AとBは，実際に避難行動をとった人からの面接調査の結果を踏まえたも
ので，同じことを言っている裏表の関係にあり，前者が利得を強調したもの，
後者が損失を強調したものとなっている。意識調査の結果，避難行動を取ると
答えた人の割合が最も大きかったのはBで，次点がAであった。広島県で従
来用いられてきたFのメッセージに比べて，Bは避難場所に避難するという
人を約16%ポイント増やした。また，自宅以外に避難するという人について
は，約23%ポイント増やした。意識と行動の間には往々にして乖離が見られ
ることから，この意識調査の結果の通りに避難行動が取られるとは限らないも
のの，効果の大小の観点のみで判断すると，採用すべきメッセージは損失を強
調したBということになる。

　しかしながら，大雨が予測される際に，広島県知事はメッセージAを用い
たコメントを発出した。それはなぜだったのだろうか。ここにEBPMのEvi-
dence-basedの本質を考えるにあたり，重要な論点を見出すことができる。広
島県がどのメッセージを採用するかを検討する際に考慮したのは，費用や効果
に加えて，受容性であった。

　ナッジを活用したメッセージについては，日本版ナッジ・ユニット連絡会議
において，倫理的配慮の観点から，メッセージの受け手である国民や消費者の
受容性を考慮する必要があると指摘されている。ナッジをはじめとする行動イ
ンサイトを活用した政策アプローチは，他の政策手法と同様，人々の生活に介
入し，行動様式に影響を及ぼすことがあるため，その活用に携わる人は，法令
の定めるところに加え，高い倫理性が求められるものである（日本版ナッジ・

ユニット，2020）。

　すなわち広島県では，メッセージの受け手である県民がメッセージを受け取ったときにどのように感じるのかも考慮し，AとBの結果にそれほど大きな効果の差がなかったことから，損失を強調して心理的な負担を与えかねないBではなく，Aのメッセージを採用したわけである（大竹，2019）。県民に対する政策立案者の倫理的な配慮の方針さえ伺える事例である。


　2つ目の事例は，新型コロナウイルス感染症対策として石鹸手洗いを促進するためのナッジである。日本版ナッジ・ユニット連絡会議では，イギリスの研究結果（Judah et al., 2009）に基づいてトイレでの石鹸手洗いを促進するに当たり，トイレの利用者が誰であるかに応じて，用いる研究結果が変更された事例を取り上げた。このイギリスの研究では，高速道路のサービスエリアのトイレの利用客20万人を対象とした大規模フィールド実験により，手洗い場に掲示するメッセージの効果を検証した。そして，トイレに掲示するメッセージの違いにより，男性は31-32％から最大36％に，女性は65％から最大72％へと石鹸で手を洗う割合が増加した。男女平均で最も効果の大きかったのは「となりの人は石鹸で手を洗っていますか」というメッセージであったが，原著論文によれば，メッセージ間では効果に統計学的な有意差が検出されなかったとあり，メッセージ間での効果の優劣まではわからないことに留意が必要である。

　この研究を踏まえ，主な利用者が職員である日本のある地方公共団体の庁舎内のトイレでは，効果の高かったメッセージとして「となりの人は石鹸で手を洗っていますか」が採用された。一方で，環境省では，一般の利用が主である新宿御苑のトイレで対策を講じるに当たり，実際に現場を訪問してメッセージの候補を複数提案した上で，現場としても利用者としても受け入れられるものはどれか，議論を重ねた。この頃は，新型コロナウイルス感染症の拡大が懸念される時期だったことから，トイレでの手洗いの促進に関する既存の研究の中から，実施が容易ですぐに取り組めるものを選ぶことにした。そして，新宿御苑のトイレ内の動線上，外に出る前に手洗い場の前を通るようになっていることから，手洗い場に掲示するメッセージの効果を検証することにした。そして，イギリスの研究で効果の見られたメッセージの中から利用者の受容性を考慮し

て「石鹸で手を洗いましょう」を採用した。

　新型コロナウイルス感染症の拡大に伴い，新宿御苑が休園となったため，先行研究と同様の効果が得られたかの検証はなされなかった。この取り組みは，国の予算事業で実施したものではなく，環境省職員の有志により行われたものであるため，厳密な効果検証や政策評価が必ずしも求められるものではないが，「ここはエビデンスを創るタイミング」であるのか，「ここは既存のエビデンスを使い，不確実性があったとしても進めて良い」のかを検討し，後者を選択する判断をなされた。この事例のように，メッセージ間で効果に大きな違いが見られず，また，実施のコストに差がないのであれば，メッセージの受け手が誰か，そして，その人たちがメッセージを見たときにどのように感じ，考えるかを考慮することが，どのようなナッジメッセージを採用するかを決定する際の判断基準として重要になってくる。

　いずれのナッジの事例でも，ナッジの効果や費用に加え，対象者の受容性，さらには政策立案者や実務家の公共政策に対する価値観を考慮して，採用するメッセージが決定された。調査や研究の結果で一番効果の高い方法を採用しないというのは，エビデンスを軽視しているということにならないかと疑問に思う読者もいるかもしれない。しかしながら，Evidence-based の意味するところについては 1-1-1 で説明した通りであるし，日本版ナッジ・ユニットにおいても，以下の図 23 を用いて，エビデンスに加え，利用可能な資源や価値観も含めた総合的な判断により決定することの必要性が指摘されている（日本版ナッジ・ユニット，2019b）。

　さらにナッジに関しては，元来，制度や枠組みを変えずに表現方法のみを変える場合など，追加的な費用のあまりかからない方法を用いて実施し，効果を得るというアプローチを取る場合が多く，結果として費用対効果が高くなりやすいという特徴がある。このため，複数のナッジの候補の中から 1 つを選択する際には，もちろん効果や費用も重要な論点であることには間違いないが，費用対効果が十分に大きいがために，その他の論点の優先度を相対的に高くして，意思決定の際の決定打とすることもあるのである。

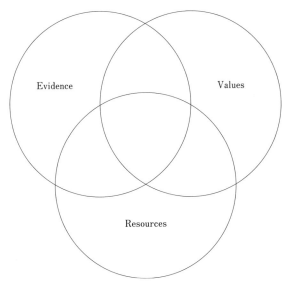

**図 23**　エビデンスに基づく医療の意思決定過程で考慮すべき要素間の関係図
（Muir Gray, 2001）

## 引用文献

Judah, G., Aunger, R., Schmidt, W-P., Michie, S., Granger, S., & Curtis, V. (2009). Experimental Pretesting of Hand-Washing Interventions in a Natural Setting. *American Journal of Public Health, 99*, S405–S411.

Muir Gray, J.A. (2001). *Evidence-Based Healthcare: How to Make Health Policy and Management Decisions*, 2nd Edition. Churchill Livingstone.

日本版ナッジ・ユニット（2019a）. 第 10 回日本版ナッジ・ユニット連絡会議　資料 2　http://www.env.go.jp/earth/ondanka/nudge/renrakukai10/mat02.pdf

日本版ナッジ・ユニット（2019b）. 年次報告書（平成 29・30 年度）　http://www.env.go.jp/earth/ondanka/nudge/report1.pdf

日本版ナッジ・ユニット（2020）. ナッジ等の行動インサイトの活用に関わる倫理チェックリスト　①調査・研究編　http://www.env.go.jp/earth/ondanka/nudge/renrakukai16/mat_01.pdf

大竹文雄（2019）. 防災におけるナッジの活用. RIETI EBPM シンポジウム：エビデンスに基づく政策立案を進展させるために（2019 年 12 月 25 日）　https://www.rieti.go.jp/jp/events/19122501/pdf/2-1_otake.pdf

（池本忠弘）

## 2-9-2　その他のエビデンスの限界

　エビデンスには大別して２つの異なる意味がある。ひとつは，政策を策定する段階における判断材料としてのエビデンス，もうひとつは，効果測定や政策評価の手段としてのエビデンスである（1-1-1 参照）。

　このうち前者，判断材料としてのエビデンスとは，ある政策を導入することで特定の政策目的を実現できるか，また副次的効果があるかなどについて重要な情報を与えてくれるものである。しかしながら，政策や政策問題，すなわち政策がターゲットとする問題は元来そう単純なものではない。第一に，政策問題にはたいてい複数の問題が含まれる（総合性）。第二に，政策はそれを実行することである問題を解消しうる反面，また別の新たな問題を生みだしうる（相反性）ものである[1]（秋吉，2017）。特定の政策を選ぶということは，複数存在する価値を重みづけたり取捨選択したりすることと同義である。その意味で，政策選択とは価値選択に他ならない（石橋，2018; 佐野，2010）。これに対してエビデンスは，諸価値のうちどれを重視するべきかという優先順位を示してくれるものではない。前節が議論してきたのは，エビデンスがもつ有用性とこうした限界についてであった。

　本節では，とくにエビデンスを判断材料として活用する際に直面しやすい，その他の限界や課題について検討する。具体的には，「エビデンスの矛盾」「前提の変化」「前例のない問題」「エビデンスに対する需要」という論点を取り上げる。

### エビデンスは矛盾する

　政策策定者は，有識者会議などの場で科学者たちから専門的意見を聞く際に，

---

1) とくに，政策の恩恵を上まわるリスクや損害を受ける人々がいる場合，この問題はいっそうやっかいになる。いわゆる NIMBY（"Not In My Back Yard"），すなわち「公共にとって必要な施設であることは理解しているが，自宅近くに建てるのはやめてほしい」という意見は，こうした局面でみられる典型的な態度である。発電所やごみ処理場，飛行場，軍事基地，矯正施設（刑務所）などの近くに居住する人にとっては，得られる便益より，環境や騒音の問題，美観の毀損，居住地のイメージや土地価格への影響など，リスクや損害のほうが大きくなりうる。

しばしばフラストレーションを感じることがあるという。それは，後述する不確実性のせいで現実場面における正確な予測が難しく，科学者たちが明瞭な結論を避けたがるというだけでなく，往々にして異なる結果や意見が「エビデンス」として提出されるためでもある（John et al., 2019）。ラボ実験，すなわち，人工的な状況で介入（独立変数・説明変数）以外の変数を統制して行われる因果関係の検証でさえ，そこから得られる結果は一致しなかったり矛盾したりすることが珍しくない。まして現実の社会は「変数の海」であり，ラボ実験では考慮されなかった第三の変数が思わぬ形で結果に影響することがある。よくあるのは標本による違いである。ある地域や国で得られた結果が，別の場所では再現されなかったという事例は実際，枚挙にいとまがない。

　システマティック・レビューやメタ分析（1-1-1・2-8-2参照）など，複数の研究結果を総括することで得られる（ある時点での）結論は，一回のフィールド実験の結果より，エビデンス・レベルとしては上位に位置づけられる（1-1-1の図1参照）。その理由は，個々の研究レベルでは結果の不一致や矛盾がままみられる，という上記の実態にもとづいている。一般論として，同一テーマの検証回数が増え，結果が蓄積されるほど予測力は高まるし，また結果を左右している第三，第四の変数を推測したり特定したりすることを可能にしてくれる。政策の実施規模やコストが大きかったり，他の政策への強い影響が見込まれたりするときにはとくに，決定・選択において複数の研究知見やレビューを参照することが望ましい。

### エビデンスの前提は変化する

　政策を導入する社会の状況，すなわち，特定のエビデンスが依拠していた前提そのものが変わってしまえば，当初予測していた結果を得ることは難しくなる。社会は不確実性に満ちており，そうした不確実性をあらかじめ見通したうえで対策をとることは困難である（大橋，2020）。たとえば未曽有の災害が発生すると，「事前に"想定"しておくべきだった」との批判がなされることがあるが，実際には想定を超える条件が複数重なった惨禍であり，批判は後知恵バイアス（hindsight bias）[2]といわざるをえない場合もあるだろう。仮に現時点では発生確率の低い，あるいは発生するかどうか分からない事象への対策に有限

であるリソースの多くを割けば，そのような対策は妥当性を問われることになるし，たいていは無駄に終わることになる。

　ようするに，エビデンスは特定の状況を所与として生みだされるものであり，その状況が変化すれば妥当性もまた大きく変化してしまう。だからといって，あらゆる環境や社会の変化を見越し，政策の前提条件に織り込んでおくことも不可能である。普遍的・永続的に適切な政策というものは存在しないと指摘されることがあるのは（佐野，2018），主として上記の理由にもとづいている。したがって政策はひとたび導入されたのちも，たえず社会や情勢の変化を見据えながらモニターし，適否を判断することが求められる。

## 前例のない問題ではエビデンスを探しにくい

　政策は，それに従う人々の価値を反映したものであると同時に，一種の規範として人々の意識と行動を規定する存在でもある（Ruggeri et al., 2019; Schneider & Ingram, 1990）。つまり，政策は新たな規範を形成することを通じて我々の意識と行動を規定し，社会に変化をもたらす力をもっている（Henrich et al., 2001; Schneider & Ingram, 1990）。

　このように，社会に新しい規範をもたらすのが政策の役割のひとつだとするならば，その政策を生みだす策定者もまた，すでに定着している規範だけに捉われていては，その役割を果たすことは難しくなる。前例のないところから新しい規範や価値を生みだしていくことが求められる局面において，参照できるエビデンスが皆無というわけではないが，数多ある理論研究や実証的研究のなかから見つけだすのは容易なことではない。エビデンスは通常，特定の政策問題と紐づいた形で蓄積されるものだからである。これは，政策策定者が直面している政策問題を解決するために，心理学，社会学，経済学，人類学，生物学などの広大な学問領域からなんの手がかりもなく，参照可能な理論や仮説をピンポイントで選びだす作業にも似て，大変な難事といえる。

　その他にも，実態の分からない疫病や，観測史上初の自然現象や災害など，未知の現象，予期するのが難しい出来事に直面したとき，手元にあるエビデン

---

2) 結果が明らかになったあとに，「予兆」はあったのだから予期し，回避・予防できたはずだと認識することをいう。

スでは問題を直接的に解決できないといった事態は起こりうる。すぐに参照・活用できるエビデンスが手元にない場合，一から新たにエビデンスを生みだすか，既存のエビデンスが前提としている因果関係や法則性を部分的に利用するといった対応が求められるだろう。

### 需要があってこそ意味をもつ

　近年，エビデンスそれ自体の妥当性や頑健性は向上しつつある。しかし，政策を立案・策定するほうの側にエビデンスへの需要がなければ，いかに質の高いエビデンスがあったとしてもその存在意義はないも同然である。その意味において，EBPM の普及を決定づける最大の要因は，エビデンスに対する行政や政治，社会の側の要請にあるといえるだろう（内山ら，2018）。

　エビデンスをふまえた政策アイデアがうまくいかない場合，その理由としてしばしば挙げられるのは，管轄部局や現場の反発ないし懸念のために，活用されたとしても消極的・否定的なものにとどまり，その結果としてポテンシャルが十分に発揮されないということである（Halpern, 2015）。元来，我々は現状維持に強い選好をもつ存在であるし，新しい方法の導入は往々にして，それまでのやり方では（相対的に）ダメだというメッセージを伝えることにより，担当者の態度を硬化させることにつながりうる。おそらくこうした理由もあって，先行するイギリスでは，既存の各部門に EBPM を課すというやり方は採用されていない（1-2-3 参照）。その代わりに，専門部署を別途立ち上げ，他部門のコンサルティング業務を引き受けたり，独自に政策を実施したりする形で上記の問題に対処してきた。一方，アメリカのオバマ政権下では，各部門の予算要求時にエビデンスの提出を義務づけることによってこうした問題に対処してきた。EBPM の進め方は，公共部門の体制や特質に応じて決定される必要がある。

　エビデンスのさし示す方向が，政治家の信念にそぐわない，あるいは社会やマスメディアの反応を危惧するといった理由から，そのようなエビデンスはもとから存在しないかのように扱われることがある[3]。その逆に，政治的な理由

---

3）イギリスでは 2003 年，Times 誌が，ブレア政権下で設立された首相戦略ユニット（PMSU）の刊行物の一部を切り取って，食品の健康度に応じて価格を変える，いわゆ

から，社会に対して訴求力の強いエビデンスばかりが恣意的に取り上げられることも起こりがちである[4]。複数の厳密な手続きから導出された質の高いエビデンスであったとしても，現実的には，行政や政治におけるさまざまな制約を受けることから免れ得ない。

　いずれにせよ，エビデンス，とくに本節が依拠した政策を選択する判断材料としてのエビデンスは，政策策定者から必要とされ，適切に活用されることではじめて存在価値を得る。その意味で，EBPM は，政策関係者や報道機関，そして社会の理解と支持を得ながら進めていくべき息の長い取り組みといえるだろう。

## 引用文献

秋吉貴雄（2017）．入門公共政策学：社会問題を解決する「新しい知」中央公論新社

Halpern, D. with Owain Service and the Behavioural Insight Team（2015）. *Inside the nudge unit: how small changes can make a big difference*. WH Allen.

Henrich, J., Boyd, R., Bowles, S., Camerer, C., Fehr, E., Gintis, H., & McElreath, R.（2001）. In search of homo economicus: behavioral experiments in 15 small-scale societies. *American Economic Review, 91*, 73-78.

石橋章市朗（2018）．問題：調査と構造化　石橋章市朗・佐野亘・土山希美枝・南島和久　公共政策学　ミネルヴァ書房，pp. 213-236.

John, P., Cotterill, S., Moseley, A., Richardson, L., Smith, G., Stoker, G., & Wales, C.（2019）. *Nudge, nudge, think, think: Experimenting with ways to change citizen behavior*. 2nd ed. Manchester University Press.

大橋弘（2020）．政策立案の力を研鑽できる場の構築を目指して　大橋弘（編）EBPM の経済学：エビデンスを重視した政策立案　東京大学出版会，pp. 331-345.

Ruggeri, K., Steinnes, K. K., Evans, H., & Tantia, P.（2019）. psychology and policy. In K. Ruggeri（Ed.）. *Behavioral Insights for public policy: Concepts and cases*. Routledge: London and New York, pp. 1-16.

佐野亘（2010）．BASIC 公共政策学　第 2 巻　公共政策規範　ミネルヴァ書房

佐野亘（2018）．文脈：状況への配慮　石橋章市朗・佐野亘・土山希美枝・南島和久 公共政

---

る fat tax の導入が検討されているとの記事を掲載したところ大きな反響を呼び，首相が行動科学的アプローチから距離をとる旨の発言をせざるを得なくなることがあった（Halpern, 2015）。マスメディアの取り上げ方次第で社会の受けとめ方は変わりうるため，新しい手法に対して政治家が保守的，慎重になるのはやむを得ない面もあるだろう。
4）さらにいえば，「正しくても曖昧なエビデンスより，間違っていてもクリアな個人的意見のほうが支持されやすい」といった考え方もあるだろう。

　　策学 ミネルヴァ書房，pp. 261-282.

Schneider, A., & Ingram, H.（1990）. Behavioral assumptions of policy tools. *The Journal of Politics, 52,* 510-529.

内山融・小林庸平・田口壮輔・小池孝英（2018）. 英国におけるエビデンスに基づく政策形成と日本への示唆：エビデンスの「需要」と「供給」に着目した分析 https://www.rieti.go.jp/jp/publications/pdp/18p018.pdf（2020年2月10日）


（白岩祐子）

第三部　外部との協同編

## 3-1　先行する府省庁・自治体から学ぶ

## 3-1-1　先行事例をさがす

　ナッジをはじめとする行動インサイトを活用した事例をさがすには，各国の
ナッジ・ユニットが公表している自らの取り組みをまとめた報告書（表10）や，
国際機関が各国の事例を調査した結果の報告書（表11），そしてインターネッ
ト上のデータベース（表12）を閲覧する方法がある。多くは英語で書かれてい
るが，一部，翻訳されたものも出版されている。

　原著論文や総説をグーグルスカラーや各分野の論文をまとめたウェブサイト
で検索する方法もある。事例を一つひとつ探さなければならないことに加え，
やはり多くは英語で書かれているため，検索に慣れている研究者や専門家でな
ければ，この方法を採るのは実際には難しいかもしれないが，検索したい分野
や取り組みの名称を英語にし，特定のキーワード（behavio（u）ral insights, be-
havio（u）r change, nudge, nudging など。ただし，英語圏では「ナッジ」ではなく
「行動インサイト」を用いることも多い）の中からいくつかを添えるという，ち
ょっとした工夫をするだけでも大分検索しやすくなるので試してみていただけ
ればと思う。

　ブログなどでナッジの事例が紹介されていることもあるが，実験や分析の方
法が詳細には書かれていないなど，情報が断片的であることに加え，論文の著
者が書いたものでなければ書かれている内容が正確かどうか確認しようがない
ため，鵜呑みにせずに引用元の原著論文にあたることが望ましい。

### 引用文献

OECD（2017）. Behavioural Insights and Public Policy: Lessons from Around the World.
　　OECD Publishing.（経済協力開発機構（OECD）　齋藤長行（監訳）濱田久美子（訳）
　　（2018）. 世界の行動インサイト：公共ナッジが導く政策実践　明石書店）
OECD（2017）. Tackling Environmental Problems with the Help of Behavioural Insights（経
　　済協力開発機構（OECD）　齋藤長行（監訳）濱田久美子（訳）（2019）. 環境ナッジの
　　経済学―行動変容を促すインサイト　明石書店）

表10　各国のナッジ・ユニットの報告書等

| 国名 | ナッジ・ユニット | ウェブサイト | 報告書等 | |
|---|---|---|---|---|
| イギリス | 行動インサイトチーム | https://www.bi.team/ | 年次報告書（2017年-2018年） | https://www.bi.team/publications/the-behavioural-insights-team-annual-report-2017-18/ |
| | | | 年次報告書（2016年-2017年） | https://www.bi.team/publications/the-behavioural-insights-team-update-report-2016-17/ |
| | | | 年次報告書（2013年-2015年） | https://www.bi.team/publications/the-behavioural-insights-team-update-report-2013-2015/ |
| | | | 年次報告書（2011年-2012年） | https://assets.publishing.service.gov.uk/government/uploads/system/uploads/attachment_data/file/83719/Behavioural-Insights-Team-Annual-Update-2011-12_0.pdf |
| | | | 年次報告書（2010年-2011年） | https://assets.publishing.service.gov.uk/government/uploads/system/uploads/attachment_data/file/60537/Behaviour-Change-Insight-Team-Annual-Update_acc.pdf |
| | | | 報告書一覧 | https://www.bi.team/our-work/publications/ |
| アメリカ | 社会・行動科学チーム | https://sbst.gov/ | 年次報告書（2016年） | https://www.whitehouse.gov/sites/whitehouse.gov/files/images/2016%20Social%20and%20Behavioral%20Sciences%20Team%20Annual%20Report.pdf |
| | | | 年次報告書（2015年） | http://www.ideas42.org/wp-content/uploads/2015/09/sbst_2015_annual_report_final_9_14_15.pdf |
| オーストラリア | 行動経済学チーム | https://behaviouraleconomics.pmc.gov.au/ | インパクト報告書（2019年） | https://behaviouraleconomics.pmc.gov.au/sites/default/files/resources/pmc-beta-impact-report-web.pdf |
| | | | 事例集（2018年） | https://behaviouraleconomics.pmc.gov.au/sites/default/files/resources/behavioural-insights-public-policy.pdf |
| | | | プロジェクト一覧 | https://behaviouraleconomics.pmc.gov.au/projects |
| 日本 | 日本版ナッジ・ユニット | http://www.env.go.jp/earth/ondanka/nudge.html | 年次報告書（2017年度-2018年度） | http://www.env.go.jp/earth/ondanka/nudge/report1.pdf |

| | | 環境省ナッジ事業結果速報（2017年度） | http://www.env.go.jp/press/105428.html |
| | | 環境省ナッジ事業初年度成果（2017年度） | http://www.env.go.jp/earth/ondanka/nudge/post_40.html |

**表11　国際機関の報告書**

| 国際機関 | | 報告書 |
|---|---|---|
| OECD | 環境分野の事例集（2017年） | http://www.oecd.org/environment/tackling-environmental-problems-with-the-help-of-behavioural-insights-9789264273887-en.htm<br>邦訳：環境ナッジの経済学 行動変容を促すインサイト（経済協力開発機構 編著，齋藤長行 監訳，濱田久美子 訳） |
| | 公共政策全般の事例集（2017年） | http://www.oecd.org/gov/regulatory-policy/behavioural-insights-and-public-policy-9789264270480-en.htm<br>邦訳：世界の行動インサイト 公共ナッジが導く政策実践（経済協力開発機構 編著，齋藤長行 監訳，濱田久美子 訳） |
| EU | 欧州報告書（2016年） | https://ec.europa.eu/jrc/en/publication/eur-scientific-and-technical-research-reports/behavioural-insights-applied-policy-european-report-2016 |
| | 欧州報告書国別概要（2016年） | https://ec.europa.eu/jrc/en/publication/thematic-reports/behavioural-insights-applied-policy-country-overviews-2016 |
| | ワークショップ報告書（2016年） | https://ec.europa.eu/jrc/en/publication/behavioural-insights-applied-policy-application-specific-policy-issues-and-collaboration-eu-level |
| 世界銀行 | 報告書一覧 | https://www.worldbank.org/en/programs/embed#3 |

**表12　ナッジのデータベース**

| 欧州ナッジング・ネットワーク | http://tenudge.eu/project/ |
|---|---|
| スターリング大学 | https://www.stir.ac.uk/media/stirling/services/faculties/social-sciences/research/documents/Nudge-Database-1.2.pdf |
| Behavioral Evidence Hub | https://www.bhub.org/ |

（池本忠弘）

## 3-1-2　アドバイザーをさがす

　2-1-1で述べたように，ナッジを組織的に実施するにあたり，専門的な知識を備えたスタッフを内部にどれだけ揃えられるか，というのは重要な論点であり，説明責任の観点からも，行政官自らがリテラシーの向上に努める必要がある。

　しかしながら，行政機関の内部で科学リテラシーやデータリテラシーを備えた人材が，そうした人材を必要とする部署に常に在籍しているかというと一般的ではないだろう。専門性のある者を任期付または常勤で雇用したり，職員が研修や自己研鑽により必要な学識を身に付けたりすることで一定程度不足を補うことも可能であろうが，全ての作業を内製化するのは極めて困難であるのが実情である。そこで，アドバイザーとなる外部の有識者との連携を模索することになるが，どのようにして適切な人材との協力体制を構築すれば良いのであろうか。

　有識者との連携には，いくつかの形式がある。まず，誰と相談すべきか，連携すべき有識者が誰であるのか特定できている場合について考える。電話やメールで連絡してそのとき限りで相談に乗ってもらうというものから，外部有識者として審議会や検討会等の委員に就任してもらい職務として対応してもらうものまで様々である。また，相談する有識者と過去に業務上の接点がある場合もあれば，ない場合もあるであろう。いずれの場合でも，実際にアプローチをして，相談をしてみることから始まる。

　誰と相談すべきかさえわからない場合もあると思われる。このときには，同様の社会課題に対して先行して対応している府省庁や地方自治体をインターネットや口コミを通じて探して，担当者に相談することが考えられる。先行している行政機関は有識者から成る会議体を設置して検討していることが多いので，その会議体の委員名簿を確認してアタリをつけるというやり方も考えられるが，アタリをつけた有識者の人となりや委員としての対応ぶりなどは公開資料から伺い知ることは難しく，また，一度相談した後で断るというのはそもそも失礼であるし，その後の関係性にも悪い影響を及ぼしかねないため，答えてもらえる範囲内で担当者にあらかじめ確認することが勧められる。

　また，どのような分野にも著名人とされるような有識者がいるもので，新聞や雑誌，テレビなどの各種メディアに露出していたり，一般向けのわかりやすいものから専門性の高いものまで書籍を出版していたりする。そうした有識者は，得意とする分野や主義主張を明確に表明していることが多いので，相談相手として適しているか判断しやすい側面があるが，著名であることと，相談したい内容に関して適当な相手方であることは必ずしも一致するわけではないので留意が必要である。そもそも多忙であるがゆえに，新規の相談に対応してもらえないこともしばしばである。

　議論に新しい風を取り入れるという観点から，これまで接点のなかった有識者を発掘して連携を模索することも重要な検討事項である。2-1-1 で説明したが，日本版ナッジ・ユニット連絡会議ではこの方法を積極的に採用している。前例踏襲を重んじる部署であれば，ハードルの高い方法であろう。ミスマッチを起こさないためにも，可能な範囲で研究内容や業績を確認したり，その人のことを知っていそうな人に間接的に聞いてみたりする努力は欠かせない。

　相談をする際の心構えとして重要な点がいくつかある。まず，相手とは対等な関係であること，または，お願いをする立場であることをわきまえる必要がある。行政からお願いをすればその通りになるとは決して思ってはならない。相談をするにしても，相手が人生の貴重な時間の一部を割いて共有していただくことに感謝をするべきであるし，相手に検討を丸投げするのではなく，相談内容についての背景や経緯を端的にわかりやすく整理し，何が解決したい課題であるのか，その課題に対してどのように対応する必要があると考え，なぜ相手が適していると思うのか，どのような対応を期待するのか，今後どのようなスケジュールでどのような作業負荷が発生するのか，相談や連携の対価として何が用意されているのか，といったことは，後で双方が「こんなはずではなかった」という事態にならないように，あらかじめ伝えておくことが望ましい。何より，教えを乞う場合には，その対価を支払う・支払わないにかかわらず，相手が知識を得た過程に対する敬意を払うべきである。

　筆者は，日本版ナッジ・ユニットの代表を務める傍ら，府省庁や地方自治体から相談を受けることがあるが，相談事項として遭遇する割合の多いものとして，有識者の紹介や引き合わせがある。対応にあたり，依頼元に特に徹底をお

願いしていることとして，引き合わせた有識者とやりとりした結果がどうなったのかを報告することと，有識者に対してどのような相談の対価を用意できるのか事前に考えておいてほしいということがある。

　前者については，万一，依頼元が有識者に対して粗相をしてしまったときのフォローの観点からであるが，後日，引き合わせた有識者に確認をしてみると，相談した結果がどのようになったか依頼元から報告を受けていないとのお叱りを受けてしまうことがこれまで多々あった。これでは引き合わせをしたことによって，結果的にその有識者の心証を悪くし，今後の関係性にもヒビが入りかねない（幸い，そこまでの事態には陥っていない）。引き合わせた後は双方に委ねるべきという考え方もあるであろうが，その後の対応を依頼元と有識者に任せて良いと有識者の了解が得られるまでは，依頼元に対して有識者に進捗を報告するようにお願いしている。

　後者については，組織の規程に応じた謝金の支払いが一般的であろうが，行政官側があまり認識しておらず，しかし，日本版ナッジ・ユニット連絡会議などの場で有識者側から希望をよく聞くものとして，対応した案件で得られるデータの活用や解析結果の論文への投稿が挙げられる。有識者にしてみれば研究の時間を割いて対応することから，対応した結果が自らの研究実績につながるということは，協同するインセンティブになり得るということである。そのように伝えると，行政官側からは，個人情報保護法や行政機関個人情報保護法，守秘義務等の観点から身構えられてしまうことも多いが，秘密保持契約を締結するなどの適切な対応により，行政と民間事業者，そして有識者が連携して成果を上げる事例（依田ら，2017，Ito et al., 2018）も国内で蓄積しつつあることを申し添えたい。

**引用文献**
依田高典・田中誠・伊藤公一朗（2017）．スマートグリッド・エコノミクス　フィールド実験・行動経済学・ビッグデータが拓くエビデンス政策　有斐閣
Ito, K., Ida, T., & Tanaka, M. (2018). The persistence of moral suasion and economic incentives: Field experimental evidence from energy demand. *American Economic Journal: Economic Policy, 10*, 240-267.

（池本忠弘）

## 3-2　政策に実装する

3-2-1　立法者との連携

## 3-2-1　立法者との連携

### 国会におけるナッジの取り上げ

　行政においてナッジを推進する際，役所内の意識醸成やコンセンサス形成はもちろんのこと，政治家の理解を得て，応援団となってもらうことも肝要である。

　行動経済学の分野で「ナッジ」という言葉が使われたのはリチャード・セイラーとキャス・サンスティーンの著書が出版された 2008 年頃であるが，日本の国会で初めて「ナッジ」という言葉が登場したのは 2013 年 3 月の第 183 回国会衆議院経済産業委員会での京都大学大学院経済学研究科教授依田高典氏の参考人質疑答弁である。消費者に省エネ製品を選んでもらうための行動経済学的なアプローチに関する衆議院議員丸山穂高氏からの質問に対して，依田氏から「ナッジ」を紹介している。これを皮切りとして委員会等でのナッジの登場回数は増加しており，2020 年第 201 回国会では，計 8 回の委員会等でナッジが話題になっているほか，厚生労働大臣の所信表明演説でもナッジについて言及された。これらの中で，EBPM の推進の先進的取り組みとしての環境省のナッジの効果検証（第 201 回国会 衆議院 予算委員会（令和 2 年 2 月 5 日）武田良太国務大臣答弁）や日本のナッジの中心としての日本版ナッジ・ユニットが環境省に設置されていること，（第 201 回国会 衆議院 予算委員会（令和 2 年 2 月 5 日）小倉將信委員），新型コロナウイルス感染症対策へのナッジの活用（第 201 回国会 参議院 環境委員会（令和 2 年 5 月 21 日）小泉進次郎環境大臣答弁），内閣府に行動経済学者を中心としたタスクフォースを設けること（第 201 回国会 参議院 議院運営委員会（令和 2 年 5 月 4 日）西村康稔内閣府特命担当大臣に対する佐藤啓委員質問）等について指摘がなされている。

### 行政官から政治家へのインプット

　そもそも行政機関はその設置法などにより，政策の企画・立案・推進に関する事務を司るよう規定されており，その一環として議員に対して取り組みを紹介して理解を得るということは特段珍しいことではないが，様々な政策の中で

もナッジは自然体で関心を持たれたり共感を得られたりすることが多い。

　日本版ナッジ・ユニット連絡会議には，事務局を務める環境省の政務三役のみならず，他省庁の政務三役や国会議員も参加している。参加に当たっては，もともとナッジについて強い関心があった場合とそうではなかった場合が半々である。前者としては，たとえば，総務大臣政務官（当時）として，また，その後国会議員として参加している小倉將信衆議院議員が挙げられる。筆者（池本）は 2018 年 7 月に小倉將信政務官による総務省 EBPM に関する有識者との意見交換会に有識者として招かれ，環境省ナッジ事業と EBPM について発表をした。この意見交換会が縁で日本版ナッジ・ユニット連絡会議への委員としての参加に繋がっているが，会議においてナッジについて強い関心をもっていたことやナッジが EBPM と親和性が高いと考えていること等の発言がなされている。

　前者の別の例としては，小泉進次郎環境大臣が自由民主党厚生労働部会長を務めていたときには，ねんきん定期便の記載方法を変更する際に，ナッジ導入を検討して内容をわかりやすくするとともに年金の受け取りに関して個人がより良い選択ができるようにしていた。環境大臣としても，政策課題への活用のほか，新型コロナウイルス感染症対策として定例の記者会見場で参加者に対してアルコール消毒を促すために床やスプレーを設置する台に矢印のマークを貼って見つけやすくしたり，新宿御苑の入場券の券売機やコーヒーショップでの混雑緩和や整列のために路面にテープを貼って並ぶ位置をわかりやすくし，前後に距離を空けて並ぶよう促したりする際にもナッジを導入している。

　後者の例もある。たとえば，2019 年 9 月に，筆者（森）は内閣府副大臣（当時）の大塚拓氏を訪問し，地方創生全般について意見交換を行った。この際，ナッジについても環境省を中心に中央省庁でも取り組みが進められ機運が高まっていること，また今後市行政で活用していく旨を伝えたところ，大変関心を持ち，その後内閣府，環境省事務方による説明を経て，日本版ナッジ・ユニット連絡会議で副大臣自らプレゼンするまでに至った。このように，ナッジに対してもともと強い関心をもっていない場合であっても，説明の機会が得られれば筆者は，興味を引いて理解を促すよう，ナッジの具体例や効果を示しながら

なるべくわかりやすく説明するように努めている。そしてその結果として強力な応援団が得られることが多い。

## 政治家から行政官へのインプット

他方，政治家から役所に対して新しい施策の導入を提案することも日常的にあり，ナッジについても同様である。

たとえば，つくば市ではがん検診の受診率向上のため，これまで受診項目をオプトイン型で市民が選ぶようになっていたところを，2019年度からオプトアウト型，すなわち特に希望しない限りすべての項目を受診する設計に変更した。これは，市議会議員の山本美和氏が2017年以降，オプトアウト型の導入を市議会本会議にて累次に渡り要望したことをきっかけとして，市保健福祉部の検討の結果実現に至ったものである。このことを山本市議は自身のSNSで，「他市に先駆けて実現できたのは，『行動経済学に基づいたアプローチ（オプトアウト化）』をいち早く理解してくれた水野部長や担当者の勤勉さと市民の健康を思う意識があってこそだと思います」と振り返っている。

もう1つの例を挙げたい。静岡県菊川市議会議員の西下敦基氏は，環境省が主催する脱炭素に関するセミナーでナッジについて知り，2019年9月の議会質問で市政へのナッジの活用の可能性について質問をすると通告を行った（議会質問では事前に質問通告を行うのが通例である）。答弁案検討の担当となった企画財政部企画政策課主幹の渡邊真里氏はナッジについて調べ，答弁内容の調整のなかで市長も理解し，実際の議会での市長の答弁も前向きなものとなった。これを契機として，市長はじめ幹部職員の間でナッジのコンセプトが共有され，企画財政部長の発案により12月にはYBiTのメンバーを呼んでナッジの職員研修会を開催するに至った。2020年3月の議会では，別の議員もナッジについて言及している。これらは議会と市との共同作業の好事例であろう。

このほかにも，山形県山形市（検診），栃木県那須塩原市（年金徴収，検診等），東京都福生市（検診，職員研修）等の議会でもナッジについて推進に向けた質問がなされており，首長含め市執行部からも前向きな答弁がなされている。

## ナッジ推進の法制化

米国では，2015 年にオバマ大統領が「よりアメリカ国民の役に立つために行動科学の洞察を用いること」という大統領令（第 13707 号）を発出した。大統領令は議会の承認を経ずに大統領から連邦政府に出される命令であり，おおむね法律と同等の実行力を持つものである。この大統領令では，まず冒頭で，行動科学の知見が政策デザインに活用できるということの根拠が増してきていること，また，これまでの好事例としてたとえば退職金積立プランへの自動加入や金額の自動引き上げは将来に向けた貯蓄をより簡便にしていることや，連邦政府の学費援助の申請手続きの簡素化により数百万人が大学に通いやすくなっていることを紹介している。そして，行動科学の知見は，行政の効果と効率の改善を通じて，雇用，健康，教育，低炭素経済への移行の加速化等，多岐にわたる国家の優先事項を支援し得るとして，政府機関に，

- 行動科学の知見の活用により公共の福祉や事業の成果，コスト効率化などの向上に資する政策分野を特定すること。
- 行動科学の専門家をリクルートすること。
- 研究コミュニティとの連携を強化すること。

等を奨励している。

ナッジを無批判的に推進することには注意を要するが，解決すべき，または，関心のある社会課題が行動に起因するものであるのかを明らかにし，その上で，採用するかどうかは別として，他の政策オプションとともにナッジの活用を比較検討するように促すことは，政策の実効性や効率性を高めて行政サービスを向上したり予算を縮減したりする観点からも重要である。効果や倫理面を含め，ナッジの理念を尊重するガイドラインやナッジ基本条例の制定は日本でも検討に値するであろう。

## 引用文献

地方議会質問

　栃木県那須塩原市議会令和元年第 5 回定例会　令和元年 11 月 26 日　市政一般質問　星宏子議員（公明）

　静岡県菊川市議会令和元年 9 月定例会　令和元年 9 月 4 日　一般質問　西下敦基議員（市民ネット）

　静岡県菊川市議会令和 2 年 2 月定例会　令和 2 年 3 月 4 日　一般質問　倉部光世議員（市民ネット）

　東京都福生市議会令和元年第 4 回定例会　令和元年 12 月 5 日　本会議一般質問　青木健議員（公明）

　山形県山鹿市議会令和元年 12 月定例会　令和元年 12 月 4 日　一般質問　武田新世議員（公明）

電話によるインタビュー

　菊川市企画財政部企画政策課主幹渡邊真里氏，2020 年 6 月 26 日

　菊川市議会議員西下敦基氏，2020 年 6 月 26 日

小泉進次郎オフィシャルブログ「「ナッジ」とは。」（2018 年 11 月 30 日）https://ameblo.jp/koizumi-shinjiro/entry-12422659472.html

国会質問

　第 183 回国会衆議院経済産業委員会　平成 25 年 3 月 29 日　丸山穂高議員

総務省 EBPM に関する有識者との意見交換会事務局（2018）．EBPM（エビデンスに基づく政策立案）に関する有識者との意見交換会報告（議論の整理と課題等）https://www.soumu.go.jp/main_content/000579366.pdf

The White House Office of the Press Secretary "Executive Order -- Using Behavioral Science Insights to Better Serve the American People" https://obamawhitehouse.archives.gov/the-press-office/2015/09/15/executive-order-using-behavioral-science-insights-better-serve-american

（森　祐介・池本忠弘）

# 3-3 広報と共有

## 3-3-1　協力者にフィードバックする

　研究参加者への結果の共有は可能な限り積極的に行うべきである。このこと
は，ナッジ事業実施者としての対外的な説明責任を果たすためにも，また，そ
の後の研究への継続的な協力のためにも重要である。

　ハーバード大学およびブリガム・ウォメンズ病院に共同設置されている「多
地域臨床研究センター（Multi-Regional Clinical Trials Center of Brigham and
Women's Hospital and Harvard）」は，臨床研究への協力者に対する結果の共有
は，①協力者が研究結果について情報を得ること，②研究への参加には敬意が
払われ，また感謝されていることを協力者が知ること，そして③科学と公衆衛
生への貢献に関する価値を協力者が理解すること，これら3つを担保するため
の役割を果たすとしている（MRCT Center, 2017）。また，その後の臨床研究へ
の追加協力につながる可能性があるほか，将来的に公共の信頼を得ることにも
つながると指摘し，2015年と2017年にガイダンスドキュメント等を発行して
いる。

　共有する研究結果としては，調査・研究の全体結果と，協力者ごとの個別結
果の2種類がある。電気の使用量を低減させることを目的としたナッジ事業の
場合を例にとると，事業全体を通してどれだけの削減効果があったか，地域ご
とではどうであったか，年代別ではどうであったか，全体としてどの介入に効
果が見られたか，などが全体結果にあたり，他方，協力者の家庭でどれだけの
削減効果があったか，個別ではどの介入に効果が見られたか，などが個別結果
にあたる。

　協力者のインフォームド・コンセントを取得できる調査・研究の場合には，
その際に，調査・研究後に結果の共有を希望するかと確認し，希望する場合に
はその方法，たとえばメールや手紙，指定したURL等を事前に提示しておく
ことが望ましい。また，調査・研究または事業実施者のウェブサイトにおいて，
協力者以外への情報提供を行うことも，特に透明性が求められる地方自治体な
どが行うナッジ調査・研究においては重要である。

　結果のサマリーは学術的な論文でも調査研究報告書でもなく，あくまでも協
力者に対する情報提供を目的としていることから，平易な文章で書くことが求

## つくば市記者会 御中

世界の
あしたが
見えるまち。
TSUKUBA

発信日：令和2年（2020年）6月10日（水）
発信元：つくば市政策イノベーション部

□取材依頼　■周知依頼　□募集告知　□その他

### 新たな新型コロナウイルス感染症対策を検証
### 「ナッジ」理論を取り入れた結果、消毒したくなることが判明

〜設置場所を変えただけで**消毒実施率が4.7倍に。**警備員の声かけで**7.5倍！**〜

　つくば市は、新型コロナウイルス感染症対策の一環として、来庁者の消毒実施率を上げるために、人々の自発的な行動を促す「ナッジ」理論に基づく実験を行いました。実施の結果、設置場所の変更と声かけにより、消毒実施率が大幅に向上しました。検証結果は以下のとおりです。

参考ＵＲＬ：https://www.city.tsukuba.lg.jp/shisei/oshirase/1012547.html（つくば市公式HP）

何もしなかった場合と比べて警備員が声かけをすると

**7.5倍に増加！**

| 10.5% | 49.5% | 78.5% |
| 何もしない（実験前） | 風除室に設置 | 警備員の声かけ |

ありがとうございます

こんにちは。消毒をお願いします

声かけ

消毒実施率は、入庁者数が200人になるまで消毒実施者数を計測し（消毒実施者数/200人）算出。
※詳細な検証結果につきましては、HPをご覧ください。

### ●消毒実施率が向上したのは2つ

（1）**風除室に設置**（通行の邪魔にならない程度、来庁者の動線にかかるよう設置）
　　10.5%→49.5%　（統計学的有意差あり）

（2）**玄関付近に常駐する警備員による声かけの実施**
　　10.5%→78.5%　（統計学的有意差あり）

今回の検証結果は、令和2年（2020年）5月1日環境省プレスリリース「新型コロナウイルス感染症対策における市民の自発的な行動変容を促す取組（ナッジ等）」に応募しています。

※ナッジ（nudge：そっと後押しする）とは、行動科学の知見（行動インサイト）の活用により、人々が自分自身にとってより良い選択を自発的に取れるように手助けする政策手法です。

出典：環境省HP　http://www.env.go.jp/earth/ondanka/nudge/nudge_is.pdf

問合せ先
│政策イノベーション部
│担当：部長 森、室長 沼尻、主任 金野
│電話：029-883-1111（内線6295）
│Email：pln120@city.tsukuba.lg.jp

**図24　つくば消毒ナッジの効果検証後に行ったプレス発表を掲載**

められるだろう。

　つくば市で実施した消毒ナッジ（2-1-2参照）の効果検証の場合には，いつ，どこで，どのような目的で実施したのか，効果が認められた介入はどのようなものだったか，効果検証の結果を踏まえて今後どのような対応を行う予定であるか，等の全体結果をプレス発表するとともに，ウェブサイトや市のSNSで公表している（図24）。

**引用文献**

The Multi-Regional Clinical Trials Center of Brigham and Women's Hospital and Harvard（MRCT Center）（2017）．Return of Aggregate Results to Participants Principles https://mrctcenter.org/wp-content/uploads/2017/12/2017-11-27-Return-of-Aggregate-Results-Principles.pdf（最終アクセス：2020年5月29日）

つくば市ウェブサイト「消毒したくなる　新型コロナウイルス感染症対策に「ナッジ」理論を取り入れ検証」 https://www.city.tsukuba.lg.jp/shisei/oshirase/1012547.html（最終アクセス：2020年7月19日）

（森　祐介）

## 3-3-2 他の府省庁・自治体と成果を共有する

これまで見てきたように，ナッジを政策等に導入する場合には，事前の効果検証が極めて重要である。この際，先行的な事例が存在する場合にそれを共有したり，参照したりすることなく，それぞれの府省庁・自治体がそれぞれに効果検証を行うことは非効率であり，先行例を府省庁・自治体間で共有する仕組みを構築することは意義がある。

自治体間のナッジに関する情報共有を推進する組織の筆頭は YBiT である。YBiT は，横浜市の政策にナッジの考え方を導入することや，職員向けにナッジに関する勉強会を開催することを主な活動としているが，他自治体の職員も勉強会に受け入れたり，他自治体が主催する勉強会に市職員を講師として派遣したり，さらには他自治体の事業に対してコンサルティングを行ったりもしている。

地方行政においては，ある自治体で先駆的な取り組みが行われている場合に電話やメール等で問い合わせを行ったり，現地を訪れて視察したりすることが日常的に行われている。また，必ずしも先進的な取り組みでないとしても，政策立案の過程で近隣や類似のステータスの自治体でどのように取り組んでいるかを把握することも頻繁にある。議会の質疑応答でも，他自治体の例が引き合いに出されることは非常に多い。YBiT の取り組みもその延長線上に位置づけられるが，ナッジの分野において周回で先回りしている YBiT はどの自治体からも参照され続ける存在として定着する可能性が高く，YBiT に様々な組織の情報を集約することは有効的かもしれない。実際に，YBiT は地方公共団体におけるナッジの適切な活用を推進する体制を構築しているとして，小泉環境大臣より「ナッジアンバサダー」に自治体で唯一任命されているところ，今後の活動に期待が集まる。また，前述したように，YBiT の他自治体向けのコンサルティングや人材研修，普遍的なマニュアル作成等の機能を切り出し，EBPM全般や組織マネジメント等，他の要素も加えた上で YBiT とは別に非営利法人化する動きもあり（2020 年 11 月現在。2021 年初めに設立予定），行政機関とは独立して客観的にサービス提供・評価を行えるような法人の存在も，自治体間でのナッジの知見の共有の推進には重要であろう。

　自治体間の情報共有に国も一役買っている。BEST では，活動の一環として，府省庁や自治体を含めたナッジ事業者の取り組みを収集し，連絡会議で議論をした上で，ウェブサイトに公開している（BEST，2020）。誰でもアクセス可能であるため，自身がこれから取り組もうとしている分野の先行例があった場合には参考にすることができる。たとえば，京都府宇治市が新型コロナウイルス感染症対策として手指消毒を促すナッジを行った際には，BEST 連絡会議で報告され，実施概要がウェブサイトにも公開された（第16回 BEST 連絡会議，2020）。この後，愛知県常滑市や和歌山県和歌山市など複数の自治体でこれに倣った取り組みがなされている。このような自治体間での情報共有をさらに促すことも目的の１つとして，BEST では市民の自発的な行動変容を促す取り組みを一般募集し，優れた取り組みを公表した（環境省報道発表資料，2020）。さらに，新型コロナウイルス感染症対策にとどまらず，分野ごとの事例集の作成を行っているところである。

　また，自治体間での情報共有とは異なる観点であるが，環境省の二酸化炭素排出抑制対策事業費等補助金（地域における地球温暖化防止活動促進事業）では，１つの自治体で良い結果が得られた実証実験を他自治体に横展開させる取り組みを行っている。大阪府吹田市役所で実施した，省エネ家電の買い替えを促すリーフレットを転居時の書類一式に含めるナッジの実証実験では，リーフレットの配布によって照明器具等の買い替えが増えることが検証された。この実証実験内容に基づき，次年度には東京都町田市等，複数の自治体で実証実験を行っている（小倉，2020）。

　自治体間の情報共有と同様，府省庁間でも情報共有の試みがなされている。BEST には様々な府省庁からの参加がなされており，これまでも連絡会議において BEST の事務局を務める環境省以外では，内閣府や警察庁，消費者庁，スポーツ庁，資源エネルギー庁の取り組みが報告されている。2019年以降，各府省庁でナッジに関する研修会・勉強会が相次いで開催され，環境省と内閣府の有志が事務局となって各府省を集めたセミナーやワークショップも開催されている。今後政府自らが実施者となるナッジ事業が増加し，それに伴い好事例の共有もなされていくことが期待される。

　最後に，こうした先行例が散逸することのないよう，日本のナッジの事例に

関する唯一のデータベースが整備されることが望ましいと考える。自治体の事例であっても府省庁の事例であっても，BESTのような特定の機関が事例を収集・取りまとめ公開するか，または，ナッジ実施者が自ら報告できるようにしてもよいだろう。前者の例として，ナッジに特化したものではないが，英国のWhat Works Network（和訳すると，「うまくいくもの」ネットワーク）という公共政策分野において行政機関等が高い質のエビデンスに基づいて意思決定をすることを促進するための組織間ネットワークが政府主導で構築されている。国立医療技術評価機構（NICE）や教育基金財団（EEF）といった政府から独立した各分野の専門組織9つから構成され，それぞれの分野におけるEBPMを推進している（What Works Networkウェブサイト）。各組織によりヴァリエーションがあるが，実証実験の報告書や論文，サマリーなどのリストを提示していることが多い。掲載される資料は同一フォーマットであるわけではないため，複数の試みを横並びで比較することには難があるが，少なくとも「ここに来れば既存のエビデンスに出会える」といったポータルサイトの役割は十分に果たしていると言えよう。後者に類似する例には，世界の研究機関や民間企業がナッジの事例を投稿できるBehavioral Evidence Hubという枠組みがある。投稿されたプロジェクトは，課題の背景，介入の設計，インパクト，実施ガイドライン，そして実施者の情報という統一化されたフォーマットに基づいて説明されており，ウェブサイトのデザインも訪問者にとってわかりやすいものになっている。また，①行動インサイトを活用した行動変容・介入のプロジェクトか，②行動科学を熟知していない実務家が倣うことができるようわかりやすく簡単であるか，③ランダム化試験であるか，④$p$値が0.05以下で統計学的な有意差があるか，といった基準を設けることで品質が保たれるようにしている。現在は10の機関により約100のプロジェクトが投稿されている。

　日本においても，こうしたデータベースやプラットフォームがあることにより，情報共有が容易になるほか，国民・市民に対する透明性の確保も同時に達成できると考えられる。この際，報告すべき内容を標準化——タイトル，実施主体，実施責任者，実施日，対象者数，統制群，統計分析，倫理チェックリストの使用，問い合わせ先等，ひな形に基づいて入力してもらう。ClinicalTrials.govなどの臨床研究のデータベースのようなスタイルを想定——し，次の

実施者が既存のエビデンスを統一フォーマットで参照できるようにすれば，実務家にとっても利用しやすい基盤となるだろう。

## 引用文献

BEST（2020）.「新型コロナウイルス感染症対策における市民の自発的な行動変容を促す取組の募集について（結果）」http://www.env.go.jp/earth/ondanka/nudge/COVID-19_r.pdf（最終アクセス：2020年11月10日）

第16回 BEST 連絡会議資料2（2020）.　http://www.env.go.jp/earth/ondanka/nudge/16.html（最終アクセス：2020年7月1日）

環境省報道発表資料（2020）.「新型コロナウイルス感染症対策における市民の自発的な行動変容を促す取組（ナッジ等）の募集について」2020年5月1日　http://www.env.go.jp/press/108005.html（最終アクセス：2020年7月1日）

NIH U. S. National Library of Medicine, ClinicalTrials.gov　https://clinicaltrials.gov（最終アクセス：2020年7月1日）

小倉將信（2020）. EBPM（エビデンス（証拠・根拠）に基づく政策立案）とは何か：令和の新たな政策形成　中央公論事業出版

What Works Network　https://www.gov.uk/guidance/what-works-network（最終アクセス：2020年7月1日）

横浜市行動デザインチーム YBiT　https://ybit.jp（最終アクセス：2020年7月1日）

（森　祐介）

# あとがき

2017年にセイラーがノーベル経済学賞を受賞したことで，ナッジがとみに注目を集めるようになった。関連する学術書やビジネス書が書店に次々と並ぶようになり，テレビや新聞，雑誌でも特集が組まれるようになった。それまでも時折話題になることはあったが，ここまでのことはなかったように思う。それが一過性の流行かと問われれば，環境省による日本版ナッジ・ユニット（BEST）の設立（セイラーの受賞前のことだが）に端を発し，地方公共団体で相次いでナッジを政策活用する体制が構築され，そして受賞から3年が経過した現在でもナッジの活用事例の蓄積は止まらず，国会でも取り上げられ続けている現状に鑑みれば，答えはNoであろう。さらに，新型コロナウイルス感染症対策で行動変容が声高に言われるようになったことが，ナッジの認知度の向上や実践に拍車を掛けたと思われる。とはいえ，まだまだナッジは一般には耳慣れない用語であることは否めないし，行動に起因する社会課題の解決に当たっては政策オプションの1つとしてナッジをはじめとする行動インサイトの活用を検討するのが国際的な潮流であるにも関わらず（検討の結果，行動インサイトを用いないという結論は当然あり得る），日本の政策の現場では中央省庁も地方公共団体もそこまでの段階には至っていないのが現状である。

世界に目を転じると，行動インサイトを公共政策に活用する組織の数は，今や全世界で200を超えている。ナッジ・ユニット第1号はEBPM先進国のイギリスで誕生し，頑健な方法により効果を検証する実証的アプローチを採用した。ナッジとEBPMは親和性が高いと言われることがある（小倉, 2020）。その理由としては主に2点ある。第一に，ナッジがその定義上，規制を変更したり，補助金や税などとは異なって経済的なインセンティブを大きく変えたりす

るものではなく，往々にしてちょっとした仕掛けであるからである。このため，実証実験を通じてナッジの有効性に関するエビデンスを創ろうとする際に，ナッジをする介入群に加えてナッジをしない対照群を設けやすい（事後的に対照群にもナッジをするなど，ナッジの有無で差別的な待遇とならないようにする留意は必要である）。対照群の設定は，ナッジとその効果の間の因果関係を推測するにあたり核となる。これが従来の伝統的な政策手法であるとなかなか難しい。国民の半分だけに無作為に規制をかけたり，補助金を配ったり，税を課したりするのは現実的ではないからだ（だからといってこれらの政策手法で因果関係の推定や効果検証ができないというわけではないし，しなくてもよいということにはならない）。第二に，行動インサイトが行動科学から得られた人間についての洞察全般を意味するものであり，行動に関する科学的知見の集合体であるからである。行動インサイトを活用する際には，解決したい社会課題に適用可能であるかを，その行動インサイトが得られた背景や条件に立ち返って吟味する必要があり，必然的に科学的な根拠に基づいて検討することになる。もちろん，EBPM を実践すべきなのは行動インサイトを活用する場合に限られるわけではないが，ナッジを政策に実装する際には（好むと好まざるとにかかわらず）EBPM の考え方に整合的なものになる（遺憾ながらそうなっていない事案も散見される）。

　本書は，こうした背景事情を踏まえ，日本の政策の現場への実装が試みられているナッジと EBPM に焦点を当てたものである。基本的な周辺情報を整理した「基本編」，これまでの日本でのナッジ・EBPM の実践事例から見えてきた留意点を抽出した「失敗編」，そして事例の収集や外部との連携など実務家がナッジを政策活用しようとする際の参考になる事項を取り上げた「外部との協同編」の三部構成となっている。類書は多いが，よく見かける行動経済学の観点からの議論のみならず，社会心理学の観点を含めて議論したものである。また，ナッジにとどまらず行動インサイト全般まで射程を広げており，日本の政策の現場でまだ活用されていない理論や知見も取り上げている。執筆陣の構成もユニークである。社会心理学や公共政策を専門とする研究者と，中央省庁や地方公共団体で実際にナッジの政策活用を検討し，実践している実務家の連携によるものである。なお，本書で述べられている見解は編著者個人のもので

あり，所属する組織としての見解を示すものではないことを申し添える。

編著者の1人である池本は，人事院長期在外研究員制度によりハーバード大学で学んでいるときに，まず公衆衛生の現場で，次いで公共政策全般で，行動インサイトが至る所に実装されているのを目の当たりにした。現在実施している環境省事業のヒントとなる環境分野での活用事例も学んだ。そして大学の企画で開催された *Misbehaving*（Thaler, 2015）の出版記念セミナーでセイラーと対面し，付箋だらけの *Nudge*（Thaler & Sunstein, 2008）と購入したての *Misbehaving* に，かの有名な「Nudge for good」のサインをしてもらうのを口実に，言葉を交わす機会を得た（このときの縁もあり，彼がノーベル賞を受賞したときにお祝いのメールをするとそのお返しで BEST の初めての連絡会議で祝辞をもらい，2018年に彼が来日した際にデロイトトーマツコンサルティング合同会社の仲介で対談をするに至る）。2015年に帰国した際には，留学の成果をきちんと社会に還元し，人々のより良い決断を後押しできるようになろうと，環境省内でプラチナを作り，2017年に BEST を発足したのは 1-2-4 で述べたとおりである。

このように書くと，留学先でナッジばかりを学んできたかのように思われるかもしれない。普段一緒に仕事をしている人や，そうでない初対面の人からも，「ナッジの人ですよね」と言われることはしばしばであるし，小泉進次郎環境大臣からも，「環境省の中にはミスターナッジという池本君という職員がいます」（環境省, 2020）と記者会見の場で言われるほどであるので，実際にそう思われているのであろう。しかしながら，ナッジが行動インサイトの一部であるように，ナッジは学んだことの一部に過ぎず，リーダーシップ論や交渉術に始まり，ブースト（boost：ぐっと後押しする）または教育的ナッジと呼ばれる主体性に重きを置いた行動変容策（OECD, 2017）や，市民の力を結集し自分たちで社会の仕組みを変えていく手法であるコミュニティオーガナイジング（日本版ナッジ・ユニット, 2018; 鎌田, 2020），私たちが変化を拒んでしまうメカニズムを解明し，大人になってからでも成長が可能だとする成人発達理論（Kegan & Lahey, 2009）など，社会課題の解決に向けて行動変容を起こすための様々なアプローチを学んだ。これらの一部はすでに日本版ナッジ・ユニット連絡会議で紹介しており，そうでないものも今後取り扱う予定でいるが，一度に取り入

れて消化不良にならないよう，話題にするタイミングを見計らっているところ
である。日本に導入することが適当であるかは一つひとつ見定める必要がある
が，自然・人文・社会科学すべてにまたがる行動科学の学際性を活かし，そこ
から得られる知見を総動員して行動に起因する社会課題が解決されていくこと
が望まれる（本書の執筆の相談を受けたのは，まさに日本での行動インサイトの議
論の中で行動経済学以外の学問領域のインプットが控え目だと感じていた矢先のこ
とであった）。

　時と場所は変わって 2015 年 9 月，留学先のハーバード大学での初めての講
義で，別の編著者である森は衝撃を受けた。「宿題をしなければと思いながら
先延ばししてしまう。どうせやらなければならないのは変わらないのに」「100
万円のお買い物をするのに 100 円の価格差は全く気にならないが 200 円のもの
が 100 円で売っていたら相当お得に感じる。差は同じ 100 円なのに」。ハーバ
ードケネディスクール Briggite Madrian 教授（現ブリガムヤング大学ビジネスス
クール学長）による行動経済学の授業は，こうした日常の不思議が普遍的であ
ることや，実験的に説明可能であることを教えてくれた。人間は必ずしも経済
「合理性」を持って意思決定しているわけではない。そして，その「非合理
的」と思われる判断は，行動バイアスと呼ばれる人間のくせによるものである。
このときには，「面白い学問分野があるもんだなあ，帰国して役所に復帰した
らちょっとは使えるかな」程度にしか思っておらず（特段この授業の成績も振る
わなかったこともあるが……），自分で学びを深めることもなく，リーダーシッ
プ論や交渉術などケネディスクール「お得意」の授業を履修し，修了した。し
かしながら，筆者の行動インサイトに対する認識は次の一年で大きく変わるこ
とになる。

　森は博士課程時代の合成生物学の研究や，文部科学省での科学技術行政の経
験を通じて，行政実務での倫理面での知見の蓄積と検討は，これまでのライフ
サイエンス分野に留まらず，AI やロボティクス等の分野の進展に伴って必要
不可欠になると感じていた。こうした思いのもと，応用倫理学や道徳論の基礎
を学ぶべく，ハーバードメディカルスクール生命倫理学修士課程に進学したの
だが，ここでも行動インサイトの基本的な考え方──ナッジや，カーネマンの

「速い思考」と「遅い思考」(Kahneman, 2012)——が講義の中にふんだんに用いられていたのである。すなわち，医療現場においては医療従事者や患者・家族は非常に限られた時間と情報の中で意思決定を行わなければならず，常に「合理的」と「思われる」判断ができるわけではないこと，また，何をもって「合理的」かの認識は個人によって大きくことなること，さらに，政策立案など時間的制約がそれほどない場合でも，人は直感的に下した判断を優先してそれに後づけ的な理由の補強を行う傾向があること，こうしたことが常に話題の中心にあった。

　池本と森はちょうど入れ違いのタイミングで留学したが，池本の在学中に森がキャンパス訪問したときに2人は出会い，帰国後も，それぞれ内閣府への併任または出向により科学技術イノベーションに関して同じフロアで勤務するなど，ただならぬ縁を感じている。BEST ではナッジの活用を推進する一方で，倫理面での配慮が必須であるとの認識の下で議論が行われてきた。しかしながら，日本でナッジないし行動インサイトを活用するにあたり，倫理面で何をどのように気をつければ良いのかを整理したものがなかった。ないのであれば自分たちで作ろうと，ハーバードメディカルスクールで生命倫理学を学んだ森に池本が声をかけ，BEST の下に「ナッジ倫理委員会」が設置される運びとなった。委員会での審議の結果により生まれたのが，2-6-2 でも紹介した「ナッジ等の行動インサイトの活用に関わる倫理チェックリスト」である。

　これまで見てきたように，ナッジは法令，予算，税制といった伝統的な政策手法では困難だった人の行動変容を喚起する力を持つ一方で，市民が不快感・不信感を持つことのないよう，また，市民の自由が損なわれることのないよう，計画段階，実行段階，評価段階いずれのステップにおいても倫理的な検証が必要である。近年，ナッジという言葉がある種のブームとして取り上げられ，それはそれで認知度の向上や適切な活用につながる分には良いことであるのだが，ナッジとは到底呼べない雑な設計になっているものや，倫理的に問題があるような事案も散見されるようになってきた。本書では，こうした動向に警鐘を鳴らすべく，随所で一歩立ち止まって再確認することを推奨している。様々な角

度から論点を挙げているが，まずは相手の立場になって，自分自身が対象となったときのことを考えてみるということに尽きる。人々の生活に介入し，行動様式に影響を及ぼすことがあるという点では従来の政策手法と何ら変わるものではなく，実施にあたっては説明責任と透明性が求められるものであることを肝に銘じる必要がある。

　これまでナッジの取り組みを進めてこられたのは多くの方々のご指導・ご鞭撻の賜物である。紙面の都合上，一人ひとりのお名前を挙げることができないが，この場を借りて厚く御礼を申し上げる。本書が読者の方々の政策立案・運営や学習の一助となり，「良いナッジ」の事例が着実に蓄積され，ひいてはより多くの人の，より豊かな生活につながっていけばこれ以上喜ばしいことはない。

2020 年 11 月吉日

池本忠弘・森　祐介

## 引用文献

Kahneman, D. (2012). *Thinking, Fast and Slow*. Penguin.

鎌田華乃子 (2020). コミュニティ・オーガナイジング：ほしい未来をみんなで創る 5 つのステップ　英治出版

環境省ウェブサイト　小泉大臣記者会見録（2020 年 4 月 24 日）　http://www.env.go.jp/annai/kaiken/r2/0424.html

Kegan, R. & Lahey, L. L. (2009). *Immunity to Change: How to Overcome It and Unlock the Potential in Yourself and Your Organization*. Harvard Business Review Press.（池村千秋（訳）(2013). なぜ人と組織は変われないのか──ハーバード流 自己変革の理論と実践　英治出版）

日本版ナッジ・ユニット (2018). 第 5 回日本版ナッジ・ユニット連絡会議 資料 5　http://www.env.go.jp/earth/ondanka/nudge/renrakukai05/mat05.pdf

OECD (2017). *Behavioural Insights and Public Policy: Lessons from Around the World*. OECD Publishing.（経済協力開発機構（OECD）　齋藤長行（監訳）濱田久美子（訳）(2018). 世界の行動インサイト：公共ナッジが導く政策実践　明石書店）

小倉將信 (2020). EBPM（エビデンス（証拠・根拠）に基づく政策立案）とは何か：令和の新たな政策形成　中央公論事業出版

Thaler, R. H. (2015). *Misbehaving: The Making of Behavioral Economics*. W. W. Norton & Co Inc.（セイラー，R. H.　遠藤真美（訳）(2016). 行動経済学の逆襲　早川書房）

Thaler, R. H. & Sunstein, C. R. (2008). *Nudge: Improving decisions about health, wealth, and happiness.* Yale University Press. (セイラー, R. & サンスティーン, C. 遠藤真美 (訳) (2009). 実践行動経済学：健康, 富, 幸福への聡明な選択 日経 BP)

# 索　引

# 執筆者紹介

## 〈編著者〉

**白岩祐子**（しらいわゆうこ）
東京大学大学院人文社会系研究科・講師。株式会社リクルートを経て東京大学大学院人文社会系研究科・博士課程修了。博士（社会心理学）。単著に『"理性"への希求：裁判員としての市民の実像』(2019, ナカニシヤ出版)，監訳に『行動政策学ハンドブック』(2019, 福村出版)，共著に『社会的の認知：現状と展望』(2020, ナカニシヤ出版) など。
[担当] まえがき，1-2-1, 1-2-2, 1-3-2, 1-3-3, 1-3-4, 2-5-1, 2-5-2, 2-8-2, 2-9-2, コラム 3，コラム 4

**池本忠弘**（いけもとただひろ）
環境省・ナッジ戦略企画官。東京大学大学院理学系研究科・博士課程修了。博士（理学）。ハーバード公衆衛生大学院・公衆衛生学修士課程，ハーバードケネディ行政大学院・行政学修士課程修了。日本版ナッジ・ユニット BEST 創設・代表。著書に『飲料水水質ガイドライン第 4 版（日本語版）』（共訳, 2012, 国立保健医療科学院）。
[担当] 1-1-2, 1-1-3, 1-2-3, 1-2-4, 2-1-1, 2-1-2, 2-2-1, 2-9-1, 3-1-1, 3-1-2, 3-2-1, コラム 2，あとがき

**荒川　歩**（あらかわあゆむ）
武蔵野美術大学造形構想学部・教授。同志社大学大学院文学研究科・博士課程後期課程単位取得退学。博士（心理学）。単著に『「裁判員」の形成，その心理学的解明』(2014, ratik)，監訳に『その証言，本当ですか？：刑事司法手続きの心理学』(2019, 勁草書房)，『行動政策学ハンドブック』(2019, 福村出版) など。
[担当] まえがき，1-1-1, 2-2-2, 2-3-1, 2-3-2, 2-3-3, 2-4-1, 2-4-2, 2-7-1, 2-7-2, 2-8-1

**森　祐介**（もりゆうすけ）
つくば市・政策イノベーション部長。ハーバードケネディスクール・行政学修士課程，ハーバードメディカルスクール・生命倫理学修士課程，東京大学大学院新領域創生科学研究科・博士課程修了。博士（生命科学）。政府日本版ナッジ・ユニット連絡会議有識者，同ナッジ倫理委員会委員長。

［担当］2-1-3，2-6-1，2-6-2，2-6-3，3-2-1，3-3-1，3-3-2，あとがき

## 〈分担執筆者〉

**池谷光司**（いけやこうじ）
横浜市役所職員。東京大学大学院人文社会系研究科・修士課程修了。修士（社会心理学）。
有志団体横浜市行動デザインチーム（YBiT）コアメンバー。
［担当］1-3-1，コラム 1

ナッジ・行動インサイト　ガイドブック

エビデンスを踏まえた公共政策

2021 年 2 月 20 日　第 1 版第 1 刷発行

編著者　白岩祐子・池本忠弘
　　　　荒川　歩・森　祐介

発行者　井　村　寿　人

発行所　株式会社　勁草書房

112-0005 東京都文京区水道 2-1-1　振替 00150-2-175253
（編集）電話 03-3815-5277／FAX 03-3814-6968
（営業）電話 03-3814-6861／FAX 03-3814-6854
三秀舎・中永製本

那須耕介・橋本　努 編著

# ナッジ!? 2,500円
自由でおせっかいなリバタリアン・パターナリズム

キャス・サンスティーン 著　伊達尚美 訳

# 選択しないという選択 2,700円
ビッグデータで変わる「自由」のかたち

キャス・サンスティーン 著　伊達尚美 訳

# ＃リパブリック 3,200円
インターネットは民主主義になにをもたらすのか

キャス・サンスティーン 著　山形浩生 訳

# 命の価値 2,700円
規制国家に人間味を

キャス・サンスティーン 著　角松生史・内野美穂 監訳　神戸大学 ELS プログラム 訳

# 恐怖の法則 3,300円
予防原則を超えて

子安増生 編著

# アカデミックナビ　心理学 2,700円

河原純一郎・坂上貴之 編著

# 心理学の実験倫理 2,700円
「被験者」実験の現状と展望

ダン・サイモン 著　福島由衣・荒川　歩 監訳

# その証言，本当ですか？ 4,200円
刑事司法手続きの心理学

大久保街亜・岡田謙介

# 伝えるための心理統計 2,800円
効果量・信頼区間・検定力

―――――――――――――――――――――――――――――― 勁草書房刊

＊表示価格は 2021 年 2 月現在。消費税は含まれておりません。